भारत में मानवाधिकार

[वैदिक काल से आधुनिक काल तक]

भारत में मानवाधिकार

[वैदिक काल से आधुनिक काल तक]

सत्य नारायण साबत

राधाकृष्ण प्रकाशन

ISBN : 978-81-8361-643-0

भारत में मानवाधिकार

वैदिक काल से आधुनिक काल

पहला संस्करण : 2014

This book is printed on **Print on Demand** Technology : 2024

मूल्य : ₹795

प्रकाशक

राधाकृष्ण प्रकाशन प्राइवेट लिमिटेड

जी-17, जगतपुरी, दिल्ली-110 051

शाखाएँ : अशोक राजपथ, साइंस कॉलेज के सामने, पटना-800 006

पहली मंजिल, दरबारी बिल्डिंग, महात्मा गांधी मार्ग, प्रयागराज-211 001

1, अनमोल सोराबजी संतुक लेन, धोबी तलाव, मरीन लाइंस, मुम्बई-400 002

वेबसाइट : www.radhakrishnaprakashan.com

ई-मेल : info@radhakrishnaprakashan.com

BHARAT MEIN MANAVAADHIKAR

Vaidik Kaal Se Aadhunik Kaal Tak

by Satya Narayan Sabat

प्रस्तावना

भारतीय संस्कृति काल के कपाल पर एक उन्नत संरचना है। हमारी भारतीय संस्कृति अध्यात्म आधारित है। अध्यात्म के धरातल पर भौतिकता की प्राप्ति ही इसका मूल उद्देश्य है। प्रस्तुत पुस्तक में हम मानवाधिकार से सम्बन्धित तथ्यों का अवलोकन भारतीय संस्कृति के परिप्रेक्ष्य में करने जा रहे हैं।

दरअसल भारतीय संस्कृति अपने समग्र दृष्टिकोण एवं विशिष्टता के लिए सुविख्यात है। वह अपने समग्र दृष्टिकोण को इस तरह अभिव्यक्त करती है :

सर्वे भवन्तु सुखिनः सर्वे सन्तु निरामयाः
सर्वे भद्राणि पश्यन्तु मा कश्चिद् दुःखभाग् भवेत् *(स्मृतिग्रन्थ)*

इस तरह सर्वकल्याण एवं सर्वहित की कामना हमारे मनीषियों ने सभ्यता की शुरुआत से ही कर रखी थी। सर्वमंगल एवं सर्वहित की कामना से युक्त हमारी भारतीय संस्कृति विश्व संस्कृति के समक्ष एक अनुपम मिसाल बनकर कायम है।

भारतीय संस्कृति के अनुसार मनुष्य प्रकृति का ही एक अविभाज्य अंग है, जिसके आलोक में वह अपने अधिकारों एवं कर्तव्यों का निर्वहन करता हुआ एक अप्रतिम सामाजिक-व्यवस्था की स्थापना करता है। भारतीय संस्कृति के आदि ग्रन्थ ऋग्वेद में भी इसका वर्णन है कि मनुष्य अपने सम्पूर्ण व्यक्तित्व का विकास सर्वकल्याण एवं सर्वहित की भावना से युक्त होकर कर सकता है क्योंकि इस कृत्य से एक अनूठी सामाजिक-व्यवस्था विकसित होती है, जो सर्वकल्याणोन्मुखी है।

मानवाधिकार से तात्पर्य, मानव मात्र को दिए जानेवाले ऐसे अधिकारों से है, जिन्हें अपनाकर वह अपना सर्वांगीण विकास कर सकता है। मानवाधिकार को उद्धृत करता हुआ प्रथम लिखित साक्ष्य 1215 ई. में पारित मैग्नाकार्टा को माना जाता है, जिसमें कुछ मूलभूत अधिकार प्रदत्त किए गए थे। हालाँकि सम्पूर्ण मानवीय विकास में उसका उतना महत्त्व नहीं था, फिर भी 'मानवाधिकार' को एक विश्वव्यापी मुद्दा बनाने में उसने चिंगारी का

काम किया। तत्पश्चात् पुनर्जागरण के प्रबुद्ध विचारकों ने मानवाधिकार को अपने लेखन में शामिल किया। ऐसे विचारकों में हॉब्स, लॉक, रूसो, मिल्टन, गेटे, वाल्टेयर आदि प्रमुख थे। अमेरिकी क्रान्ति, फ्रांसीसी क्रान्ति, रंगभेद आन्दोलन आदि ऐसे पड़ाव थे, जिन्होंने मानवाधिकार की अवधारणा को नया आयाम दिया तथा उसे और समृद्ध किया। इन्हीं कारकों का यह परिणाम था कि नवसृजित संयुक्त राष्ट्र संघ द्वारा 10 दिसम्बर, 1948 को मानवाधिकार दिवस घोषित किया गया तथा उनके संरक्षण एवं अनुपालन हेतु मानवाधिकार आयोग की स्थापना की गई। इससे प्रेरित होकर भारत में भी वर्ष 1993 में मानवाधिकार अधिनियम पारित किया गया तथा 28 दिसम्बर, 1993 को मानवाधिकार आयोग का गठन किया गया। आयोग के गठन के उपरान्त हमारे देश में मानवाधिकार के प्रति जागरूकता में आशातीत वृद्धि हुई है। अब सवाल यह उठता है कि मानवाधिकार की आधुनिक रूपरेखा क्या भारतीय संस्कृति में पहले कभी रही थी अथवा यह पूर्णतः पाश्चात्य संस्कृति से भारतवर्ष द्वारा ग्रहण किया गया है? यहाँ इस सम्बन्ध में विचार करना ही हमारा मूल उद्देश्य है।

भारतीय संस्कृति में मानवाधिकार के परिशीलन करने के लिए यहाँ यह विश्लेषण करना प्रासंगिक होगा कि विभिन्न काल में मानवाधिकार की स्थिति क्या थी तथा किस तरह उसने हमारे संस्कृति में प्रत्यक्ष अथवा अप्रत्यक्ष रूप से अपना एक प्रमुख स्थान प्राप्त कर लिया है।

मानव के उत्तम जीवन की वैयक्तिक इच्छाएँ ही उसके अधिकारों की जननी होती हैं। इस प्रकार 'अधिकार' शब्द मानव के विकास क्रम के साथ जुड़ा हुआ है। व्यक्ति ही अधिकार को धारण करने की क्षमता रखता है, अतः मानव समाज की प्राचीनता या ऐतिहासिकता के साथ 'अधिकार' का अस्तित्व भी स्वीकारयोग्य है। प्राचीन समाज में अधिकारों की स्थिति यद्यपि स्पष्ट परिभाषित नहीं है, किन्तु 'अधिकार' शब्द की वर्तमान अवधारणात्मक पृष्ठभूमि तथा इसका अर्थ प्राचीन काल में स्पष्ट होने या नहीं होने की स्थिति में भी यह सर्वसम्मत है कि भारतीय सामाजिक-व्यवस्था ने अपने समाज के लिए वैयक्तिक एवं सामूहिक स्तर पर कुछ नियमों या सिद्धान्त का निर्माण किया था, वहीं अधिकार के स्वरूप भी निर्धारित किए थे।

अनुक्रम

प्रथम अध्याय

प्राचीन हिन्दू धर्म-दर्शन में मानवाधिकार के तत्त्व

पाश्चात्य विचारधारा के विपरीत हिन्दू धर्म व संस्कृति में व्यक्ति को परमात्मा का ही अंश माना गया है। आत्मा एवं परमात्मा के सम्बन्धों पर आधारित हिन्दू धर्म व संस्कृति अन्यान्य संस्कृतियों से पृथक् है और सामुदायिकतावादी धारणा के ज्यादा समीप है। इसके तहत मनुष्य समाज में रहकर सर्वकल्याण करता हुआ अपना चरम आत्मिक विकास कर सकता है। भारतीय दर्शन के अनुसार व्यक्ति समाज का एक अविभाज्य अंग है, जिसका प्रत्येक अधिकार समाज के प्रति उसके दायित्वों से जुड़ा है। जन्म लेने के बाद से ही मनुष्य सामाजिक दायित्वों के रूप में मातृ-ऋण, पितृ-ऋण, ऋषि-ऋण आदि के अधीन होता है, जिसकी आपूर्ति वह समाज में अपने क्रमिक विकास के अनुरूप करता हुआ अपने जीवनकाल में ही मोक्ष एवं निर्वाण की ओर अग्रसर होता है।

1.1 यहाँ ऋण का अर्थ दायित्व या कर्तव्य है, कोई बोझ नहीं। भारतीय दर्शन में व्यक्ति के चार पुरुषार्थ बताए गए हैं–धर्म, अर्थ, काम और मोक्ष, जिनकी साधना वह निर्दिष्ट धर्म के अधीन रहकर करता है।

1.2 चार पुरुषार्थ–मनुस्मृति 2/224 वैदिक साहित्य में मानवीय सत्ता का स्वरूप 'सहस्त्र शीर्षा पुरुषः सहस्त्राक्षः सहस्त्रपाद्' श्लोक में मिलता है अर्थात् अनन्त मस्तक, अनन्त नेत्र एवं पैरोंवाला यह पुरुष एक समाजिक पुरुष है।

सहस्त्रशीर्षा पुरुषः सहस्त्राक्षः सहस्त्रपाद्।
स भूमिं विश्वतो वृत्वाऽत्यतिष्ठद्दशाङ्गुलम्॥
तस्माद् विराजायत विराजो अधि पूरुषः।
स जातो अत्यरिच्यत पश्वाद्भूमिमथो पुरः॥
तस्माद्यज्ञात् सर्वहुतः ऋचः सामानि जज्ञिरे।
छन्दांसि जज्ञिरे तस्माद्यजुस्तस्मादजायत॥
तस्मादश्वा अजायन्त ये के चोभयद्त्तः।
गावो ह जज्ञिरे तस्मात् तस्माज्जाता अजावयः॥

चन्द्रमा मनसो जातश्चक्षोः सूर्यो अजायत।
मुखादिन्द्र श्चाग्निश्च प्राणाद्वायुरजायत॥

(ऋग्वेद, पुरुषसूक्त, 10/90)

इस रूप में व्यक्ति का यह कर्तव्य निर्धारित किया गया कि वह समाज के अधिकाधिक कल्याण की भावना से युक्त होकर अपने अधिकारों का स्वेच्छया त्याग करता हुआ, दूसरों के अधिकारों के संरक्षण को सुनिश्चित करे।

इस तरह भारतीय समाज में मानवाधिकारों की मान्यता अपने आदर्शवादी स्वरूप में द्रष्टव्य है। ईशोपनिषद में कहा गया है :

ईशावास्यमिदं सर्वं यत्किंञ्च जगत्यां जगत्।
तेन त्यक्तेन भुञ्जीथा मा गृधः कस्यस्विधनम्॥

(ईशावास्योपनिषद् 1/1)

अर्थात् मनुष्य के जीवन का लक्ष्य अधिकतम सुखों की अधिकतम प्राप्ति नहीं, अपितु सबका अधिकतम हित सुनिश्चित करना है। आत्मोत्कर्ष एवं परम तत्त्व से एकाकार के उद्देश्य के साथ-साथ समाज के प्रति दायित्वबोध का होना आवश्यक है, तभी हम सामाजिक जीवन एवं आध्यात्मिकता के मध्य सामंजस्य स्थापित कर सकते हैं। इस तरह भारतीय संस्कृति मनुष्य के लिए एक ऐसी पृष्ठभूमि तैयार करती है, जहाँ मानवीय गरिमा एवं मानवता को पूर्ण विकसित होने का अवसर प्राप्त होता है। दूसरी तरफ पाश्चात्य दर्शन मनुष्य के स्वहित को साधने तक ही सीमित है, जिससे मात्र वैयक्तिक हित का ही सम्पोषण होता दिखाई पड़ता है, सर्वहित एवं सर्वकल्याण की भावना दूर-दूर तक परिलक्षित नहीं होती है। भारतीय संस्कृति में वर्णित पुरुषार्थ-व्यवस्था (धर्म, अर्थ, काम और मोक्ष) तथा ऋणों की परिकल्पना यथा– पितृ-ऋण, देव-ऋण, ऋषि-ऋण, वर्णाश्रम-व्यवस्था आदि ऐसे तत्त्व हैं, जो व्यक्ति में त्याग, समर्पण, कर्तव्यबोध, आत्म-तत्त्व जैसे ईश्वरीय गुणों को समाविष्ट करते हैं, अर्थात् स्वधर्म पालन के द्वारा ही व्यक्ति अपने अधिकारों का उपभोग करता हुआ अन्य प्राणियों के कल्याण करने के मार्ग पर प्रवृत्त रहता है। इस तरह मानवाधिकार की परिधि में व्यक्ति के अधिकार एवं कर्तव्य साथ-साथ सम्पूर्ण पर्यावरण एवं प्रकृति के साथ अनायास ही समायोजित होता जाता है। आज विश्व में पर्यावरण सन्तुलन की चर्चा होती है, जबकि भारतीय संस्कृति में इसका उल्लेख अत्यन्त प्राचीन काल से ही होता आया है, जिसमें मानव की रक्षा के लिए पर्यावरण रक्षा की आवश्यकता पर बल दिया गया था।

नाप्सु मूत्रं पुरीषं वाष्ठीवनं वा समुत्सृजेत्।
अमेध्यमलिप्तमन्यद्वा लोहतं वा विषाणि वा॥

(मनुस्मृति 4/56)

प्राचीन ग्रन्थ मनुस्मृति में मानवाधिकार शब्द का यद्यपि प्रयोग नहीं किया गया है, किन्तु मनु तथा अन्य प्राचीन भारतीय चिन्तकों ने अपने समन्वयवादी दृष्टिकोण, मानवीय मूल्यों की गहन समझ एवं समस्त प्राणियों के कल्याण की भावना द्वारा मानवीय अधिकारों के प्रति अपनी आत्मिक संवेदना को प्रदर्शित किया है। प्राणिमात्र के प्रति दया एवं सहिष्णुता का भाव तथा सर्वमंगल की भावना से अपने कर्तव्य का अनुपालन आदि ऐसे बिन्दु हैं, जिनसे सहज ही मानववाधिकार का अत्यन्त व्यापक पहलू अपने उदात्त आयामों के साथ उद्‌घाटित होता है। मानवाधिकार के उल्लंघन अथवा हनन की समस्या कदाचित् तत्कालीन समाज में नहीं रही हो तथापि मनु ने राजाओं को स्पष्ट निर्देश दिए हैं कि यदि वे अच्छाई व बुराई को जाने बिना अपनी प्रजा को कष्ट देते हैं तो तत्काल भ्रष्ट होकर कुल सहित वे विनष्ट हो जाएँगे।

मोहाद्राजा स्वराष्ट्रं यः कर्षयत्यनवेक्षया।
सोऽचिराद्भृश्यते राज्याज्जीविताच्च सबान्धवः॥

(मनुस्मृति 7/111)

यहाँ तक कि मनु ने अपने शत्रुओं के साथ भी मानवीय व्यवहार करने के निर्देश दिए हैं। शस्त्र रहित व शरण में आए हुए शत्रु, स्त्री तथा युद्धक्षेत्र से भागे हुए सैनिकों के साथ यथोचित व्यवहार करने के निर्देश दिए गए हैं। साधारणतया सबल पक्ष द्वारा निर्बल वर्ग के शोषण से ही मानवाधिकार की समस्या उत्पन्न होती है। अतएव मनु ने अपंगों, अज्ञानियों, दरिद्रों, शोषित वर्ग के व्यक्तियों के साथ भी उपयुक्त व्यवहार करने के उपदेश प्रस्तुत किए हैं। इस तरह मनु द्वारा प्रतिपादित चिन्तन में मानव के भौतिक सुख की प्राप्ति के साथ-साथ आध्यात्मिकता की ओर अग्रसर होने एवं परमतत्व में विलीन होकर अपने को मुक्त कर लेने की जिस भावना का विवरण मिलता है, वह आज भी मानवाधिकार सम्बन्धी चिन्तन के लिए प्रेरणास्रोत है :

हीनाङ्गानतिरिक्ताङ्गान्विद्याहीनान्वयोऽधिकान्।
रूप द्रव्यविहीनांश्च जातिहीनांश्च नाक्षिपेत्॥

(मनुस्मृति, 4/141)

भारतीय संस्कृति का मूल मन्त्र है, *वसुधैव कुटुम्बकम्* अर्थात् सम्पूर्ण ब्रह्मांड ही परिवार सदृश है। यत्र विश्वं भवत्येकनीडम्–सम्पूर्ण विश्व एक घोंसला है।

उपर्युक्त उद्धरण इस बात का द्योतक है कि भारतीय संस्कृति मानवाधिकार से ओतप्रोत है। व्यक्ति और समाज के बीच अन्योन्याश्रय का सम्बन्ध है। आदिकाल से ही सृष्टि में बने रहने के लिए मनुष्य को अधिकार की आवश्यकता महसूस हुई। मनुष्य के भीतर ईश्वर प्रदत्त अलौकिक शक्तियाँ होती हैं। अपने अन्दर छिपी इन प्रतिभाओं को उभारने के लिए स्वस्थ वातावरण का होना अपेक्षित है। ऐसे वातावरण का आदर्श

स्वरूप गणतन्त्रात्मक राज्य में निहित होता है। यहाँ यह ध्यातव्य है कि वैशाली भारत का ही नहीं, पूरे विश्व का पहला गणतन्त्रात्मक राज्य था। इस प्रकार से यह स्पष्ट है कि भारतीय संस्कृति में मानवाधिकार रूपी अवधारणा का मार्ग आज से बहुत पहले ही प्रशस्त कर दिया गया था।

भारतय संस्कृति के आधार स्तम्भ हैं :

1. दर्शन,
2. धर्म,
3. अध्यात्म,
4. साहित्य और
5. कला।

भारतीय दर्शन अपने-आप में विशिष्टतापूर्ण है। विश्व की प्राचीन धरोहर के रूप में 'वेद' भारतीय संस्कृति का जीता-जागता उदाहरण है। भारतीय धर्म ग्रन्थों में इस बात की अपेक्षा की गई है कि सत्यम् वद् अर्थात् सत्य बोलो। धर्ममूचर अर्थात् धर्म का आचरण करो। मुंडोकोपनिषद में उल्लिखित है : *सत्यमेव जयते* अर्थात् सत्य की विजय होती है। धर्म ग्रन्थों में कहा गया है :

सर्वे भवन्तु सुखिनः सर्वे सन्तु निरामयाः।

जिस संस्कृति में ऐसे भाव विद्यमान हों तो इससे सहज ही समझा जा सकता है कि वह मानवाधिकार के प्रति कितना संवेदनशील होगी। मानवाधिकार की बात तब आती है, जब मनुष्य के अधिकारों का उल्लंघन होने लगता है। उस वक्त समाज को संचालित करनेवाली सत्ता मानवाधिकार से वंचित लोगों को न्याय दिलाती है। हमारी संस्कृति में जन्म से ही मानवाधिकार सम्बन्धी शिक्षा देने की व्यवस्था है। बच्चे का शिक्षण समाज से ही होता है। संस्कृति एक ऐसी विद्या है, जो बच्चों में समाजीकरण के द्वारा आती है। प्राचीन काल से ही रामायण और महाभारत हर गृहस्थ परिवार की शोभा बढ़ा रहे हैं। जिस संस्कृति में ऐसा संजीवनी तत्त्व घुला है उसमें मानवाधिकार के उच्च मानदंडों का होना सहज हो जाता है। हमारी संस्कृति आत्मकेन्द्रित न होकर सम्पूर्ण समाज और विश्व का ध्यान रखनेवाली है। यह ऐसा आदर्श उदाहरण प्रस्तुत करती है कि मानवाधिकार का हनन ही न होने पाए।

धर्म का सार्वभौम लक्षण महाभारत में मानवाधिकार से भी आगे सम्पूर्ण प्राणिमात्र के अधिकार को दृष्टि में रखकर किया गया है :

श्रूयतां धर्मसर्वस्वं श्रुत्वा चैवावधार्यताम्।
आत्मनः प्रतिकूलानि परेषां न समाचरेत्॥

महाभारतकार महर्षि व्यास ने धर्म का सर्वस्व सार्वभौम सत्य (तत्त्व) बतलाते हुए कहा है कि इस धर्म के सर्वस्व (सम्पूर्ण स्वरूप) को सुनो और केवल सुनो ही नहीं

अपितु उसको सुनकर अवधारण (अपने मन में स्थापित) करो कि अपने प्रतिकूल अर्थात् जो तुमको प्रतिकूल अहितकर लगे वह अन्य के लिए अपने आचरण (कार्य) से मत करो। यह मानवाधिकार की अवधारणा अभूतपूर्व है। इसमें प्राणिमात्र के हित करने का सन्देश है तथा सम्पूर्ण प्राणिमात्र का हित (कल्याण) करनेवाला ही धर्म है। विश्व धर्म की यह उदार परिभाषा है।

प्राचीन वेद ग्रन्थों में मानवाधिकार सम्बन्धी चिन्तन

मानवाधिकार न तो पूरी तरह पाश्चात्य है और न ही आधुनिक। ऋग्वेद में तीन सिविल अधिकारों की बात कही गई है : तन, स्कृधि और जीभासी। महाभारत में राज्य में व्यक्ति की स्वतन्त्रता की बात कही गई है। हमारे शास्त्रों में व्यक्ति, वर्ग, समुदाय और जातियों के धार्मिक अधिकारों एवं कर्तव्यों की बात कही गई है। ईसा से दूसरी शताब्दी से पूर्व भारतीय राज्यों में राजाओं का चुनाव होता था। अर्थशास्त्र में मनु के सिविल और कानूनी अधिकारों की विवेचना की गई है, जिनमें आर्थिक अधिकार भी सम्मिलित हैं। इनके अनुसार जनता की खुशी में ही सबकी खुशी है और उनके कल्याण में ही सबका कल्याण है।

मानवाधिकार भारतीय मानसिकता का किसी-न-किसी प्रकार अंग रहा है। कोई भी शताब्दी चुनने पर यह पाया जाएगा कि समकालीन मानवाधिकार किसी-न-किसी रूप में भारतीय मानसिकता के आदिकाल से ही अंग रहे हैं। चाहे वेद हों या उपनिषद या अन्य काव्य-ग्रन्थ यह सत्य प्रत्येक भारतीय ग्रन्थ में सहज ही दिख जाता है। उदाहरण के लिए :

एकं सद् विप्रा बहुधा वदन्ति।

अर्थात् सत्य एक है, विद्वान इसका अलग-अलग प्रकार से वर्णन करते हैं। इन कथाओं द्वारा भारत में विभिन्न प्रथाओं, धर्म और सत्य के मार्ग के प्रति आदर का भाव व्यक्त होता है। 'सर्वधर्म समभाव' हमारा मार्गदर्शी सिद्धान्त है। अतः भारतीय धार्मिक ग्रन्थों में उच्च मानवीय मूल्यों को स्थान दिया गया है।

आ नो भद्राः क्रतवो यन्तु विश्वतो। **(ऋग्वेद 1/89/1)**

अर्थात् श्रेष्ठ और सकारात्मक प्रभाव सब दिशाओं से आने दो। पृथ्वी सूक्त में समन्वय और पृथ्वी पर रहनेवाले मनुष्य के लाभ की बात कही गई है।

प्राचीन काल में ऋग्वेद में एक ऐसे समाज की बात कही गई है, जिसमें मनुष्य की समानता, प्रतिष्ठा, भाईचारे और सभी के सुख-प्राप्ति के प्रयासों का वर्णन है :

अज्येष्ठासो अकनिष्ठास एते
सं भ्रातरो वाबृधुः सौभगाय।

(ऋग्वेद 5/60/5)

हिन्दू दर्शन के अनुसार संसार की एकता के लक्ष्य को अहिंसा द्वारा ही प्राप्त किया जाना है और यही बात पूर्व के हिन्दू, बौद्ध जैन और समकालीन धर्मों ने कही है।

गीता में भगवान कृष्ण ने मनुष्य के गुणों का वर्णन अर्जुन से इस प्रकार किया है :

अभयं सत्त्वसंशुद्धिर्ज्ञानयोगव्यवस्थितिः।
दानं दमश्च यज्ञश्च स्वाध्यायस्तप आर्जवम् ॥
अहिंसा सत्यमक्रोधस्त्यागः शान्तिरपैशुनम्।
दया भूतेष्वलोलुप्त्वं मार्दवं ह्रीरचापलम् ॥
तेजः क्षमा धृतिः शौचमद्रोहो नातिमानिता।
भवन्ति सम्पदं दैवीमभिजातस्य भारत ॥

(गीता 16/1-3)

अर्थात् निर्भयता, मस्तिष्क की पवित्रता, ज्ञान का बुद्धिमत्तापूर्ण बँटवारा और ध्यान केन्द्रित करने की शक्ति, दान, आत्मनियन्त्रण, बलिदान, धर्मग्रन्थों का अध्ययन, सादगी और धर्मपरायण अहिंसा, सत्य, क्रोध से मुक्ति, त्याग, शान्ति, जीवित प्राणियों के प्रति हमदर्दी, लालच से मुक्ति, मृदु और स्थिर स्वभाव, स्फूर्ति, क्षमादान, पवित्रता, दुर्भावना से मुक्ति और आवश्यकता से अधिक गर्व–वे गुण हैं, जो दैव प्रकृति से जन्मे मनुष्य में पाए जाते हैं।

दूसरी ओर श्रीकृष्ण ने दुर्गुणों की व्याख्या इस प्रकार की है :

दम्भो दर्पोऽभिमानश्च क्रोधः पारुष्यमेव च।
अज्ञानं चाभिजातस्य पार्थ सम्पदमासुरीम् ॥

अर्थात् हे पार्थ, दिखावा, दम्भ, दर्प, क्रोध और अज्ञान एवं क्रूरता ये ऐसे गुण हैं, जो आसुरी अवस्था में जन्मे मनुष्य में पाए जाते हैं। श्रीकृष्ण ने आगे कहा है :

दैवी सम्पद्विमोक्षाय निबन्धायासुरी मता।

(गीता 16/5)

अर्थात् जो दैवी गुण होते हैं, उससे मुक्ति मिलती है और आसुरी गुणों से दासता। तीन ऐसे मार्ग जिन पर चलने का निषेध है :

त्रिविधं नरकस्येदं द्वारं नाशनमात्मनः।
कामः क्रोधस्तथा लोभस्तस्मादेतत्त्रयं त्यजेत् ॥

(गीता 16/21)

श्रीमद्भगवतगीता में कहा गया है कि :

समः शत्रौ च मित्रे च तथा मानापमानयोः।
शीतोष्णसुख दुःखेषु समः सङ्गविवर्जितः ॥

(गीता 12/18)

अर्थात् शत्रु व मित्र के साथ मान-अपमान में, ठंड या गर्मी में, सुख में या दुख में समान व्यवहार करना चाहिए, अपने सहयोगियों की तरह ही शत्रुओं से भी अच्छा

व्यवहार करना चाहिए। भारतीय संस्कृति शुरू से ही आदर्शों से परिपूर्ण रही है। यहाँ पर समस्त प्राणियों के कल्याण की कामना की जाती रही है। यहाँ पर महिलाओं एवं पुरुषों को शुरू से ही समान दृष्टि से देखा जाता रहा है। महिलाओं को भोग्या नहीं अपितु अर्धांगिनी के रूप में मान्यता प्रदान की गई थी। उन्हें प्राचीन भारत में अपने पतियों के साथ यज्ञ में भाग लेने दिया जाता था। महिलाएँ युद्धभूमि में भी पुरुषों के साथ कन्धे से कन्धा मिलाकर लड़ती थी तथा अपने दुश्मनों के छक्के छुड़ा देने का सामर्थ्य रखती थी। प्राचीन भारतीय संस्कृति में समस्त जीवों के अधिकारों की पूजा की जाती रही है। महिलाओं को देवी के रूप में माना जाता रहा है। गीता के दर्शन के अनुसार कर्तव्यों के निर्वहन में अधिकारों की उत्पत्ति सन्निहित है।

भारतीय संस्कृति में अच्छे कार्य के लिए स्वर्ग एवं निकृष्ट कार्य के लिए नरक-भोग का प्रावधान वर्णित था। नरक के तीन द्वार हैं, जो मनुष्य का विनाश करते हैं : काम, क्रोध और लोभ। इसलिए मनुष्य को इन मार्गों का त्याग करना चाहिए। यदि मनुष्य इन तीनों द्वारों को बन्द कर दें तो उसे असली स्वतन्त्रता प्राप्त होगी–

एतैर्विमुक्तः कौन्तेय तमोद्द्वारैस्त्रिभिर्नरः।
आचरत्यात्मनः श्रेयस्ततो याति परां गतिम् ॥

(गीता 16/22)

वैदिककालीन समाज में मानवाधिकार की स्थिति को जानने के लिए मुख्यतः हमें धार्मिक ग्रन्थों, वेद, उपनिषद्, पुराण, आरण्यक, ब्राह्मण को टटोलना पड़ता है।

ऋग्वेद के 10वें भाग पुरुषसूक्त में मानव उत्पत्ति के विषय में कहा गया है कि समाज के चार वर्गों–ब्राह्मण, क्षत्रिय, वैश्य तथा शूद्र–की उत्पत्ति एक विराट पुरुष से क्रमशः उसके सिर, हाथ, उदर तथा पैर से हुई है। ऋग्वेद में कहीं भी सामाजिक विभेद का साक्ष्य नहीं प्राप्त होता है वरन् पाया जाता है कि इनका विभाजन कर्मणा था। किसी भी वर्ग को किसी कार्य विशेष के लिए निषिद्ध नहीं किया गया है। सबकी समाज के लिए समान महत्ता स्वीकार की गई है। ऋग्वेद की ऋचाओं की दर्शिकाएँ ऋषिकाएँ (स्त्रियाँ) रही हैं, जिनमें घोषा, अपाला, लोपामुद्रा, आदि प्रसिद्ध हैं। ऋग्वेद में ऋतु का देवता वरुण को माना गया है, जो समाज के नैतिक नियमों की देख-रेख करता है। कहीं-कहीं पर ऋतु के क्षरण पर चिन्ता भी प्रकट की जाती है। ऋग्वेद में नियोग प्रथा, दहेज प्रथा का न होना, पुनर्विवाह, समान शिक्षा प्रणाली, राजा को चुनने में नागरिकों का महत्त्व आदि ऐसी विशेषताएँ थीं जो ऋग्वैदिक मानवाधिकार की स्थिति को स्पष्ट करता है।

हिन्दू कानून मौखिक और लिखित कानून की तरह 100-400 ईस्वी पूर्व में ही स्थापित हो चुका था। यह स्थापना प्राचीन काल की दो महत्त्वपूर्ण पुस्तकों द्वारा की गई है : याज्ञवल्क्य स्मृति और नारद स्मृति। दोनों ही हिन्दू धर्म की महत्त्वपूर्ण पुस्तकें हैं,

जिसमें नियमों को किस तरह लिखा जाए और न्यायिक-व्यवस्था का क्या तरीका अपनाया जाए, उसका विवरण है। हिन्दू दर्शन के अनुसार कानून वह नियम है जो दैविक शक्ति द्वारा मनुष्य पर लागू किया गया है और जो मनुष्य के सार्वजनिक और निजी जीवन को भी प्रभावित करता है। हिन्दू कानून मूलतः कर्तव्यों की संहिता है। प्राचीन काल में हिन्दुओं के सामूहिक जीवन में धर्म और दर्शन का मिश्रण था इसलिए यह कोई आश्चर्य की बात नहीं है कि प्राचीन श्रुति और स्मृति ग्रन्थों में कर्तव्यों का ही अधिक वर्णन है, न कि अधिकारों का। पूर्व के तीनों धर्मों की एक विशेषता यह है कि सभी ने अधिकारों की बजाय कर्तव्यों पर बल दिया है।

पाश्चात्य जगत में व्यक्ति के अधिकार-सम्बन्धी विचारधारा के कारण आपसी हितों में टकराहट होती रही है, जिस कारण परिवार खंडित होते हैं और आपसी संघर्ष के कारण समूहों में समन्वय की समस्या उत्पन्न होती है। इसके विपरीत हिन्दू धर्म मनुष्य के उस लक्ष्य को अपने ध्यान में रखता है जिससे उसका बौद्धिक और आध्यात्मिक लाभ जुड़ा हो।

'यम' और 'नियम' के पालन में धर्मनिरपेक्ष प्राकृतिक कानून द्वारा समाज में समन्वय की स्थिति स्थापित की जाती है। पाँच यम संहिता, सत्य, चोरी न करना, नशे से मुक्ति, सम्पत्ति का स्वामी न होना और पाँच नियम पवित्रता, सन्तुष्टि, प्रायश्चित्त, ग्रन्थों का अध्ययन और भगवान के प्रति समर्पण–ये ऐसे गुण हैं, जो पतंजलि के अनुसार आत्मानुशासन और समाज के सन्तुलन के लिए आवश्यक है। हिन्दू धर्म की एक प्रमुख विशेषता यह भी रही है कि वेदकालीन प्राकृतिक कानून मतान्धता से प्रभावित नहीं हुए। इस पर मिथक और ग्रन्थों का प्रभाव नहीं है जिस कारण उचित कार्यों द्वारा सच्चे मार्ग पर चलकर दूसरों के लिए कल्याणकारी कर्म करने की प्रेरणा मिलती है।

हिन्दू विधि नियम के अनुसार ग्रामीणों, व्यापारियों और संघों की अपनी न्यायिक प्रणाली थी जिसे उनके अपने लोग संचालित करते थे। न्यायालय की अध्यक्षता चुनाव द्वारा अथवा उत्तराधिकार की प्रथा के द्वारा चयनित किसी व्यक्ति द्वारा की जाती थी। गम्भीर अपराधों के मामले में न्यायालय फैसला करता था। यदि दोषी मनुष्य स्थानीय न्यायालय की आज्ञा मानने से इनकार कर देता था तो मामला राजा की अध्यक्षतावाले न्यायालय में जाता था। सभासदों की सहायता से राजा उन मुकदमों का बिना धर्मशास्त्र और अर्थशास्त्र नियमों के उल्लंघन का निरीक्षण करता था। सभासद ग्रन्थों के अर्थ से भलीभाँति परिचित होते थे। मानवाधिकार के प्रति हिन्दू धर्म जितना संवेदनशील एवं विराट चित्तयुक्त है, वैसा दृष्टान्त विश्व के अन्य संस्कृतियों में दुर्लभ है।

भारतीय समाज में मानवाधिकार सम्बन्धी महत्त्वपूर्ण सिद्धान्त अत्यन्त आरम्भ काल से ही आत्मसात् कर लिये गए थे। उसके अनुसार प्रत्येक व्यक्ति की स्वतन्त्रता

तथा उनके जीवन का संरक्षण और अन्य अधिकार स्वमेव प्रदत्त और प्रमाणित थे। यहाँ तक कि युद्ध और महाविनाश के बाद बन्दी बनाए गए शत्रु सेना के सैनिकों तथा बन्दियों तक का निरुद्देश्य वध तब तक नहीं किया जाता था जब तक कि उस पर आरोप तय न हो जाए तथा उसके बाद भी निर्धारित संख्या से अधिक दंड उनको नहीं दिया जाता था। इस हेतु प्राचीन काल से ही न्यायाधीश और दंडाधिकारी पदों का सृजन हुआ था।

भारतीय वाङ्मय, ऐसे कुशल राजाओं, ऋषियों, महर्षियों एवं उदाहरणों से परिपूर्ण है, जिसमें उन्होंने मानवता की सेवा व प्राणिमात्र के कल्याण हेतु अपना स्वरूप न्यौछावर कर दिया। राजा शिवि द्वारा एक जंगली कबूतर को बचाने हेतु अपने शरीर का मांस काटकर अर्पित कर देना, महर्षि दधीचि द्वारा मानव मात्र के कल्याण हेतु अपने अस्थि तक का दान दे देना, स्वप्न में देखी गई बात पर राजा हरिश्चन्द्र द्वारा अपना राज-पाट व सर्वस्व दान कर देना आदि ऐसे उद्धरण हैं जो अपने-आप में मानवाधिकार संरक्षण का भाव छुपाए बैठे हैं। मानवाधिकार सम्बन्धी भारतीय धर्म का चिन्तन इस श्लोक में सहज ही दर्शनीय है :

अयं निजः परो वेऽति गणना लघु चेतसाम्।
उदारचरितानां तु वसुधैव कुटुम्बकम्॥

(सुभाषितरत्नभांडागार, उदारप्रशंसा 2/9)

प्राचीन भारतीय समाज में नारी का अधिकार (स्थिति)

किसी भी राष्ट्र का चरित्र उसके समाज में महिलाओं की स्थिति तथा प्रतिष्ठा से सही ढंग से आकलन किया जा सकता है। समाज में महिला की स्थिति उसके सांस्कृतिक, सामाजिक, धार्मिक एवं आध्यात्मिक स्तर की सूचक होती है। नारी को संस्कृति का केन्द्रबिन्दु भी कहा जा सकता है।

भारतीय समाज में अति प्राचीन काल से महिलाओं का गौरवपूर्ण स्थान रहा है। वैदिक युग को भारतीय महिला के गौरवशाली काल के रूप में दर्शाया गया है। यद्यपि वैदिकयुगीन समाज-व्यवस्था पितृसत्तात्मक थी। तत्कालीन समाज में नारी का स्थान एवं अधिकार निम्न परिचर्चा से अधिक स्पष्ट हो सकता है।

1.1. पितृसत्तात्मक का शाब्दिक अर्थ है–पिता की सत्ता अथवा मुखिया शासन। यह एक ऐसी सामाजिक-व्यवस्था का द्योतक है जिसके अन्तर्गत पिता परिवार के सभी सदस्यों, सम्पत्ति व आर्थिक साधनों पर नियन्त्रण रखता है तथा सभी मुख्य निर्णय वही लेता है। इसी सामाजिक-व्यवस्था से यह धारणा भी जुड़ी हुई है कि पुरुष स्त्री से ऊँचा एवं उत्तम है। स्त्रियाँ पुरुष के नियन्त्रण में हैं एवं रहनी चाहिए और वे भी पुरुष की सम्पत्ति का एक भाग है। हमारे अनेक धार्मिक नियमों और रिवाजों के पीछे यही

धारणा है तथा वे सभी सामाजिक रीतियाँ, जो स्त्री को घर से बाँधकर रखती है, उनके जीवन पर नियन्त्रण रखती है। इसी धारणा से उपजी है नैतिकता। नैतिकता के हमारे दोहरे मापदंड तथा वे सामाजिक कानून, जो स्त्रियों की तुलना में पुरुषों को अधिकार देते हैं पितृसत्तात्मक विचारधारा पर आधारित है। सभी पितृसत्तात्मक परिवारों में प्रचलित परम्परा के अनुसार घर का वयोवृद्ध पुरुष ही परिवार के कुलपिता के अधिकार के साथ घर की व्यवस्था करता है। इस समय पुत्री-जन्म पर होनेवाली प्रतिक्रिया की जानकारी प्राप्त नहीं होती है, परन्तु यह अवश्य ज्ञात होता है कि वेदों में पुरुष सन्तान के लिए विशेष कामनाएँ की गई हैं।[1]

1.2 वैवाहिक आशीर्वाद में नव-दम्पती को जीवनभर पुत्र-पौत्रों के साथ खेलने को कहा गया है।

1.3 क्रीळन्तौ पुत्रैर्नप्तृभिर्मोदिमानौ मियौदवानों स्वे गृहे। अथर्ववेद में वीर पुत्रोत्पत्ति के लिए प्रार्थना की गई है। (ऋग्वेद 10/85/42)

1.4 अते योनिं गर्भ एतु पुमान्बाण इवेषुधिम्। आ वीरोऽत्र जायतां पुत्रस्ते दशमास्यः। (अथर्ववेद, 3/23/2)

1.5 यद्यपि वेदों में कन्या प्राप्ति के लिए कामनाएँ दृष्टिगत नहीं होती है तथापि साथ ही उनके प्रति निन्दा के भाव भी परिलक्षित नहीं होते हैं। अतः यह कह सकते हैं कि वैदिक युग में पुत्री की दशा शोचनीय नहीं थी किन्तु उसकी प्राप्ति उतनी प्रिय नहीं होती थी जितनी कि पुत्र की।[2]

1.6 उस समय पुत्र-प्राप्ति की अत्यधिक कामना का प्रमुख कारण तत्कालीन समाज में व्याप्त सामाजिक वातावरण था। आर्य लोग युद्ध में पूर्णतया उलझे हुए थे। वे जहाँ जाते थे, युद्ध करना पड़ता था। आर्यों का सामना अनार्यों ने बड़ी वीरता से किया था, किन्तु अन्त में अनार्यों को पराजित होना पड़ा।[3]

1.7 आर्य सच्चे योद्धा थे। ये नित्य नवीन विजय की अभिलाषा करते थे, तथा अपने लक्ष्य की सिद्धि के निमित्त वीर्यवान पुरुषों की प्राप्ति के लिए प्रार्थना करते थे।[4]

1.8 पुत्र के समान पुत्रियाँ भी शिक्षा ग्रहण करती थीं। शिक्षा ग्रहण कर स्त्रियों को वेद और शास्त्रों में पारंगत होने के अतिरिक्त उन्हें मन्त्र पढ़ने और यज्ञ पाठ करने का भी पूर्ण अधिकार प्राप्त था।[5]

1.9 उस समय लड़कियों का विवाह पूर्ण युवा होने पर ही होता था। उन्हें अपने पति के चुनाव की पूर्ण स्वतन्त्रता प्राप्त थी। ऋग्वेद में कहा गया है–जिस प्रकार पुरुष को पत्नी के चयन का अधिकार है उसी प्रकार स्त्री को भी अपने गुण और शील के अनुसार पति के चयन का पूर्ण अधिकार है।

2.0 द्विवेदी, डॉ. कपिल देव, वेदामृतम् वेदों में नारी, शान्ति निकेतन, ज्ञानपुर, वाराणसी, 1994, पृ. 137।

इस समय विवाह में दहेज प्रथा का प्रचलन नहीं था किन्तु सम्पन्न परिवारों में विवाह के अवसर पर भेंट के रूप में कुछ धन वर को प्रदान किया जाता था। धनी वधू अपने दहेज में सौ-सौ गायें लाती थीं।[6]

2.1 इस समय सामान्यतया बहु-विवाह का प्रचलन नहीं था। नवविवाहित वधू के लिए यह कामना की गई है कि वह अपने श्वसुर, सास, पतिभगिनियों तथा देवरों के ऊपर सम्राज्ञी हो। सम्राज्ञी श्वशुरे भव सम्राज्ञी श्वश्वां भव। ननान्दरि सम्राज्ञी भव सम्राज्ञी अधिदेवृषु ॥[7]

2.2 वैदिक युग में विधवा महिला भी समस्त सुविधाओं का उपभोग करती थी। विधवा स्त्री को मृत पति के साथ सती होने की अनुमति नहीं थी, उनके जीवनयापन के दूसरे मार्ग खुले हुए थे। वह विधवा का सम्मानूपर्ण जीवन बिता सकती थी तथा निःसन्तान होने पर नियोग द्वारा सन्तान प्राप्त कर सकती थी।[8]

2.3 वैदिक युग में यद्यपि पिंडदान का अधिकार कन्या को नहीं था इसलिए उसे सम्पत्ति के अधिकार से भी वंचित कर दिया गया है परन्तु यदि कन्या परिस्थितिवश अविवाहित रहकर पिता के घर में ही जीवन व्यतीत करती थी तो वह पिता की सम्पत्ति की अधिकारी होती थी क्योंकि अविवाहित होने के कारण उसके पास न तो दहेज मे रूप में सम्पत्ति रहती थी और न ही पति-गृह का स्त्री धन उसके पास होता था। ऋग्वेद में कहा गया है कि जो कन्या विवाह नहीं करती है, अपने माता-पिता के साथ ही रहती है, उसको पैतृक अंश में से उचित हिस्सा मिलना चाहिए। इस प्रकार की कन्या की सम्पत्ति के अधिकार को स्पष्ट किया गया था।[9]

2.4 इस समय विधवा महिला को सम्पत्ति का उत्तराधिकार प्राप्त नहीं था जिसके कारण विधवा पुनर्विवाह का प्रचलन तथा नियोग प्रथा का प्रचलन था जिसके द्वारा विधवा स्त्री पुत्र की प्राप्ति कर सकती थी, समाज में विधवा स्त्रियाँ कम थीं।[10]

2.5 स्पष्ट है कि वैदिक काल महिलाओं के लिए गौरवपूर्ण था परिवार के सभी कार्यों में महिलाओं को निर्णायक स्थान प्रदान किया गया था। सामाजिक परम्पराओं के तहत महिलाओं का पद अत्यधिक सम्मानित तथा साहस व वीरता से परिपूर्ण था।[11]

2.6 महिलाओं को शिक्षा, विवाह, सम्पत्ति इत्यादि के सम्बन्ध में पुरुषों के समान अधिकार प्रदान किए गए थे। वे खेती-बारी, तीर-धनुष तथा अस्त्र-शस्त्र बनाया करती थीं।[12]

2.7 उत्तर वैदिक युग में परिस्थितियों में परिवर्तन दिखाई दिया तथा पुत्र-प्राप्ति को धार्मिक महत्त्व दिया गया। ऋण मुक्ति के सिद्धान्त ने पुत्र प्राप्ति को पितृ-ऋण से मुक्त होने के लिए धार्मिक दृष्टि से आवश्यक कर्तव्य बना दिया। शतपथ ब्राह्मण

में कहा गया है कि उत्पन्न होते ही मनुष्य देवताओं, ऋषियों, पितरों तथा मनुष्यों का ऋणी होता है। ऋणं ह वै जायते योऽस्ति। स जायमान एव दैवेभ्यः षिभ्यः पितृभ्यो मनुष्येभयः।[13]

2.8 तैत्तिरीय संहिता के अनुसार मनुष्य ब्रह्मचर्य, यज्ञ तथा प्रजा द्वारा क्रमशः ऋषि, देव तथा पितृ-ऋणों से युक्त होता है। जायमानो वै ब्राह्मण स्त्रिर्भिर्ऋणवा जायते ब्रह्मचर्येण ऋषिभ्यौ यज्ञेन दैवेभ्यः प्रजया पितृभ्या एव वा अनृणां या पुत्री यज्वा ब्रह्मचारिवासी।[14]

2.9 ऐतरेय ब्राह्मण में कन्या जन्म को कष्ट का रूप कहा गया है। सखा ह जायां कृपणं दृहिता...।[15]

3.0 इस समय भी विवाह पूर्ण युवा होने पर ही होता था तथा विवाह में आंशिक स्वतन्त्रता विद्यमान थी।[16]

3.1 समाज में धनिक तथा राजकीय परिवारों में बहुपत्नी विवाह एवं अनुलोम विवाह का प्रचलन था। ऐतरेय ब्राह्मण का कथन है कि एक पुरुष के अनेक पत्नियाँ हो सकती हैं किन्तु एक स्त्री के अनेक पुरुष नहीं हो सकते हैं।[17]

3.2 इस समय विधवा पुनर्विवाह का प्रचलन था।[18]

3.3 सूत्र-साहित्य में भी समाज में पुत्री की अपेक्षा पुत्र की उत्पत्ति अधिक मांगलिक एवं आनन्ददायक मानी जाती थी और पुत्र के धार्मिक महत्त्व को नाना रूप से वर्णित किया गया है। अनेक ग्रन्थों में उपलब्ध एक श्लोक में कहा गया है कि पुरुष पुत्र से विविध लोकों की विजय करता है, पौत्रों से उन लोकों का अनन्त काल तक उपभोग करता है तथा पुत्र के पौत्र से आदित्य लोक को प्राप्त करता है। पुत्रेण लोकान् जयति पौत्रेणानन्त्यमश्नुते। अथ पुत्रस्य पौत्रेण ब्रध्नस्याप्नोति विष्टपम् ॥[19]

3.4 परन्तु फिर भी पुत्री को सम्मानजनक स्थान प्राप्त था। इस समय जिन लोगों को तर्पण दिया जाता था उनमें स्त्रियाँ भी होती थीं। यशस्वी स्त्रियों का स्थान तत्कालीन ऋषियों से कम महत्त्वपूर्ण नहीं था।[20]

3.5 अल्टेकर के अनुसार इस युग में प्रथम चरण में स्त्रियों ने वैदिक शिक्षा प्राप्त की, परन्तु अधिकांश स्त्रियों के विवाह के समय ही उपनयन की औपचारिकता का सम्पादन हो जाता था।[21]

3.6 सूत्रों में भी बाल-विवाह का प्रचलन नहीं था तथा कन्या का विवाह पूर्णतः वयस्क होने पर होता था।[22]

3.7 इस समय बहु-विवाह का प्रचलन नहीं था। आपस्तम्ब का कथन है कि प्रजावती धर्मपत्नी के होते हुए मनुष्य को दूसरा विवाह नहीं करना चाहिए, जो व्यक्ति अकारण अपनी पत्नी परित्याग करता है वह पापी होता है।[23]

3.8 कुछ विशेष परिस्थितियों में विधवा-पुनर्विवाह की अनुमति भी प्रदान की गई है। यदि विवाह के तुरन्त बाद ही अथवा पति-पत्नी को मिलने के पूर्व ही स्त्री विधवा हो गई हो तो वह पुनर्विवाह कर सकती थी।[24]

3.9 स्मृति काल में भी पुत्र प्राप्ति को पारलौकिक शान्ति के लिए आवश्यक बताया गया। इसके अनुसार पुत्र पिता की पुत् नामक नरक से रक्षा करता है। पुन्नाम्ना नरकस्तस्मात्त्रायते पितरं सुतः। तस्मात् पुत्र इति प्रोक्तः स्वमेव स्वयम्भुवा॥[25]

4.0 स्मृतिकारों ने बाल विवाह का प्रबल समर्थन किया। याज्ञवल्क्य, यम तथा पराशर सभी स्मृतिकारों ने रजस्वला से पूर्व ही कन्या के विवाह की बात कही है और ऐसा न करने पर कन्या के माता-पिता को पाप का भागी माना।[26]

4.1 मनु ने वर और कन्या के विवाह की उम्र आनुपातिक आधार पर क्रमशः तीस-बारह और चौबीस-आठ निर्धारित की है परन्तु मनु ने यह भी कहा है कि ऋतुमती कन्या पिता के घर में जीवनपर्यन्त भले ही रह जाए, किन्तु गुणहीन वर को कदापि न दी जाए।[27]

4.2 इस समय तक विधवा पुनर्विवाह के प्रश्न पर दृष्टिकोण संकीर्ण होने लगा था। पति की मृत्यु के पश्चात् विधवा स्त्री के लिए पुनर्विवाह के विषय में सोचने की भी मनाही हो गई।[28]

4.3 परन्तु कुछ विशेष परिस्थितियों में स्मृतिकारों ने विधवा-पुनर्विवाह को मान्यता भी प्रदान की। वशिष्ट के अनुसार जिस स्त्री का विवाह मात्र हुआ हो किन्तु पत्नी-पत्नी जैसा सम्बन्ध न स्थापित हुआ हो, ऐसी कन्या का पुनर्विवाह किया जा सकता है।[29]

4.4 मनु के अनुसार पिता की सम्पत्ति का कुछ अंश कन्या को प्राप्त करने का अधिकार था, जो भाई बहन को उसका हिस्सा नहीं देता था मनु ने उसकी भर्त्सना की। परन्तु कन्या के इस हिस्से (सम्पत्ति) का कोई निश्चित रूप न होने के कारण यह मान्यता नहीं प्राप्त कर सका। तत्पश्चात् कन्या का यह भाग (सम्पत्ति) उसके विवाह के खर्च में तिरोहित हो गया। मनु ने कन्याओं के लिए यौतक धन की भी व्यवस्था की थी विवाहित स्त्रियों को भी मनु ने कुछ अधिकार दिया था। उदाहरणार्थ, दायभाग के समय बड़ा या छोटा भाई संन्यासी हो जाता था अथवा उसकी मृत्यु हो जाती तो उसकी सम्पत्ति को भी सहोदर भाई-बहनों में बाँट दिया जाता था। इस प्रकार मनु ने पौत्र एवं दौहित्र का भेद समाप्त कर कन्याओं का पक्ष लिया था।[30]

4.5 और कहा कि यदि पुत्र न हो कन्या मात्र हो तो पिता पुत्री को पुत्रिका बना सकता है। पुत्रिका का वंशज अपने नाना का ही वंशज माना जाता था। मनु ने यह भी कहा कि यदि पुत्र के अभाव में पुत्री पुत्रिका न भी की गई हो तो भी उसका पुत्र नाना का पिंडदान करेगा और नाना का धन भी लेगा।[31]

4.6 महाकाव्यकाल में भी पुत्री की अपेक्षा पुत्रागमन अधिक प्रिय था जिसके पीछे धारणा थी कि पितरों की आत्माएँ पुत्रों से पिंड एवं जल का तर्पण पाकर सुखी एवं सन्तुष्ट रहती है। एष्टव्या वहवः पुत्राः गणवन्तो वहुश्रुत्वाः। तेषां वै समवैतानामपि कश्चिद् गयां ब्रजेत ॥[32] **(रामायण 2/107/13)**

4.7 पुत्र के इस धार्मिक महत्त्व से पुत्री उपेक्षा की पात्र बन गई। रामायण में पुत्री को कष्टदायिनी बताया गया है। कन्या पितृत्वं दुःखं हि सर्वेषां मानकाङ्क्षिणाम्। न ज्ञायते च कः कन्यां वरयेदिति कन्यके ॥[33] **(रामायण 7/9/9)**

4.8 महाभारत में तो कन्या को कष्ट का साकार रूप ही कहा गया है। आत्मा पु. : सखा भार्या कृच्छ्रं तु दुहिता किल।[34] **(महाभारत 1/159/11)**

4.9 परन्तु इसका यह अर्थ कदापि नहीं है। समाज में पुत्री नितान्त अनादृत एवं उपेक्षित थी। यद्यपि समाज में पुत्री की अपेक्षा पुत्र की कामना अधिक की जाती थी कदापि पुत्रियों में भी उसका अनुराग यथेष्ट था। महाकाव्यों में अनेक उदाहरण ऐसे मिलते हैं जब स्त्रियाँ अपने माता-पिता के असीम अनुराग की केन्द्र थीं। कुन्ती, देवयानी, द्रौपदी, उत्तरा और सीता के उदाहरण ऐसे ही हैं। इस काल में कन्याओं की शिक्षा की उचित व्यवस्था थी। कौशल्या, कैकेयी और सीता आदि सभी ने विवाह पूर्व शिक्षा ग्रहण की थी। महिलाएँ कर्मकांड और शास्त्र का ज्ञान, व्यावहारिक एवं नैतिक शिक्षा भी प्राप्त करती थी। कन्याओं को विशेषकर क्षत्रिय कन्याओं को युद्ध-प्रवीणता एवं राजधर्म की शिक्षा भी दी जाती थी।[35]

5.0 इस समय पूर्ण परिपक्वावस्था प्राप्त कर लेने पर ही कन्या का विवाह होता था। प्रति संयोगसुलभं वयौ दृष्ट्वा तु मैं पिता।[36] **(रामायण 2/118/34)**

5.1 वयस्क कन्या का विवाह न करने वाले को ब्रह्म हत्या का दोषी बताया गया है। आत्मजां रूपसम्पन्ना महतो सदृशै वरै। न प्रयच्छति यः कन्यां तु विद्यादब्रह्मपातिनम् ॥[37]
(महाभारत 13/24/9)

5.2 यद्यपि इस समय स्वयंवर प्रथा का प्रचलन था तथापि कन्या को उसमें पूर्ण स्वतन्त्रता प्राप्त नहीं थी क्योंकि पिता द्वारा निर्धारित शर्तों को पूर्ण करनेवाला व्यक्ति ही कन्या का पति हो सकता था। (क) इदं च धनुरुद्यम्य सज्यं यः कुरूतै नरः। तस्य मै दुहिता भार्या भविष्यति न संशयः ॥[38] **(रामायण 1/118/42)**

इस प्रकार भारतीय हिन्दू समाज में स्त्री का स्थान अत्यन्त महत्त्वपूर्ण रहा है। वस्तुतः गृहस्थ जीवन महिला संयुक्तता का विकसित रूप है जो विवाह संस्कार के माध्यम से प्रारम्भ होता रहा है। ऐसी स्थिति में महिला चिरकाल से हिन्दू सामाजिक संरचना का महत्त्वपूर्ण संवेदनशील केन्द्र बिन्दु रही है। यही कारण है कि भारतीय सभ्यता और संस्कृति पर जब भी कोई बाह्य अथवा आन्तरिक परिवर्तनकारी और विघनात्मक शक्ति सक्रिय हुई, प्राचीन व्यवस्थाकारों का ध्यान महिलाओं के अधिकार

क्षेत्र और उनसे सम्बन्धित नियमाचारों पर आकृष्ट हुआ। परिणामस्वरूप महिलाओं की दशा में समय-समय पर परिवर्तन होते रहे तथा सामाजिक विधि-विधान परिवर्तित होते रहे।

उपर्युक्त के अतिरिक्त भारतीय संस्कृति में नारियों को उच्च सम्मान प्राचीन काल से ही दिया जाता रहा है। इसका उल्लेख भी है कि

यत्र नार्यस्तु पूज्यन्ते रमन्ते तत्र देवताः।
यत्रैतास्तु न पूज्यन्ते सर्वास्तत्रा फलाः क्रियाः ॥

भारतीय संस्कृति में नारी को अर्धांगिनी कहा गया है। नारी को ऊँची निगाहों से देखा जाता था। वैदिक युग में लोपा जैसी नारी हुई जो वेद की ऋचाएँ तक लिखीं। परिवार की केन्द्र बिन्दु महिला होती थी। परिवार समाज का नाभिक होता है, अतः यदि नारी शिक्षित है तो पूरा परिवार शिक्षा प्राप्त करता है और इस तरह समाज में शिक्षा का प्रचार व प्रसार होता है। इस बात को हमारे मुनियों ने बहुत पहले ही जान लिया था, तभी उन्होंने नारी को शिक्षित करने के लिए आज से 2500 से 3000 वर्ष पूर्व ही प्रयास किया था। यदि आज विश्व समुदाय नारी को शिक्षित करने की दिशा में उपर्युक्त मानदंडों को थोड़े-बहुत अंशों में भी अपनी व्यवस्था में उतारने की चेष्टा करे तो मानवाधिकार की बहुत सारी समस्याएँ आसानी से हल हो जाएँगी। प्राचीन काल से ही भारतीय संस्कृति इन मामलों में मानवाधिकार के लिए उच्च मानदंड प्रस्तुत करती है।

दक्षिण भारतीय रचनाओं तथा अनन्तर सन्त परम्परा में मानवाधिकार के तत्त्व

दक्षिण भारत में भी संस्कृत के अतिरिक्त अन्य भाषाओं में भी मानवाधिकार एवं मानव दर्शन की परिचर्या प्राचीन काल में की गई थी। दर्शन पर सबसे लोकप्रिय पुस्तक तमिल में तिरुकुराल ने लिखी थी। इस पुस्तक में 133 अध्याय हैं और प्रत्येक अध्याय में 10 श्लोक। पहले 380 श्लोकों में स्त्री और पुरुषों के नैतिक कर्तव्यों के बारे में लिखा गया है। अध्याय 39 से लेकर 108 तक में नागरिक, राजनीतिक, आर्थिक, सामाजिक और सांस्कृतिक अधिकारों का वर्णन किया गया है। इन श्लोकों में जहाँ व्यक्ति के अधिकारों की बात की गई वहीं शासकों के लिए यह अनिवार्य किया गया है कि वे नागरिकों की आर्थिक, सामाजिक और सांस्कृतिक आवश्यकताओं की पूर्ति करें। उदाहरण के लिए अध्याय 39 के पहले श्लोक में ही लिखा गया है–

"वह मनुष्य राजाओं में शेर है जिसके पास सेना, प्रजा, दौलत, मन्त्रीगण, मित्र और 46 विभाग हों।"

तिरुवलुअर ने जो ग्रन्थ लगभग 2000 वर्ष पूर्व लिखा था। उसमें स्वतन्त्रता सम्बन्धी शिक्षा की पाठ्यचर्या, भ्रष्टाचार से स्वतन्त्रता, विदेशी विशेषज्ञों से राय, राज्य का ऐसे समय में कर्तव्य जब उस पर शरणार्थियों का बोझ हो और समाजवादी समाज

की स्थापना का भी जिक्र किया है। इसके अतिरिक्त अनेक ग्रन्थ हैं जिनका सम्बन्ध धर्म और दर्शन से है और जो हिन्दू धर्म के नैतिक अधिकारों और कर्तव्यों की शोभा बढ़ाते हैं।

रामायण एवं महाभारत की रचनाकाल में मानवाधिकार का महत्त्व

राम को मर्यादा पुरुषोत्तम की संज्ञा दी गई और कृष्ण को योगीराज कहा गया। भगवान राम ने हमारे समाज के समक्ष आदर्श गृहस्थ का उदाहरण रखा। दशरथ ने भगवान राम को 14 वर्ष का वनवास कैकेयी के कहने पर दिया इसी पर कहावत है :

रघुकुल रीति सदा चलि आई।
प्रान जाहुँ बरु बचनु न जाई॥

रामायण गृहस्थ परिवार के लिए दर्पण है, इसमें पात्रों के माध्यम से आदिकवि वाल्मीकि ने बताया है कि पुत्र का पिता के प्रति, पत्नी का पति के प्रति, सेवक का स्वामी के प्रति, भाई का भाई के प्रति क्या मानदंड होना चाहिए। उपर्युक्त पात्रों के माध्यम से यह दर्शाया गया है कि व्यक्ति विशेष के क्या कर्तव्य और अधिकार हैं। यदि समाज का प्रत्येक नागरिक कर्तव्य और अधिकार के प्रति जागरूक होगा तो मानवाधिकार अपने अपदर्श रूप में पल्लवित होगा। श्रीराम का मर्यादा पुरुषोत्तम के रूप में वर्णन किया गया है। एक मानवीय चरित्र की पराकाष्ठा श्रीराम की जीवनगाथा में वर्णित है। रामायण के रचयिता महर्षि वाल्मीकि किसी राजा अथवा महर्षि की सन्तान नहीं थे, बल्कि समाज के एक सामान्य व्यक्ति थे। राम-रावण युद्ध में भी मानवाधिकार तथा शत्रु एवं बन्दियों के साथ कैसा व्यवहार करना चाहिए, इस सम्बन्ध में उल्लेख है।

महाभारत के युद्ध के दौरान भी देखने को मिलता था कि यद्यपि युद्ध के दौरान कौरव व पांडव एक दूसरे के ऊपर प्राणघातक हमला करते थे किन्तु रात्रि के समय एक-दूसरे के शिविर में जाकर कुशल-क्षेम पूछते थे। एक अन्य प्रकरण में शिखंडी का पूर्व जन्म में नारी होने की कथा वर्णित है। महाभारत युद्ध के दौरान शिखंडी को पितामह भीष्म के रथ के सामने कर दिया गया और अपने व्रत पर कायम रहते हुए भीष्म ने शिखंडी पर वार करने हेतु शस्त्र तक नहीं उठाया, क्योंकि नारियों के सम्मान की रक्षा हेतु भीष्म ने उन पर प्रहार न करने की प्रतिज्ञा ले रखी थी, जिस पर वे मृत्यु तक कायम रहे। महाभारत एवं रामायण में महिलाओं के ऊपर अत्याचार होने के कुछ दृष्टान्त भी मौजूद हैं, जैसे–महाभारत काल में द्रौपदी का चीर हरण, त्रेतायुग में राम द्वारा लोक-लाज के भय से सीता को अग्नि में प्रवेश कराना तथा एक धोबी द्वारा आलोचना करने पर सीताजी को वन में छोड़ आना आदि, परन्तु ऐसा करने के पीछे भी लोककल्याण की भावना ही निहित थी।

छठी ईशा पूर्व में हुए धार्मिक आन्दोलन यथा बौद्ध धर्म, जैन धर्म आदि ने अपने सिद्धान्तों एवं शिक्षा के द्वारा तत्कालीन समाज में मानवाधिकार एवं प्राणिमात्र के प्रति दया, करुणा, सहिष्णुता आदि की भावना का प्रचार एवं प्रसार किया।

सन्दर्भ ग्रन्थ

1. शास्त्री, शकुन्तला राय, वूमेन इन वैदिक एज, भारतीय विद्या भवन, मुम्बई, 1952, पृ. 20।
2. शास्त्री, शकुन्तला राय, वही, पृ. 25
3. प्रसाद, बेनी, हिन्दुस्तान की पुरानी सभ्यता, हिन्दुस्तान ऐकेडमी, संयुक्त प्रान्त, प्रयाग, 1931, पृ. 36।
4. पांडेय, डॉ. राजबली, हिन्दू संस्कार, चौखम्भा विद्या भवन, वाराणसी 1957, पृ. 82।
5. पांडेय विमलचन्द्र, प्राचीन भारत का राजनीतिक तथा सांस्कृतिक इतिहास, सेंट्रल पब्लिशिंग हाउस, इलाहाबाद, भाग 1, 1994, पृ. 120।
6. अथर्ववेद, 5/17/12।
7. ऋग्वेद 10/85/46
8. अल्टेकर, ए.एस., : पॉजिशन ऑफ वूमेन इन हिन्दू सिविलाइजेशन, मोतीलाल बनारसीदास, नई दिल्ली, पृ. 90।
9. द्विवेदी, डॉ. कपिल देव, वेदामृतमवेदों में नारी, शान्ति निकेतन ज्ञानपुर, वाराणसी, 1994, पृ. 111।
10. अल्टेकर, ए.एस., पोजीशन ऑफ वूमेन इन हिन्दू सिविलाइजेशन, मोतीलाल बनारसीदास, नई दिल्ली, 1962, पृ. 174, 179।
11. श्रीवास्तव, एम.पी. वर्मा, वीरेन्द्र कुमार : प्राचीन भारतीय संस्कृति कला और दर्शन, एशिया प्रकाशन, इलाहाबाद, द्वितीय संस्करण, पृ. 72।
12. अल्टेकर, ए.एस., पोजीशन ऑफ वूमेन इन हिन्दू सिविलाइजेशन, मोतीलाल बनारसीदास, नई दिल्ली, 1956, पृ. 123।
13. शतपथ ब्राह्मण, 1/7/2/1।
14. तैत्तिरीय संहिता, 6/3/10/5।
15. ऐतरेय ब्राह्मण 33/1।
16. प्रसाद, बेनी, हिन्दुस्तान की पुरानी सभ्यता, प्रयाग 1931, पृ. 166।
17. ऐतरेय ब्राह्मण, 12/11।
18. अथर्ववेद 9/5/27-28
19. वशिष्ठ ध.सू. 17/5, बौधा. ध.सू. 2/9/6।
20. पांडेय, मिथिलाशरण, प्राचीन भारत की सामाजिक संस्थाएँ, पटना, 1973, पृ. 52।
21. अल्टेकर, ए.एस., द पोजिशन ऑफ वुमेन इन हिन्दू सिविलाइजेशन, बनारस, 1938, पृ. 34।
22. पारस्कर गृह सूत्र, 1/2।
23. आपस्तम्ब धर्म सूत्र, 10/28/19।
24. वशिष्ठ धर्म सूत्र 17/66, बौधा. ध.सू. 2/2/4/7।
25. विष्णु स्मृति, 15244।
26. याज्ञवल्क्य स्मृति, 1/13, पराशर स्मृति, 726/9।
27. मनुस्मृति 9/94, 9/89।

28. मनुस्मृति 5/157।
29. वशिष्ठ स्मृति, 1766।
30. मिश्र, उर्मिला प्रकाश, प्राचीन भारत में नारी, मध्यप्रदेश हिन्दी ग्रन्थ अकादमी, भोपाल, प्रथम संस्करण, 1987, पृ. 3।
31. मनुस्मृति, 9/127, 9/139।
32. रामायण 2/107/13।
33. वही, 7/9/9।
34. महाभारत, 1/159/11।
35. शर्मा, डॉ. गजानन, प्राचीन भारतीय साहित्य में नारी, रचना प्रकाशन, इलाहाबाद, 1971, पृ. 80।
36. रामायण, 2/118/34।
37. महाभारत, 13/24/9।
38. रामायण, 1/118/42।

द्वितीय अध्याय

जैन धर्म, बौद्ध धर्म तथा कौटिल्य के समय मानवाधिकार

महावीर एवं जैन दर्शन में मानवाधिकार का चिन्तन

छठी सदी ई.पू. के दौरान भारतीय समाज में भौतिकता का बोलबाला था। जीवन-दर्शन एवं मर्यादाओं में विपर्यय होने के कारण समाज विशृंखलित होने के कगार पर था। उसी पृष्ठभूमि में जैन तीर्थंकर महावीर का आविर्भाव हुआ। उन्होंने कर्मकांडों एवं रहस्यमय ज्ञान का विरोध किया तथा तर्कसंगत एवं नीतियुक्त जीवन को मान्यता प्रदान की। आन्तरिक शुद्धि एवं वैचारिक उत्कर्ष जीवन के प्रमुख तत्त्व माने गए। उन्होंने कर्म-अकर्म के माध्यम द्वारा जीवन में उत्कर्ष करने की सीख दी। मनुष्यों को अधिकार दिलाने तथा उनके सम्मान की रक्षा हेतु वे सतत प्रयत्नशील रहें। अपरिग्रह, अहिंसा, सदाचार, संयम आदि से मानव को मोक्ष प्राप्ति हो सकती है। यह विचार उनके द्वारा व्यक्त किये गये। महावीर के द्वारा मनुष्यों को तीन श्रेणियों में विभाजित किया गया :

1. अव्रती : जो हिंसा, अनाचार एवं परपीड़ा करता है।
2. अनुव्रती : जो आंशिक रूप से व्रत पालन करता है, सांसारिक है, किन्तु हिंसा आदि से विरत है।
3. सर्वोव्रती : जो सम्पूर्ण रूप में हिंसा, दुष्कर्म एवं अनाचार से दूर है।

जैन धर्म के त्रिरत्न हैं—सम्यक् दर्शन, सम्यक् ज्ञान तथा सम्यक् आचरण। सत् में विश्वास को ही सम्यक् दर्शन कहा गया है। सद्रूप का शंकाविहीन तथा वास्तविक ज्ञान सम्यक् ज्ञान है। सांसारिक विषयों से उत्पन्न सुखःदुःख के प्रति समभाव सम्यक् आचरण है। त्रिरत्न के अनुशीलन में आचरण पर अत्यधिक बल दिया गया है।

महावीर स्वामी ने पावा में 11 ब्राह्मणों को अपने धर्म में दीक्षित किया, जो उनके सर्वप्रथम अनुयायी थे। महावीर ने अपने सारे अनुयायियों को 11 गणों में विभक्त किया और प्रत्येक गण (समूह) का गणधर (प्रधान) इन्हीं 11 ब्राह्मणों में से एक-एक को बनाया। जैन संघ के सदस्य 4 वर्गों में विभक्त थे, प्रथम साधु, दूसरे साध्वी, तीसरे श्रावक तथा चौथे श्राविका। इनमें भिक्षु तथा भिक्षुणी तो संन्यासी होते थे किन्तु श्रावक तथा श्राविका गृहस्थ जीवन बिताते थे।

जैन संघ सिद्धान्त सभी जातियों के लिए खुला था। महावीर स्वामी ने स्त्रियों को भी पुरुषों के समान संघ अधिकार देना स्वीकार किया। इस तरह संघ में सभी वर्ग के लोगों के साथ समानता का व्यवहार निर्दिष्ट था, जो मानवाधिकार के संरक्षण के निहितार्थ ही व्यवहृत था।

महावीर ने अपने अनुगामियों को पाँच महाव्रत पालन करने के निर्देश दिए हैं :

1. **अहिंसा :** हिंसा के आचरण एवं विचार को त्यागकर प्रत्येक प्राणी के लिए अहिंसा भाव रखना।
2. **सत्य वचन :** मनुष्य को सदा सत्य तथा मधुर बोलना चाहिए। इसके लिए आवश्यक है कि बिना सोचे-समझे न बोलें। क्रोध और मोह जाग्रत होने पर मौन रहना चाहिए। भय में या हास्य-विनोद में भी असत्य नहीं बोलना चाहिए।
3. **अस्तेय :** बिना अनुमति के किसी भी वस्तु को न तो ग्रहण करना अपेक्षित है और न उसकी इच्छा ही करनी चाहिए। इस सम्बन्ध में बिना आज्ञा किसी के घर में जाना, निवास करना या किसी वस्तु का ग्रहण करना वर्जित है।
4. **अपरिग्रह :** भिक्षुओं के लिए किसी प्रकार के संग्रह करने की प्रवृत्ति वर्जित है। संग्रह से आसक्ति की भावना बढ़ती है। धन-धान्य, वस्त्र, आभूषण सभी का त्याग अपेक्षित है।
5. **ब्रह्मचर्य :** महावीर ने ब्रह्मचर्य पालन को व्यक्ति के विकास के लिए अत्यन्त महत्त्वपूर्ण माना।

जैन धर्म में नैतिकता तथा आचरण पर बल दिया गया है। इसके लिए मन में विकार उत्पन्न करनेवाली प्रवृत्तियों का दमन आवश्यक है। उत्तराध्ययन सूत्र के अनुसार जो न अभिमानी है न दीन वृत्तिवाला है, जिसका पूजा-प्रशंसा में उन्नत भाव नहीं है और न निन्दा में अवनत भाव है, वह ऋजु भाव को प्राप्त संयमी महर्षि, पापों से विरत होकर, निर्वाण को प्राप्त होता है।

जैन धर्म के 23वें तीर्थंकर पार्श्वनाथ ने भी जाति-प्रथा पर प्रहार किया। प्रत्येक व्यक्ति को वे मोक्ष का अधिकारी मानते थे, चाहे वह किसी जाति का हो। नारियों को भी इन्होंने अपने धर्म में प्रवेश दिया था। उनकी मूल शिक्षा थी–प्राणियों की हिंसा न करना, सदा सत्य बोलना, चोरी न करना तथा सम्पत्ति न रखना।

इस तरह जैन धर्म में मानवाधिकार से जुड़े तत्त्वों की प्रचुरता देखने को मिलती है। वस्तुतः जैन धर्म का उदय ही तत्कालीन समाज में बढ़ रहे आडम्बर, कुरीतियों और मानवाधिकार हनन के विरोधस्वरूप हुआ, अतः इसने समाज में अहिंसा व्रत का पालन, सामाजिक समरसता तथा मानवाधिकार संरक्षण का मार्ग प्रशस्त किया।

भारत में जितने भी धार्मिक सम्प्रदाय विकसित हुए उनमें से अहिंसावाद को उतना महत्त्व किसी ने भी नहीं दिया, जितना जैन धर्म ने दिया है। जैन-दर्शन केवल शारीरिक अहिंसा तक ही सीमित नहीं है, प्रत्युत वह बौद्धिक अहिंसा को भी अनिवार्य बताता है। यह बौद्धिक अहिंसा ही जैन-दर्शन का अनेकान्तवाद है।

अहिंसा का आदर्श, आरम्भ से ही, भारत के समक्ष रहा था, किन्तु उसकी चरम-सिद्धि इसी अनेकान्तवाद में हुई। भारत वहाँ पहले से पहुँच चुका था। संसार में आज जो अशान्ति है, रह-रहकर विश्व में युद्ध के जो खतरे दिखाई देने लगते हैं, उनका कारण क्या है? मुख्य कारण यह है कि एक वाद के माननेवाले लोग दूसरे वादों के माननेवालों को आँख मूँदकर गलत समझते हैं। साम्यवादी समझते हैं कि प्रजातन्त्री देश बिलकुल गलत राह पर है और प्रजातन्त्र के समर्थकों की दृष्टि में सारी गलती साम्यवादियों की है। इसी प्रकार जीवन के प्रत्येक क्षेत्र में जो कोलाहल है, उसका मूल कारण यह है कि लोग विरोधी मतों के प्रति अत्यन्त असहनशील हो गए हैं और तब भी सत्य यह है कि कोई भी मत सोलह आने सत्य या सोलह आने असत्य नहीं है। चीजें एक बिन्दु से जैसी दिखाई देती हैं, दूसरे बिन्दु से ठीक वैसी ही दिखाई नहीं देतीं। अतएव आँख मूँदकर किसी मत को सर्वथा खंडित करने का कार्य हिंसा का कार्य है।

अनेक मतों में किसी एक को पकड़कर बैठ जाना और यह मान लेना कि और सारे मत झूठे हैं, इसे विद्या का अहंकार कहना चाहिए। सत्य क्या है, इसे जानने का कोई एक मार्ग नहीं है और सत्य के मार्ग पर आए हुए व्यक्ति की सबसे बड़ी पहचान भी यही है कि उसका दुराग्रह छूट जाता है, जो सच्चे अर्थों में सन्त हैं, वे अपने ऊपर भी शंका करते हैं और एक सिद्धान्त को मानते हुए भी, वे यह भाव बनाए रहते हैं कि सम्भव है, अन्य सिद्धान्तों में भी सत्य का कोई अंश हो, जो हमें दिखाई नहीं पड़ा है। समन्वय, सहअस्तित्व और सहिष्णुता, ये एक ही तत्त्व के अनेक नाम हैं। इसी तत्त्व को जैन-दर्शन शारीरिक धरातल पर अहिंसा और मानसिक धरातल पर अनेकान्त कहता हैं।

जीवों को कष्ट नहीं देना, यह शारीरिक अहिंसा की पहचान है किन्तु जो चिन्तक और विद्वान हैं, वे जब आँख मूँदकर विरोधी मतों पर प्रहार करते हैं, तब उनका भी यह कार्य हिंसा का कार्य होता है। जनसाधारण को जीव-हिंसा से बचाने के लिए जैन-दर्शन ने अहिंसा का उपदेश दिया किन्तु चिन्तकों और विचारकों को हिंसा-कर्म से विरत करने के लिए उसने अनेकान्त का सिद्धान्त निकाला और यह उचित भी है, क्योंकि निचले स्तर पर तो मतों, वादों और विचारों को लेकर, जोर से बहस की जा सकती है किन्तु विचारक जब अत्युच्च धरातल पर पहुँचते हैं तब वे किसी भी बात को पूरे जोर से नहीं कह सकते, न बहस करते समय उनकी आँखों में मशाल ही जलती है।

मनुष्य का ज्ञान अपूर्ण है और ऐसी कोई राह नहीं है, जिस पर चलकर एक ही व्यक्ति सत्य के सभी पक्षों की जानकारी प्राप्त कर सके। इसीलिए हम जो जानते हैं, वह ठीक है किन्तु, उतना ही ठीक वह व्यक्ति भी हो सकता है, जो हमारे विरुद्ध खड़ा है। अतएव सच्चा अहिंसक विचारक किसी भी बात को बहुत जोर देकर नहीं कहता है। अपने मतों को जोर देकर रखना, मानो केवल वे ही ठीक हों, यह अहंकार का प्रदर्शन है, यह हिंसा और अधर्म है।

अनेकान्तवाद का दार्शनिक आधार यह है कि "प्रत्येक वस्तु अनन्त गुण, पर्याय और धर्मों का अखंड पिंड है। वस्तु को तुम जिस दृष्टिकोण से देख रहे हो, वस्तु उतनी ही नहीं है; उसमें अनन्त दृष्टिकोणों से देखे जाने की क्षमता है। उसका विराट स्वरूप अनन्त धर्मात्मक है। तुम्हें जो दृष्टिकोण विरोधी मालूम होता है, उस पर ईमानदारी से विचार करो तो उसका विषयभूत धर्म भी वस्तु में विद्यमान है। चित्त से पक्षपात की दुरभिसन्धि निकालो और दूसरे के दृष्टिकोण के विषय को भी सहिष्णुतापूर्वक खोजो, वह भी वहीं लहरा रहा है।" इसमें कोई सन्देह नहीं है कि अनेकान्त का अनुसन्धान भारत की अहिंसा-साधना का चरम उत्कर्ष है और सारा संसार इसे जितना ही शीघ्र अपनाएगा, विश्व में शान्ति भी उतनी ही शीघ्र स्थापित होगी।

बौद्ध धर्म में मानवाधिकार के सम्बन्ध में अवधारणा

जो अन्तिम रूप से एकान्त निश्चित (पूर्ण सत्य) नहीं है—वह अनेकान्त है—अर्थात् अनन्त।

मानवाधिकार की विचारधारा समाज में जी रहे प्रत्येक व्यक्ति को उसकी प्रतिष्ठा और गरिमा को सुनिश्चित करता है। इस दृष्टिकोण से मानवाधिकार एक कानूनी विचारधारा है। मानवाधिकार को सही अर्थ में समझने के लिए यह मानना आवश्यक है कि समाज यह स्वीकार करे कि मानवाधिकार के लिए कानून का शासन आवश्यक है। भगवान बुद्ध का अभिलेख तत्कालीन समाज की कुरीतियों के विरुद्ध विद्रोह था। समाज के सभी वर्गों को अपने अधिकार दिलाने के लिए बौद्ध धर्म का उद्भव एक सार्थक घटना थी। समकालीन समाज में समानता एवं भ्रातृत्व स्थापित करना बौद्ध धर्म का लक्ष्य था। इस परिप्रेक्ष्य में बौद्ध दर्शन की सार्थकता समकालीन समाज में देखी जा सकती है। बौद्ध धर्म न तो भेदभाव करता है और न ही जन्म, जाति या रंग के आधार पर असमानता को स्वीकार करता है। यह दर्शन स्पष्ट रूप से कहता है :

ना जाका वसालो होती, ना जाका होती ब्राह्मणो,
काम्मना वसालो होती, काम्मना होती ब्राह्मणो।

दूसरे शब्दों में कोई मनुष्य जन्म के आधार पर न तो शूद्र है, न ब्राह्मण। वह शूद्र या ब्राह्मण अपने बुरे और अच्छे कर्मों के अनुसार होता है। यही नहीं, यदि कोई मनुष्य

अपनी जाति, धर्म या उत्पत्ति पर झूठा गर्व करता है और दूसरों को अपने से छोटा समझकर उनका अपमान करता है तो परिणामस्वरूप उसके जीवन में पतन होता है :

जातित्थाधो धनत्थाधो, गोत्तात्थाधो का यो नारो,
तमनातिम आतिमानेति, तम परभावतो मुखम् ।

बुद्ध ने माता-पिता, भाई-बहन, बच्चे, सम्बन्धी एवं समाज के अन्य लोगों का आदर करने की शिक्षा दी। यदि कोई मनुष्य किसी अन्य को शारीरिक रूप से या शब्दों द्वारा ही आहत कर दे तो उस मनुष्य में मानवीय गुणों का अभाव समझा जाता है। मानवीय प्रतिष्ठा का आदर करना बौद्ध धर्म का मूल सामाजिक सन्देश है। प्रत्येक मनुष्य को यह सुझाव दिया गया है कि वह अन्य लोगों के प्रति वैसा ही प्रेम भाव रखे जैसा कि वह अपने प्रति रखता है :

यथ अहन तथा ऐते, यथा ऐते तथा अहन,
अतानन उपमान कत्वन, ना हनेयाना घातयें।

बौद्ध धर्म दार्शनिक एवं नैतिक दृष्टिकोण से मनुष्य के आध्यात्मिक मोक्ष से सम्बन्धित है। जबकि मानवाधिकार का उद्देश्य प्राकृतिक मोक्ष है अर्थात् सांसारिक स्तर पर समानता एवं स्वतन्त्रता अधिकार स्थापित करना इसका उद्देश्य है। इसका अर्थ यह नहीं है कि बौद्ध धर्म केवल कोरे काल्पनिक आदर्शों से ही सम्बन्ध रखता है। इसका सम्बन्ध नित्य-प्रति अनुभवों से है। यह दर्शन समाज में एक-दूसरे के प्रति नैतिक कर्तव्यों को निभाने पर बल देता है। यह भी सत्य है कि हर कोई संसार का त्याग कर संन्यासी नहीं बन सकता।

बौद्ध धर्म के मूलाधार 'चार आर्य सत्य' हैं। इस धर्म के सारे सिद्धान्त तथा बाद में विकसित विभिन्न दार्शनिक मतवादों के ये ही आधार हैं। ये चार आर्य सत्य हैं–दुख, दुख समुदाय, दुख-निरोध तथा दुख निरोधगामिनी-प्रतिपदा (दुख निवारक मार्ग) अर्थात् अष्टांगिक मार्ग।

धर्मोपदेशक के रूप में महात्मा बुद्ध के समक्ष दो मौलिक उद्देश्य थे–(1) अपने धर्म के लक्ष्य को निर्धारित करना, (2) लोगों को सत्य व्यवहार के प्रति जागरूक कर उन्हें अभिप्रेरित करना। निश्चित रूपेण यही लक्ष्य उनके द्वारा निर्मित बौद्ध महासंघों का भी था। बौद्ध धर्म एवं उन पर आधारित महासंघों पर यह उत्तरदायित्व था कि किस तरह तत्कालीन समाज के विश्वासों एवं रिवाजों में कुछ मूलभूत सुधार लाए जाएँ। इस तथ्य को ध्यान में रखकर महात्मा बुद्ध ने अपने संघ में समानता, स्वतन्त्रता और न्याय सम्बन्धी तत्त्वों का समावेश किया, जोकि आज के समाज के भी बुनियादी तत्त्व हैं।

महात्मा बुद्ध इस तथ्य के प्रति पूर्णतः सचेत थे कि वर्ण व्यवस्था पर आधारित समाज में आज नहीं तो कल वंशवाद की प्रथा का कुप्रभाव सामने अवश्य आएगा। उस

परिपाटी में मनुष्य के जन्म के बाद से उसके कर्म और जीवन स्तर का निर्धारण करके समाज से उसे अलग कर दिया जाता था। समानता, स्वतन्त्रता एवं न्याय सम्बन्धी विचार उस काल के लोगों की चेतना में नहीं थे, क्योंकि बौद्ध धर्म एवं संघ, विनयशीलता तथा अनुशासन पर आधारित जीवनशैली की बात करता है, अतः उसमें समानता सम्बन्धी तत्त्व सिद्धान्त रूप में विद्यमान थे। महात्मा बुद्ध के लिए उनके अनुयायियों द्वारा निर्वाण प्राप्त करने हेतु उनके शूद्र या उच्च वंश के होने का कोई मानक अथवा सीमांकन नहीं किया गया था। संघ के सभी सदस्यों को भिक्षा से प्राप्त सामग्री पर ही जीवनयापन करने का प्रावधान था। भिक्षुओं को भिक्षाटन के पश्चात्, जिस परिवार से भी अन्न प्राप्त होता था उसमें उस परिवार की जाति, सामाजिक स्थिति अथवा व्यवस्था की कोई बाध्यता नहीं थी। निःसन्देह यह समाज के अलगाववादी नीतियों एवं जाति-व्यवस्था के बन्धन को तोड़ने के उद्देश्य पर ही आधारित था। हालाँकि संघ के ज्यादातर सदस्य ब्राह्मण परिवार से ही जुड़े थे, किन्तु एक बार संघ को अपना लेने के पश्चात् शूद्र एवं निम्न जाति के सदस्यों के साथ उनकी समान गिनती होती थी। उपाली नामक संघ का सदस्य जो नाई जाति का था और शक राज दरबार में नाई का कार्य करता था, वह जब संघ में शामिल हुआ तो ज्ञान के आधार पर उसकी सर्वोच्चता उद्धृत की गई।

उपर्युक्त नियम महिला अनुयायियों पर भी लागू होता था। महिलाओं को संघ परिवार में शामिल किया जाना बुद्ध का एक बहुत ही अन्वेषी कदम था, क्योंकि ब्राह्मण आधारित सामाजिक-व्यवस्था के तहत धार्मिक कृत्यों के लिए सिर्फ पुरुष ब्राह्मण सदस्य ही अधिकृत थे। बौद्ध संघ में महिला एवं पुरुष सदस्यों के साथ एक समान व्यवहार किया जाता था। महिला सदस्यों को 'उपासिका' के नाम से जाना जाता था। वह बौद्ध समाज के चार स्तम्भों में से एक थी। अन्य तीन स्तम्भ थे–भिक्षु, भिक्षुणी और उपासक। इस तरह बौद्ध धर्म के रीति-रिवाज स्पष्टतया व्यक्ति के आत्मिक स्वायत्तता पर आधारित थे। बौद्ध इतिहास में सदैव यह देखा गया कि बौद्ध धर्म ब्राह्मण केन्द्रित समाज और जाति परम्परा का प्रतिपक्षी रहा है। बौद्ध धर्म का प्रभाव श्रीलंका, वर्मा, इंडोनेशिया, चीन के क्षेत्रों में देखा जा सकता है। जब गुलामी की प्रथा का जिक्र होता है तो यह विवाद का मुद्दा बन जाता है कि क्या भारत में भी प्राचीन काल से पश्चिमी सभ्यता पर आधारित गुलामी प्रथा विद्यमान रही है अथवा नहीं। बौद्ध साहित्य में केवल घरेलू स्तर पर सेवकों के होने का उल्लेख मिलता है। बाद के समय में बौद्ध धर्मसेवकों के अधिकार और उनके निजी कल्याण की बात करता है।

आज के स्तर पर विचार करने पर हम पाते हैं कि बौद्ध समुदाय में 8 व्यक्तियों को असीमित स्वतन्त्रता और स्वायत्तता प्राप्त थी। यह एक ऐसा स्वतः स्फूर्त संगठन

था, जिसमें विभिन्न बौद्धिक व नीतिमान व्यक्ति एक आध्यात्मिक नेतृत्व की छत्रछाया में एकत्रित थे। शैक्षणिक दृष्टिकोण से भी बौद्ध संघ एक उल्लेखनीय संस्थागत आविष्कार था। इसका पता तब चलता है जब हम इसकी तुलना ब्राह्मण आधारित समाज के जादू-टोने के रिवाजों, वंशवाद और अधिनायकवाद से करते हैं। महात्मा बुद्ध ने यहाँ तक यह घोषणा कर रखी थी कि कोई व्यक्ति उनके बताए गए उपदेशों एवं सिद्धान्तों को स्वीकार करने के लिए बाध्य नहीं है। जब तब कि स्वयं उसकी चेतना उसे स्वीकार करने को अभिप्रेरित न कर दे। बौद्ध धर्म एक समाज-सुधारक धर्म था और इस तरह रूढ़िवादी और परम्परावादी धर्मों से भिन्न था।

जहाँ-जहाँ पर बौद्ध धर्म का प्रचार एवं प्रसार होता गया वहाँ-वहाँ पर शिक्षा का भी प्रचार-प्रसार हुआ। शुरुआत में तो यह मन्दिर और मठों तक ही सीमित था किन्तु बाद में इसका विकास धर्मनिरपेक्षता और सांस्कृतिक शिक्षा के एक सशक्त केन्द्र के रूप में हुआ।

थेरवाद और महायान दोनों समाजों में बौद्ध संन्यासियों को सैकड़ों वर्षों तक बच्चों को शिक्षा प्रदान करते हुए देखा गया। आज भी कुछ तिब्बती व थेरवादी संघ उक्त शिक्षा प्रदान करने के कृत्य को अपने निजी क्षेत्रों में कर रहे हैं।

मध्यकालीन भारत में बौद्ध विश्वविद्यालय में जहाँ बौद्ध धर्म व धर्मनिरपेक्षता की शिक्षा दी जाती थी, की स्थापना की गई। नालन्दा विश्वविद्यालय अनगिनत वर्षों तक एशिया एवं मध्य पूर्व के क्षेत्रों से आए छात्रों को शिक्षा देने का एक महत्त्वपूर्ण केन्द्र था। बौद्ध धर्म की यह संस्थागत शिक्षा, मौर्य शासकों की देन थी। प्रत्येक संगठन की अपनी एक गतिशीलता होती है और उसको अपने कार्य-व्यवहार में ढालकर वह अपने उद्देश्यों व सिद्धान्तों को प्रचारित करता है। निहित सहनशीलता का तत्त्व उसे सभी धर्मों से अतुलनीय बनाता है। 'न्याय' के प्रति बौद्ध धर्म के सिद्धान्त की परिपक्वता इसी से उजागर होती है कि जहाँ-जहाँ पर भी बौद्ध धर्म का प्रचार और उसकी स्थापना हुई वहाँ पर बौद्ध धर्म से इतर धर्म और अन्यान्य तत्त्वों का भी अस्तित्व रहा। चीन में करीब दो मिलेनियम वर्षों तक बौद्ध धर्म का अस्तित्व रहा। जापान में भी यह शितों धर्म के साथ अस्तित्व में रहा।

इतिहास के पन्नों में भी बौद्ध धर्म के सहनशीलता के अनेक उदाहरण मिलते हैं। अशोक महान के शिलालेखों में भी बौद्ध धर्म अनुयायियों के स्वतःस्फूर्त सेवा की भावना के उल्लेख से हमें इसके मानवतावादी रुख का पता चलता है। ईसा पूर्व तीसरी सदी के अशोक के शिलालेखों में हमें इसका विवरण मिलता है कि मनुष्य और पशुओं के लिए चिकित्सालय बनवाए गए, साथ ही सड़क, नहर, शरण-स्थल, कुआँ इत्यादि का भी जनकल्याण हेतु निर्माण किया गया। यहाँ तक कहा जाता है कि अशोक का एक दूत औषधीय परामर्श लेकर हेलेनिस्टिक सभ्यता के क्षेत्र तक गया था। औषधीय ज्ञान,

चिकित्सीय परामर्श और अस्पताल को मानवता की एक बड़ी सेवा के रूप में जाना जाता था। महायान सम्प्रदाय में स्वतः स्फूर्त सेवा की भावना का क्षेत्र आर्थिक, राजनीतिक और प्रशासनिक आयामों में विस्तृत था। बौद्ध धर्म के ये मानवतावादी दृष्टिकोण किन सिद्धान्तों पर आधारित थे, इसके अध्ययन करने पर पता चलता है कि महात्मा बुद्ध के विचार इस दिशा में प्रासंगिक थे। बुद्ध का मानना था कि जीवन 'दुख' स्वरूप है, किन्तु दुख से बचा जा सकता है। इसके लिए उन्होंने मार्ग निर्दिष्ट किए। इसी सिद्धान्त के समर्थन में बाह्य जगत की पीड़ा के निवारणार्थ अस्पताल एवं औषधीय परामर्श व्यवहार में लाया गया। बुद्ध ने मनुष्य और पूरे ब्रह्मांड की सत्ता को एक-दूसरे से जुड़ा होना बताया। इसके तहत जो कुछ भी हम देखते या अनुभव करते हैं, वह सब कुछ विराट अस्तित्व का एक हिस्सा है। इसका विश्लेषणात्मक दृष्टिकोण इस तथ्य को उजागर करता है कि अन्तः और बाह्य जगत एक-दूसरे से पृथक नहीं हैं, वरन् एक हैं। ('विभज्यवाद') ज्ञान प्राप्ति हेतु बुद्ध द्वारा निर्दिष्ट 'सम्यक मार्ग' इसी तत्त्व की व्याख्या करता है कि जीवन में व्याप्त दुख हमारी अज्ञानता से पैदा होता है और जिस दिन हम 'सम्यक ज्ञान' प्राप्त कर लेते हैं, तत्क्षण दुख का निवारण हो जाता है। 'आत्मज्ञान' प्राप्ति की साधना से उन्होंने कठोर तपस्या करते हुए भोजन और नींद आदि का सर्वथा परित्याग कर दिया था किन्तु ऐसा करके वो परम सत्य को उपलब्ध नहीं हो सके। इसलिए उन्होंने मध्य-मार्ग अपनाया। जिसमें शरीर और मन के बीच कोई अन्तर्संघर्ष नहीं रहा और वो परम ज्ञान को उपलब्ध हो सके। इसके लिए उन्होंने ध्यान और समाधि के उपाय बताए। 'मध्यम प्रतिपद'।

समाजशास्त्रियों की निगाह में किसी व्यक्ति के सामाजिक व्यवहार—मुख्यतया दो कारकों से प्रभावित होते हैं। उसका व्यवहार उसके अन्तस् से या फिर सामाजिक रिवाजों की वैधानिकता से। इस रूप में बौद्ध धर्म ने समाज में मानव के अधिकारों के संरक्षण एवं आपसी समानता लाने की दिशा में एक महत्त्वपूर्ण प्रयास किया।

बौद्ध दर्शन के अनुसार मानवाधिकार की विवेचना चौदहवें दलाईलामा ने 1959 में की, जिसे मानवाधिकार के प्रार्थना की संज्ञा दी गई। डेंटसिक मानलम का शाब्दिक अनुवाद है 'सच्चे शब्दों की प्रार्थना।' इस कविता के द्वारा हमें बौद्ध धर्म की अहिंसा, मानव प्रेम, अन्तर्राष्ट्रीय भाईचारे का ज्ञान होता है।

1

'भूत, वर्तमान और भविष्य बुद्ध,
सत्य व गुरुओं और शिष्यों के बुद्ध,
जिसका सद्‌गुणों के असीम सागर की कीर्ति पर अधिकार है,
जो सन्तप्त जनों की देखभाल एकमात्र पुत्र की माता के समान करते हैं।

2

दस सद्गुणों का जिसमें बृहद् स्वरूप हो,
जो बुद्धिमान हो, और बुद्ध की शिक्षा का पालक हो,
यह सद्गुण अस्तित्व और मरण की पीड़ा को हरते हैं,
और जो सहायता और प्रसन्नता के यश को संसार में फैलाता हो।

3

हतभाग्य मनुष्य अपने, दुखों से पीड़ित रहते हैं,
अपने कर्मों की शक्ति में बँधे,
उन्हें भयंकर भय, बीमारियों, युद्ध और भुखमरी से मुक्ति दो,
और अपने सुख और प्रसन्नता के सागर से उन्हें पुनः जीवन दान दो।

4

हिम आच्छादित प्रदेशों के धर्मपरायण लोगों को देखो,
आक्रमणकारियों की क्रूर युद्ध कला से पराजित हैं वे,
अपनी दया की शक्ति द्वारा
उनके रक्तपात और अश्रुओं को रोको।

5

हिंसक उत्पीड़न कर्ता भी आपकी दया के पात्र हैं
आसुरी, आवेगों से नियन्त्रित वेग क्रूर कर्म करते हैं
इसलिए दूसरों को पराजित कर भी वे हार जाते हैं
उन्हें उचित और अनुचित का भेद पता चले
और उन्हें ज्ञान हो जिसे मित्रता के गौरव को पहचाने।

6

धर्मनिरपेक्ष और पवित्र की एकता का
सुख देखने का सौभाग्य हमें दो
और सम्पूर्ण तिब्बत के हृदय को आनन्दित करने वाली
स्वतन्त्रता स्वेच्छा से प्राप्त हो।

7

पोटला के रक्षक अवलोकित स्वर, दया कर
इन लोगों को उत्पीड़न से सुरक्षा दो,
जिन्होंने तन, मन, धन त्यागा अपने राष्ट्र और
विश्वास की रक्षा हेतु।

8

अन्त में मेरी प्रार्थना है उस सुनहरे प्रभात के लिए
जिसका उदय समूचे तिब्बत में होना है, जिस प्रभात के लिए
बोधिसत्व के रक्षक अवलोकित स्वरा ने बुद्ध और अन्य
देवतुल्य बोधिसत्वों के समक्ष प्रतिज्ञा की थी।

9

अन्तः निर्भरता के बल से, अन्तिम शून्य की सच्चाई से,
त्रिमूर्ति की दया से, संसार के सत्य से और
कारण और प्रभात की शक्ति से इस प्रार्थना का प्रभाव तुरन्त हो।

उपर्युक्त पंक्तियों से सामाजिक यथार्थ का स्पष्ट संकेत मिलता है। कर्म किसी व्यक्ति विशेष के कारण और प्रभाव से सम्बन्धित नहीं बल्कि यह अन्य मनुष्यों, वर्गों एवं राष्ट्रों को भी प्रभावित करता है। दूसरे शब्दों में इसका सम्बन्ध समस्त मानवता से है। कोई भी क्रिया-प्रतिक्रिया को जन्म देती है। इसी प्रकार शोषण और निरंकुश शासन विद्रोह और क्रान्तियों को जन्म देता है। इस मामले में बौद्ध धर्म का सम्बन्ध साम्यवाद से दिखाई देता है।

बौद्ध धर्म में आस्था रखनेवाला अशोक एक महान व्यक्तित्व है, उसने यह महसूस किया कि वास्तविक विजय बल द्वारा नहीं प्राप्त की जा सकती है और उसे पाने के लिए केवल सत्य और न्याय ही हथियार हैं। अशोक के जीवन ने यह सिद्ध किया कि मानवाधिकार की रक्षा करते हुए एक प्रबुद्ध शासक अहिंसा और प्रेम भाव से शासन कर सकता है।

भगवान बुद्ध ने तत्कालीन सारी जातियों को अपने धर्म में दीक्षित करते हुए उनके लिए विनय पिटक के सारे उपदेश दिए, जिसमें सबके लिए एक समान नागरिक संहिता की व्यवस्था प्रदान की गई थी। भगवान बुद्ध ने यहीं तक नहीं बल्कि चराचर विश्व के प्रति बन्धुता का दृष्टिकोण रखते हुए 'अहिंसा परमो धर्मः' की बात कही है।

कौटिल्य के अर्थशास्त्र में मानवाधिकार की नीतियाँ

कौटिल्य ने राजा के लिए व्यवहार हेतु नियमों की चर्चा करते हुए कहा है कि :

राज्ञो हि व्रतमुत्थानं राज्ञः कर्मानुशासनम्।
दक्षिणावृत्तसाम्यं च शोषितस्याभिषेचनम्॥

यहाँ व्यावहारिक अर्थों में अनुशासन बनाए रखने की जिस आवश्यकता पर बल दिया गया है, उसमें एक व्यक्ति द्वारा दूसरे व्यक्ति के साथ व्यवहार में कोई हानि न पहुँचाई जाए, इस भावना को दर्शाता है। राजा को निरंकुश होने से रोकने तथा समाज के अन्य व्यक्तियों को शोषण से मुक्त रखने के लिए कौटिल्य ने अर्थशास्त्र में निर्देश दिए हैं। कौटिल्य ने राजा को प्रजा का सेवक बनाकर सत्ता द्वारा जनता के शोषण मार्ग को अवरुद्ध कर दिया है। कौटिल्य ने यह भी आग्रह किया है कि यदि ज्ञानी एवं अज्ञानी व्यक्ति द्वारा एक समान अपराध किया गया है, तो ज्ञानी व्यक्ति अधिक दंड का पात्र होता है। कौटिल्य ने राजा से प्रजा को अधिक शक्तिशाली होने की आवश्यकता पर बल दिया, जो आधुनिक समय के गणतन्त्रात्मक राष्ट्र का आधार है। राजा तथा राज्य का अस्तित्व तभी तक है जब तक राजा द्वारा प्रजा के मौलिक अधिकारों का संरक्षण किया जाता है।

कौटिल्य ने अपने अर्थशास्त्र में जाति का जन्म के आधार पर नियत करने को निषिद्ध करते हुए कर्म के आधार पर विभाजन करने का निर्देश दिया, जिसके तहत प्रशासन करने के लिए हर एक व्यक्ति को योग्यतानुसार पद प्राप्त होते थे। इसी का व्यावहारिक प्रतिफल चन्द्रगुप्त मौर्य जैसे साधारण व्यक्ति का प्रथम अखिल भारतीय साम्राज्य का शासक होना था।

कौटिल्य ने सेना द्वारा आक्रमण की स्थिति पर कड़े शब्दों में कहा है कि इस दौरान सेना द्वारा फसल को कोई नुकसान नहीं पहुँचाया जाएगा, जो उस समय के लिए एक उच्च मानववादी सोच थी। इसके अतिरिक्त वह यह भी कहता है :

प्रजा सुखे सुखं राज्ञः प्रजानां च हिते हितम्।
नात्मप्रियं हितं राज्ञः प्रजानां तु प्रियं हितम्॥

जो राजा प्रजा के कष्टों को दूर नहीं कर सकता है, वह राज्य करने के योग्य नहीं है। इसमें महाभारत के इस कथन की झलक मिलती है, जिसमें कहा गया है कि जो राजा प्रजा का कल्याण नहीं कर सकता तथा अयोग्य है उसे प्रजा द्वारा पागल कुत्ते की तरह पीट-पीटकर मार डालना चाहिए। चाणक्य अपने शासन के उद्देश्य में कल्याणकारी राज्य की कल्पना करता है।

महान मौर्य शासक अशोक ने भी अपने अभिलेखों में मानवाधिकार के सिद्धान्तों को चिह्नित करवाया है। कलिंग के दूसरे अभिलेख में वह कहता है कि "सारी प्रजा मेरी सन्तान है तथा वह सुखपूर्वक अपना जीवन व्यतीत करे" उसने प्रजा की सुविधाओं के

लिए रज्जुक तथा धर्माचार्यों को नियुक्त किया, जिसमें प्रजा के भौतिक तथा आध्यात्मिक कल्याण को देखना होता था। कलिंग युद्ध के बाद वह राज्य विजय को छोड़कर धर्म विजय को अपना उद्देश्य बना लेता है तथा प्रजा को सही जीवन जीने के तरीके बताने के लिए पश्चिम बंगाल से लेकर सौराष्ट्र तक तथा जम्मू-कश्मीर से लेकर कर्नाटक तक अभिलेखों, स्तूपों की स्थापना करवाता है। इतना ही नहीं वह इससे भी आगे जाते हुए तत्कालीन सारे राज्यों को अपना धर्मदूत भेजा है, जिसका सार यही होता है :

द्यौः शान्तिरन्तरिक्षः शान्तिः, पृथिवीः शान्तिः रापः शान्तिरोषधयः शान्तिः वनस्पतयः शान्तिः, शान्तिर्विश्वेदेवाः, शान्तिर्ब्रह्म शान्तिः, सर्वः शान्तिः, शान्तिःरेव शान्तिः सा मा शान्तिरेधि।

अशोक अपना आदर्श 'वसुधैव कुटम्बकम्' को बनाता है।

(शुक्ल यजुर्वेद/माध्यन्दिनसंहिता 36/17)

कौटिल्य द्वारा लिखित अर्थशास्त्र में राज्य का शासन कैसा हो? इसका एक आदर्श चित्र प्रस्तुत किया गया है। राजा का मूल उद्देश्य प्रजाजनों का अधिकाधिक कल्याण करना एवं उनकी सेवा करना है। यह कौटिल्य की नीतियों का ही प्रतिफल था कि मौर्य वंश अपने सुशासन हेतु आज भी जगतविख्यात है। राज्य के किसी भी कोने में निवास कर रहे व्यक्ति को उत्पीड़न की स्थिति में सीधे राजा तक पहुँचने का अधिकार था। राजा भी स्वयं जनता के बीच जाकर उनके दुख और पीड़ा को देखता और परखता था। इसके पश्चात् जनता को किसी भी तरह का कोई क्लेश न हो, इसके लिए शासन द्वारा समुचित उपाय एवं प्रबन्ध किए जाते थे। कहना न होगा कि मौर्य काल में मानवाधिकार और मानव कल्याण से जुड़े तमाम पहलुओं पर राज्य द्वारा विशेष ध्यान दिया जाता था। इस कारण मौर्य काल को मानव के प्राकृतिक अधिकारों के संरक्षण की दिशा में एक आदर्श उदाहरण के रूप में प्रस्तुत किया जा सकता है, जिसका सम्पूर्ण श्रेय निःसन्देह कौटिल्य को जाता है। जिसकी दूरदर्शिता, नीति परायणता तथा मानवाधिकारों के प्रति संवेदनशीलता आज भी संसार के लिए पथ-प्रदर्शक के रूप में स्थित है।

तृतीय अध्याय

मध्यकालीन भारत में मानवाधिकार के स्वरूप

इस्लाम धर्म एवं मानवाधिकार

इस्लाम धर्म के अनुसार मानवाधिकार मनुष्य के विशिष्ट गुण है और मनुष्य प्रकृति का सबसे नायाब प्राणी है। मानवाधिकार की विचारधारा मनुष्य की इसी प्रतिष्ठा पर आधारित है। अब्दुर-रहमान-इब्न-ऑफ़ को सलाह देते हुए पैगम्बर ने कहा कि "कभी भी किसी से विश्वासघात या द्रोह मत करो और न ही किसी का अंग-भंग करो, न किसी बच्चे अथवा स्त्री की हत्या करो। यह खुदा और उसके पैगम्बर के बीच तुम्हारे दिशा-निर्देश के लिए एक समझौता है।" चूँकि इस्लाम धर्म में मनुष्य की सांसारिक और आध्यात्मिक क्रिया एक ही नाम से जानी जाती है, इसलिए इस्लामी कानून में कोई घोषणापत्र या कनवेन्शन नहीं है। इस्लाम मनुष्य को उसके सम्पूर्ण रूप अर्थात् आर्थिक, सामाजिक, सांस्कृतिक और आध्यात्मिक रूप में देखता है। इस्लाम के अनुसार मनुष्य को अपने से निम्न वर्ग के प्राणियों व लोगों के प्रति न्याय और उदारता का भाव रखना चाहिए। ध्यान देने योग्य बात यह है कि आज कई विकासशील देश इन्हीं अधिकारों और समानता की लड़ाई लड़ रहे हैं। इस्लाम एक महत्त्वपूर्ण मनोवैज्ञानिक ज्ञान को भी पहचानता है। मनुष्य का अहम स्वतन्त्रतापूर्वक भी कार्य कर सकता है। मुसलमान ऐसा विश्वास करते हैं कि नियमपूर्वक प्रतिदिन की नमाज मनुष्य को जीवन के स्रोत और स्वतन्त्रता की ओर ले जाता है।

पवित्र कुरान में मानवाधिकार का स्वरूप

पवित्र कुरान के अनुसार मनुष्य ईश्वर की प्रतिमूर्ति है और सार्वभौम संवेदना का मूर्त रूप है। कुरान में कई जगह लिखा है कि ब्रह्मांड को अल्लाह ने ही विस्तार रूप दिया है और वह मनुष्य में भी विद्यमान है, इसका यह अर्थ है कि मनुष्य में दैविक शक्ति विद्यमान है। वह अदृश्य सत्ता का दिखाई देनेवाला प्रतीक है। मनुष्य खुदा का आईना है, जिसमें उसकी शान स्पष्ट दिखाई देती है।

पाश्चात्य परिभाषा के विपरीत इस्लाम में स्वतन्त्रता का अर्थ भिन्न है। स्वतन्त्रता का अर्थ है अल्लाह की रजामन्दी से स्वतन्त्रता। मानवीय कल्याण हेतु सेवाभाव से खुदा की खिदमत में अपना सर्वस्व कुर्बान कर देना ही इस्लाम धर्म का उद्देश्य है। स्वतन्त्रता का मूल अर्थ आध्यात्मिक मुक्ति है अर्थात् खुदा के प्रति मोक्ष हेतु निभाई गई जिम्मेदारी।

पवित्र कुरान हमें यह याद दिलाती है कि धर्म को स्वीकार करने का अर्थ है कि हम खुदा के प्रति विद्रोह करने से इनकार करें। इस प्रकार मनुष्य को जहाँ विश्वास दिया गया वहीं खुदा ने स्वतन्त्रता देते हुए एक कठिनाई-भरी जिम्मेदारी भी इनसान को सौंपी। यह स्थिति मनुष्य को प्रतिष्ठा भी प्रदान करती है। पवित्र कुरान ने यह स्पष्ट किया है कि धर्म को मजबूरन स्वीकार नहीं करवाया जा सकता।

(कुरान–आयत 188, पारा 2)

"बेशक अल्लाहताला तुमको इस बात का हुक्म देते हैं कि जिसका जितना हक बनता है उसको उतना पहुँचा दिया करो और जब लोगों का हिस्सा लगाओ तो न्याय के साथ हिस्सा लगाओ...।"

(कुरान–आयत 58, पारा 5)

जीवित प्राणी को मारना पवित्र कुरान और (पैगम्बर की प्रथाएँ) द्वारा वर्जित है। केवल राज्य या उसका प्रतिनिधि ही मनुष्य अथवा अन्य प्राणियों की मृत्यु के सम्बन्ध में निर्णय कर सकते हैं।

"जिस व्यक्ति की अकारण हत्या की जाए तो हमने उसके वारिस को अधिकार दिया है। किसी की हत्या के लिए अल्लाह के कानून को नहीं तोड़ना चाहिए, जिसका कत्ल किया गया, उसका समर्थन करना चाहिए।"

(कुरान–सूरबनी इस्राईल, आयत 33, पारा 15)

इसकी उत्पत्ति रोमन कानून से ही हुई है, इसके अनुसार जिसके प्रति अपराध हुआ है उसका ऊँचा अधिकार है, जिसका उपयोग वह दोषी व्यक्ति के विरुद्ध कर सकता है। यह एक सार्वजनिक अधिकार भी है क्योंकि इसे राज्य की सुरक्षा प्राप्त है और इसका एक सामाजिक लाभ भी है, इसे मनुष्य का कानून भी माना गया है और खुदा का भी। क्योंकि प्रभावित व्यक्ति भी खुदा का ही बन्दा है।

इसी प्रकार कुरान की आयतों में काम करने के अधिकार, अन्य आवश्यकताओं के लिए अधिकार और सम्पत्ति के अधिकार को स्पष्ट रूप से परिभाषित किया गया है, इसके बावजूद मुस्लिम कानून को महिलाओं के मामले में आलोचना का सामना करना पड़ता है किन्तु मुस्लिम दार्शनिक इस आलोचना को यह कहकर अस्वीकार करते हैं कि यह गलतफहमी है कि इस्लाम महिलाओं को पुरुषों के

मुकाबले में हीन समझता है। आम धारणा इस विषय में यह है कि मुस्लिम कानून में महिलाओं का अपना कोई व्यक्तित्व नहीं है और न ही उन्हें अपनी गतिविधि की कोई स्वन्तत्रता है। संक्षेप में यह कहा जा सकता है कि उनकी स्थिति दासोंवाली है। मुस्लिम विचारक इस पर आपत्ति करते हुए याद दिलाते हैं कि इस्लाम में महिलाओं की स्थिति इस्लाम-पूर्व समाज से कहीं बेहतर है। अपने पक्ष में वे कुरान को उद्धृत करते हैं।

इस्लाम धर्म में स्त्री और पुरुष के अधिकार सम्बन्धी विचार

इस्लाम न्याय विधि में समानता का अर्थ है कि स्त्री और पुरुष अपनी प्रकृति के अनुसार कर्तव्य का निर्वहन करें। लिंग-भेद प्राकृतिक कानून पर आधारित है और कुरान द्वारा इसकी पुष्टि भी की गई है। क्योंकि शारीरिक, मनोवैज्ञानिक और अन्य मापदंडों के आधार पर वे पुरुषों से भिन्न हैं। मनुष्य चूँकि शारीरिक रूप से बलवान है, अतः वह घर के बाहर काम करता है और स्त्रियाँ प्राकृतिक तौर पर पुरुषों से कमजोर होती हैं, अतः वे घरेलू काम व बच्चों को शिक्षा व उनकी देखभाल करती हैं। दोनों लिंग एक-दूसरे के पूरक हैं और समान न होते हुए भी एक-दूसरे के बराबर हैं, क्योंकि दोनों के अपने विशिष्ट कार्य हैं।

इस्लाम की एक विशेषता यह है कि वह बौद्धिक और आध्यात्मिक जीवन का समन्वय स्थापित करता है। मनुष्य दोनों का मिश्रण है। इस प्रकार हम देखते हैं कि इस्लाम एक धर्म भी है और जीवन-पद्धति भी, यह विश्वास भी है और कानून भी, सार्वजनिक जीवन भी है और निजी जीवन भी। व्यक्ति के अधिकार सम्बन्धी आधुनिक और पाश्चात्य परिभाषा के अनुसार इस्लाम का अर्थ है इसके अनुयायियों के नैतिक अधिकार, जो मनुष्य के प्राकृतिक प्रतिष्ठा पर केन्द्रित हैं। सामाजिक अधिकारों का अर्थ है—सामूहिक जीवन का अधिकार।

इस्लाम के अनुसार मनुष्य में प्रतिष्ठा अन्तर्निहित है, जिसे मानवाधिकार के सार्वभौम घोषणा-पत्र बनानेवालों ने विवेक और अन्तरात्मा का नाम दिया है। आठवीं शताब्दी के इस्लाम दर्शन के मुत्तजी लाइट्स नामक अनुयायी ने जिस दर्शन को बढ़ावा दिया वह सार्वभौम घोषणा-पत्र से बहुत मिलता-जुलता है, जिसमें अन्तरात्मा एवं विवेक का आधार देखा जा सकता है।

जीवन के प्रत्येक क्षेत्र में न्याय और समानता ही एक सच्चे इस्लाम का मार्गदर्शक है। इस्लाम के माननेवाले सार्वजनिक नियम के बजाय मनुष्य की अन्तरात्मा की आवाज पर अधिक निर्भर रहते हैं। इस्लाम इस बात पर बल देता है कि मनुष्य समाज में अराजकता की स्थिति नहीं चाहता है अतः समाज में निर्णय का अधिकार सभी के सुख की इच्छा पर आधारित है।

"ऐ ईमान वालो, अगर कोई बदमाश आदमी तुम्हारे पास कोई खबर लाए तो खूब जाँच-परख लिया करो कभी किसी कौम को नादानी से कोई नुकसान न पहुँचा दो ताकि अपने किए पर पछताना पड़े।"

(कुरान–सूर हुजराज, आयत 6, पारा 26)

"ऐ ईमान वालो, तुम अपने खास रहनेवाले घरों के सिवा दूसरे के घरों में प्रवेश मत करो जब तक उनसे आज्ञा न प्राप्त कर लो और आज्ञा से पूर्व उसमें रहनेवालों को सलाम न कर लो यही तुम्हारे लिए बेहतर है।"

(कुरान–सूर नूर, आयत 27, पारा 18)

इस प्रकार कुरान की आयतों में दूसरे की अधिकार रक्षा करने को अपना कर्तव्य के रूप में परिभाषित किया गया है। मानवाधिकार और शान्ति के महत्त्व को जब तक सभी समझ न लें और जब तक प्रत्येक मनुष्य अन्य प्राणियों के प्रति अपनी नैतिक जिम्मेदारी को न समझ ले, तब तक इस्लाम सही अर्थों में परिभाषित नहीं होता है।

मानवाधिकार की अवधारणा पर सूफी विचारों का प्रभाव

मध्ययुगीन भारतीय समाज में सूफी सन्तों ने महत्त्वपूर्ण भूमिका अदा की है। इनका सबसे महत्त्वपूर्ण योगदान हिन्दू-मुस्लिम सम्प्रदायों में समन्वय की भावना पैदा करना था। उन लोगों ने सामाजिक सेवा का रूप सैद्धान्तिक नहीं बल्कि व्यावहारिक दिया और उसे परमात्मा की सेवा का एकमात्र साधन बताया। वेदान्त, योग, क्रिया, निर्वाण आदि सिद्धान्तों को अपनाकर अनेक हिन्दुओं तथा बौद्ध धर्मावलम्बियों को आकृष्ट किया और उन्होंने बताया कि सूफीवाद न केवल इस्लाम पर आधारित है बल्कि उसमें हिन्दू तथा बौद्ध सिद्धान्तों का भी समावेश है।

सूफी सन्तों ने अपने शिष्यों में समाज सेवा, सद्व्यवहार और क्षमा आदि गुणों पर जोर दिया। उन लोगों ने जनता के चरित्र तथा उसके दृष्टिकोण को सुधारने का प्रयास किया। बर्नी ने स्पष्ट लिखा है कि निजामुद्दीन औलिया के प्रभाव के परिणामस्वरूप जनता के सामाजिक तथा नैतिक जीवन में बड़ा परिवर्तन हुआ।

दिल्ली के सुलतानों के रूढ़िवादी इस्लामी विचार उन्हें ग्राह्य नहीं थे। उन्होंने शक्ति, प्रलोभन तथा तलवार आदि के भय से धर्म-परिवर्तन की नीति का अनुमोदन नहीं किया। वे राजनीति से अलग रहे। उन्होंने लोगों को स्पष्ट कहा कि इस अन्धकार युग में प्रत्येक का कर्तव्य है कि अपनी लेखनी, वाणी, धन तथा पद से, दुख से सन्तप्त प्रजा की सेवा करें। प्रार्थना, उपवास तथा आराधना दरवेश का कार्य है न कि शासक का कर्तव्य। इस प्रकार शासकों के हृदय में उन्होंने प्रजा की भलाई की भावना को भरा। प्रो. रशीद के अनुसार सूफी सन्त प्रजा तथा शासक वर्ग के बीच की कड़ी थे।

इन लोगों ने साधारण जीवन व्यतीत कर जनता के बीच रहने तथा उनकी समस्याओं को समझने की चेष्टा की। समयानुकूल उनके जीवन में सुधार करने का प्रयास किया। शेख हमीद नागौरी एक बीघा में खेती करके स्वयं कपड़ा बुनकर अपना जीवन निर्वाह करते थे। शेख कुतुबुद्दीन बख्तियार काकी तो बिस्तरे का भी प्रयोग नहीं करते थे, वे फटा कपड़ा पहनते थे। सम्भवतः उन्हें इसी में आनन्द का अनुभव होता था। शेख निजामुद्दीन औलिया उपहारों का वितरण जनता में कर देते थे। वे सामाजिक न्याय की ज्योति अपने हाथों में लेकर चलते थे।

उनकी निष्ठा एकेश्वरवाद में थी। एकेश्वरवाद के सिद्धान्त का प्रतिपादन करके उन्होंने पारस्परिक मतभेदों को दूर करने की चेष्टा की। ईश्वर एक है, अनेक धर्म उस एक ईश्वर तक पहुँचने के भिन्न-भिन्न मार्ग हैं। अतः धर्म को लेकर वाद-विवाद तथा संघर्ष करने की आवश्यकता नहीं। इनका सबसे अधिक प्रभाव भक्ति आन्दोलन के समाज तथा धर्मसुधारक रामानन्द, कबीर, नानक तथा चैतन्य पर पड़ा।

डॉ. आशीर्वाद लाल के अनुसार प्रारम्भ में केवल पददलित वर्ग और अठारहवीं सदी में उच्च वर्ग इनके सम्पर्क में आए। भक्ति आन्दोलन तथा सूफी दर्शन ने शासक तथा प्रजा को एक-दूसरे के समीप लाने की चेष्टा की।

सूफी साधक कुछ कठिन नियमों का पालन करते थे परन्तु भक्तों के लिए कठिन नियमों का पालन अनिवार्य नहीं था। इस प्रकार सूफी साधकों की तुलना में भक्तों को काफी स्वतन्त्रता थी। सूफी सन्तों ने भक्तों की तरह शरीर को यातना देने पर जोर नहीं दिया।

सूफी साधकों की दृष्टि में जगत के कण-कण में परमात्मा विद्यमान है। तुलसीदास भी 'सीय राम मय सब जग जानी' का सिद्धान्त मानते थे। अनेक भक्त तथा सूफी साधक जगत को माया से परिपूर्ण मानते थे। सूफी साधकों की भाँति भक्त भी आत्मा को परमात्मा का अंश तथा उसे अविनाशी जीव मानते थे।

भक्ति आन्दोलन के सन्त तथा सूफी सन्तों का मुख्य उद्देश्य सामाजिक तथा धार्मिक कुरीतियों को समाप्त करना था। कबीर, नानक आदि ने सामाजिक कुरीतियों का खंडन किया, परन्तु सूफी सन्तों ने बाह्याडम्बर और मूर्ति पूजा के खंडन में रुचि नहीं ली। सूफी सन्तों ने अपने सिद्धान्तों पर जोर दिया, दूसरों के प्रति वे उदासीन थे।

मानवतावाद में भक्त तथा सूफी सन्त दोनों का विश्वास था। भक्त ने दुख सन्तप्त प्राणियों को केवल उपदेश दिया। सूफी सन्तों ने उपदेश पर बल न देकर समाज सेवा के व्यावहारिक पक्ष पर जोर दिया। टूटे हुए हाथ तक रोटी के टुकड़े को पहुँचाने का तात्पर्य मानव समाज की सेवा को व्यावहारिक रूप देना था। सूफी साधक समाज सेवा को ईश्वर प्राप्ति का प्रमुख साधन मानते थे; भक्ति आन्दोलन के सन्तों ने इस पक्ष पर इतना बल नहीं दिया।

सभी भक्त राजनीति के प्रति उदासीन थे। उन लोगों ने कभी भी शासकों के सम्पर्क में आने का प्रयास नहीं किया परन्तु अधिकांश सूफी साधकों को शासक वर्ग का संरक्षण प्राप्त था। सुहरावर्दी, कादिरी तथा नक्शबन्दी सिलसिलों के सूफी सन्त खुले रूप से राजनीति में भाग लेते थे। कादिरी तथा नक्शबन्दी सिलसिले के सूफी सन्त सरकारी नौकरियों को स्वीकार करते थे। राज्य की धार्मिक नीति निर्धारण में उनका विशेष हाथ रहता था।

सूफी मत के उद्भव से सम्बन्धित इस कथा को हम मानें या न मानें किन्तु इतना निश्चित है कि प्रारम्भ से ही इस विचारधारा के सन्त अत्यन्त उदार, स्वतन्त्रचेता और सारग्राही रहे हैं। इस कारण ग्रीक, पर्सियन, ईसाई तथा भारतीय अध्यात्म चिन्तन की अनेकानेक समानधर्मी विचारधाराओं का अरबी के माध्यम से सूफीमत में समन्वय दिखलाई पड़ता है। (सन्दर्भ-2, पृ. 7) इस मत का विकास प्रमुख रूप से ईरान में हुआ। ईरान में विकसित सूफी विचारधारा ने भारतीय सूफी सन्तों को प्रत्यक्षतः प्रभावित किया। इस कारण ईरान के कतिपय सूफी सन्तों की विचारधारा के प्रकाश में सूफी दर्शन के प्रारम्भिक स्वरूप का आधिकारिक परिचय प्राप्त किया जा सकता है।

सूफी सन्त परम्परा : निष्कर्ष

सूफी सन्त परम्परा का पूर्वोक्त मंचन किसी तरह पूर्ण नहीं कहा जा सकता। स्वतन्त्र रूप से इस विषय पर विचार यहाँ अपेक्षित भी नहीं था। यहाँ सांकेतिक रूप में कतिपय सूफी सन्तों की रचनाओं के आधार पर उनकी भावनात्मक पृष्ठभूमि के विवेचन का प्रयत्न किया गया है। ईरान में विकसित सूफी मत का स्वरूप उद्घाटित करने के बाद यह देखा गया है कि भारत में प्रवेश करने के बाद उसकी मौलिक विशेषताएँ तो सुरक्षित थी हीं, भारतीय संस्कृति, दर्शन का आचार व्यवहार के संसर्ग के कारण उसका स्वरूप और भी उदार, समन्वयात्मक तथा मानवतावादी होकर इतना सरलीकृत हो गया कि सूफी कवियों तथा सन्तों की भावभूमि के बीच बहुत कम अन्तर रह गया। बाबा फरीद का विशेष उल्लेख इसीलिए किया गया है कि वे निश्चित रूप से सूफी परम्परा से सम्बद्ध हैं और कबीर आदि के पूर्ववर्ती हैं। फरीद और कबीर की भावभूमि लगभग एक-सी है। नमाज और रोजा आदि के सन्दर्भों को अलग रखें तो फरीद को कबीर की परम्परा का ही पूर्ववर्ती कवि मानने के लिए विवश होना पड़ेगा। यहाँ केवल फरीद का उल्लेख किया गया है किन्तु फरीद अकेले ही कवि नहीं हैं। सरमद से लेकर कबीर के समय के शेख तकी तक न जाने कितने सूफी सन्तों ने अपनी तरह से लगभग वही बात कही, जो सन्त कहते हैं। कथ्य सम्बन्धी अभूतपूर्व समानता को देखते हुए यह निर्विवाद रूप में स्वीकार किया जा सकता है कि सन्त साहित्य की भावनात्मक पृष्ठभूमि के सन्दर्भ में सूफी सन्त परम्परा

की भी महत्त्वपूर्ण भूमिका है एवं उपरोक्त सभी परम्पराओं में मानवतावाद को ही धर्म के रूप में प्रतिष्ठित किया गया है।

भक्तियुगीन कवियों के चिन्तन में मानवाधिकार के तत्त्व

साहित्यिक एवं सांस्कृतिक उत्थान के दृष्टिकोण से भारतीय इतिहास का मध्यकाल का अपना एक विशिष्ट स्थान है। यह वह समय था, जब भारतीय संस्कृति विश्व की अन्य संस्कृतियों के सम्पर्क में आई और जिसका दूरगामी प्रभाव भारतीय जनमानस पर व्यापक रूप से पड़ा। मध्य युग का काल सामान्यतया 8वीं सदी एवं 18वीं सदी के बीच का माना गया है। इस काल के दौरान तुर्क, अफगान, मुगल एवं अन्य मुस्लिम आक्रमणकारियों का प्रादुर्भाव हुआ, जिन्होंने भारत पर आक्रमण कर अपने साम्राज्य की स्थापना की। इस क्रम में उनकी संस्कृति और विचारधारा का प्रवाह भारतीय समाज पर पड़ा और सबको समाहित करके भारतीय संस्कृति एक नए रूप में विकसित हुई।

मध्ययुग के दौरान समाज में धार्मिक आडम्बर, आपसी संघर्ष, जातिगत विद्वेष एवं अन्य कुरीतियों का प्रभाव भी पड़ा। उस समय वर्ण-व्यवस्था थी, ऊँच-नीच का भेदभाव खूब था, स्त्रियों पर अत्याचार हो रहे थे, आर्थिक दृष्टि से पुरुष के ऊपर आश्रित थी। मुगलों और पठानों की क्रूर सौन्दर्यलिप्सा ने उसे वासनात्मक आकर्षण एवं विलासात्मक महत्त्व ही दे रखा था। उस समय जनसाधारण में तो नहीं, पर समृद्ध समाज में बहुपत्नीत्व का प्रचलन था। किसानों, मजदूरों एवं समाज के अन्य वर्ग के लोग भी शोषण का शिकार हो रहे थे। धार्मिकता के नाम पर समाज में सर्वत्र आडम्बर एवं दिखावे का प्रचलन था। धार्मिक कट्टरता पनप रही थी, जिसका दुष्प्रभाव समाज के प्रत्येक हिस्से पर पड़ रहा था।

उस समय का राजनीतिक परिदृश्य निम्न रूप में था :

1. राजकीय परिवर्तन बड़ी शीघ्रता से हो रहे थे।
2. इस राज्य परिवर्तन में अधिकांश अधिकार-लिप्सा और शक्ति ही प्रेरक थी। कोई नियम, मर्यादा या आदर्श विद्यमान न थे। भतीजा चाचा का, पिता पुत्र का, भाई भाई का वध कर या उसे बन्दी कर राज्य पर अपना अधिकार जमा लेता था।
3. राजा और शासक, प्रायः अशिक्षित, अहम्मन्य, विलासी और क्रूर थे। शासन को अपने अधिकार में रखने की ओर वे अधिक सचेत थे, जनकल्याण की ओर नहीं।
4. अकबर के पूर्ववर्ती राजाओं के अस्त-व्यस्त और अव्यवस्थित शासनकाल में कोई भी सामाजिक और सांस्कृतिक उन्नति नहीं हुई थी।

उपर्युक्त सामाजिक, आर्थिक, राजनीतिक एवं धार्मिक विसंगतियों की पृष्ठभूमि पर अनेक भक्त कवियों एवं सूफी सन्तों का प्रादुर्भाव हुआ, जिन्होंने अपने काव्य से इन विसंगतियों पर कुठाराघात किया तथा समाज में सुव्यवस्था, समानता, धार्मिक सहिष्णुता एवं भगवत भक्ति का प्रचार-प्रसार किया। इस हेतु साहित्य के दृष्टिकोण से इस काल को भक्ति काल के रूप में मान्यता दी गई। इन भक्तों एवं भक्त कवियों में सूफी सन्त कवि, रामानन्द, कबीर, गुरुनानक, दादू, कमाल, रैदास, तुलसीदास, वल्लभाचार्य आदि का नाम उल्लेखनीय है।

इन भक्त कवियों ने समाज में लोकभावना का प्रचार-प्रसार किया तथा मानवाधिकारों के संरक्षण हेतु अपने काव्य के माध्यम से जनमानस को ही नहीं अपितु समकालीन शासकों पर भी प्रहार किया। भक्त कवियों का सम्पूर्ण प्रयास धार्मिक एवं सामाजिक समन्वय को स्थापित कर मनुष्य के जीवन-स्तर का उत्थान करना था।

भारतीय संस्कृति के इतिहास में भक्ति आन्दोलन एक विशिष्ट स्थान रखता है। इसे हम दो चरणों में विभक्त कर सकते हैं। प्रथम चरण, भगवद्गीता काल से तेरहवीं सदी तक, द्वितीय चरण, तेरहवीं सदी से सोलहवीं सदी तक।

इस्लाम तथा हिन्दू धर्म के पारस्परिक सम्बन्धों के फलस्वरूप नवीन विचारों का उद्गार हुआ एवं लोगों ने सामाजिक समस्याओं पर गम्भीरता से विचार करना प्रारम्भ किया।

भक्ति आन्दोलन के साधकगण समाज सुधार में तथा विभिन्न धर्मो के बीच समन्वय स्थापित करने में सक्रिय योगदान दिया।

सन्त साहित्य की पृष्ठभूमि के सन्दर्भ में सामाजिक कारकों का भी अनेक विद्वानों ने उल्लेख किया है। इन विद्वानों ने सन्तों को प्रायः निचली जातियों से सम्बद्ध करते हुए इनकी रचनाओं के भीतर सामन्ती-व्यवस्था और वैदिक अथवा ब्राह्मण धर्म के विरुद्ध प्रतिक्रिया का स्वर देखा है तथा सन्त साहित्य को तत्कालीन परिवेश में फैलते हुए इस्लाम धर्म तथा परम्परागत ब्राह्मण धर्म के बीच से नवीन राह की तलाश बतलाया है। अपनी प्रसिद्ध कृति 'सन्त साहित्य की भूमिका' का उपसंहार करते हुए डॉ. राजदेव सिंह इसी विचारधारा को अग्रसारित करते हैं। (सन्दर्भ 1, डॉ. राजदेव सिंह, सन्त साहित्य की भूमिका, पृ. 109-10)

"प्रारम्भ में जो धर्म ठाकुर के अवतार दिखाई पड़ते थे वे मुसलमान धार्मिक कट्टरता, विलासिता, आडम्बर आदि में हिन्दुओं से किसी भी प्रकार कम न थे। सन्तों ने पुकार-पुकारकर कहा है, 'अरे इन दोउन राह न पाई।' खैर, उन दोनों को कोई राह मिली हो या न मिली हो, अवैदिक मूलवाली इन जातियों को सचमुच कोई राह नहीं मिली। हिन्दू इन्हें पराया तो मानता आया ही था, अब मुसलमानों का मुखबिर। अतः शत्रु मानने लग गया था, मुसलमानों ने रस चूस-चूसकर इन्हें गुठली की तरह कूड़े में

सड़ने-गलने के लिए फेंक दिया था। हिन्दू और मुसलमानी दाँतों की खरोंचवाली गुठलियों के इसी समाज में सन्त पैदा हुए थे और चिन्तन-मनन के स्तर पर इन गुठलियों के प्रवक्ता थे। यही कारण है कि बाहर से चाहे ये हिन्दू रहे हों, चाहे मुसलमान, पर सचमुच ये न हिन्दू थे, न मुसलमान। ये तो माया को नकारनेवाले साईं तेरे जीव थे, जो सामन्ती वर्ण-व्यवस्था के पंक से कमल की तरह ऊपर उठ गए थे।''

निस्सन्देह सन्त साहित्य की सामाजिक पृष्ठभूमि के सन्दर्भ में उपर्युक्त पंक्तियाँ पर्याप्त सार्थक हैं किन्तु सन्तकाव्य के अध्ययन से स्पष्ट होता है कि सन्त कवि न तो प्रतिक्रियावादी थे और न ही ये उच्छिष्ट गुठलियों के प्रवक्ता थे। ये 'साईं तेरे जीव' अवश्य थे किन्तु ये मानवता एवं मानव धर्म के प्रवक्ता थे जैसा कि आगे अध्यायों में स्पष्ट किया जाएगा। डॉ. राजदेव सिंह ने ही अपनी दूसरी पुस्तक 'सन्तों का भक्तियोग' में इसी की ओर संकेत किया है। (सन्दर्भ 2, डॉ. राजदेव सिंह : सन्तों का भक्तियोग, पृ. 9)

सन्त साहित्य को सरसरी दृष्टि से पढ़नेवाला भी इसी बात को स्वीकारेगा कि सन्त जो कुछ और जिस तरह कहते हैं, वह नया-नया सिखा हुआ कदापि नहीं लगता बल्कि साफ-साफ लगता है कि भक्ति उनकी अपनी ही चीज है। उत्तर भारत में भक्ति के विकास का इतिहास भी हमें ऐसा ही मानने का संकेत देता है।

सन्त साहित्य एवं परम्परा में मानवतावाद

सन्त साहित्य की पृष्ठभूमि में भारतीय धार्मिक साधना के विभिन्न आयामों की भूमिका पर इसी अध्याय में यथास्थान विस्तृत चर्चा अभीष्ट है, अतः यहाँ इसे विस्तार न देकर अब तक के विवेचन से प्राप्त निष्कर्षों की ओर संकेत करना आवश्यक है। कुछ निष्कर्ष इस प्रकार हैं :

1. सन्त साहित्य शुद्धतः भारतीय धार्मिक एवं आध्यात्मिक विचारधारा का स्वाभाविक विकास है।
2. सन्त साहित्य की भावभूमि अत्यन्त उदार, विशाल एवं समन्वयमूलक है।
3. सन्त साहित्य का मूल स्वर भक्ति का है तथा भारतीय भक्ति सिद्धान्तों के अनुकूल भाव भक्ति का स्वरूप उसके भीतर देखा जा सकता है।
4. उपनिषद्, भागवतादिपुराण, गीता, भक्तिसूत्र, वेदान्त, मध्यकालीन आचार्यों की अद्वैत सम्बन्धी व्याख्याएँ, दक्षिण की सन्त वाणियों तथा सिद्ध एवं नाथ साहित्य आदि विभिन्न स्रोतों में सन्त साहित्य की भावनात्मक पृष्ठभूमि देखी जा सकती है।
5. सन्तों को किसी वाद, सम्प्रदाय या सिद्धान्त सीमा में आबद्ध नहीं किया जा सकता। इस कारण स्वाभाविक रूप से उनकी रचनाओं में सूफी साहित्य

या इस्लाम धर्म अथवा बौद्ध, जैन या अन्य मतों के अनेक विचार ही यथास्थान उपलब्ध होते हैं। इन निष्कर्षों को ध्यान में रखते हुए आवश्यक है कि सन्त साहित्य की भावनात्मक पृष्ठभूमि के विभिन्न अवयवों का स्वतन्त्र रूप से विचार करते हुए यह देखने का प्रयास किया जाए कि सन्त साहित्य समग्र भारतीय चिन्तनधारा के साथ किस रूप में और किस सीमा तक जुड़ता है। इस भावनात्मक पृष्ठभूमि में कम-से-कम निम्नलिखित शीर्षक यहाँ विचार योग्य हैं :

(अ) वैदिक साहित्य
(ब) औपनिषदिक साहित्य
(स) गीता
(द) भागवतादि पुराण
(य) भारतीय भक्ति सिद्धान्त
(र) योग दर्शन और सन्त साहित्य
(ल) वेदान्त दर्शन और सन्त साहित्य

सन्त साहित्य में गीता का भी प्रभाव परिदृश्ट है। इस प्रकार गीता में उक्त वेदार्थ का प्रतिपादन करते हुए निस्त्रैगुण्य, निर्द्वन्द्व नित्यसत्वस्य निर्योगक्षेम, निस्संघ, मन, वचन एवं कर्म की एकता के साथ समत्वयोग अपनाते हुए कर्म को ही अपना अधिकार मानने का उपदेश दिया गया :

कर्मण्येवाधिकारस्ते मा फलेषु कदाचन।
मा कर्म फलहेतुर्भूर्मा ते संङ्गोऽस्त्वकर्मणि ॥

(गीता 2/47)

इसी अध्याय के 55 से 61 श्लोक तक स्थितप्रज्ञ का लक्षण विस्तारपूर्वक बतलाया गया है और कहा गया है कि सर्वदा तृप्त, ज्ञानपूर्ण अन्तःकरणवाला, आत्मसन्तोषी, दुख में अनुद्विग्न मन, सुख में विगत अस्पृह, काम-क्रोध-मद रहित, अभेददृष्टि युक्त तथा विषयत्यागी मनुष्य ही स्थितप्रज्ञ कहलाता है। ये सभी गुण अभ्यास तथा यम नियमों के पालन से प्राप्त होते हैं। इसी अभ्यासयोग को विद्या की संज्ञा दी गई है और ऐसी विद्या ही आत्मज्ञान के परमानन्द को परिपुष्ट करती है। संक्षेप में गीता की इसी विद्या का अपने देशकाल के अनुसार प्रतिपादन एवं प्रवचन सन्तों का भी अभीष्ट उद्देश्य था।

भारतीय जीवन एवं साहित्य पर पुराणों का महत्त्वपूर्ण प्रभाव है। पुराणेतिहास को सुहृत्सम्मत वाणी की संज्ञा दी गई है। अर्थात् जिस तत्त्वज्ञान को वेद आदेश के रूप में प्रस्तुत करता है, वही ज्ञान पुराणों द्वारा सुहृत्सम्मत अर्थात् मित्र की तरह कथाओं एवं उपाख्यानों द्वारा समझा-बुझाकर प्रस्तुत किया गया है। पुराण एवं इतिहास को भी

वैदिक वाङ्मय के आवश्यक अंग के रूप में माना जाता है तथा इसे पंचम वेद की संज्ञा दी जाती है।

सन्त साहित्य की पृष्ठभूमि पर विचार करने के लिए प्रस्तुत अध्याय में इन्हीं का यत्किंचित् विश्लेषण प्रस्तुत करने का प्रयास किया गया है। भारत के जितने भी सन्त कवि हैं उनकी रचनाओं की सामग्री विषयानुक्रमणिका बनाई जाए तो ज्ञात होगा कि उनके विषय एक समान तथा उक्त विषयों में उनके विचार भी सर्वथा एक से एवं निर्भ्रान्त हैं। आत्मज्ञान, आत्मा और परमात्मा की एकता, अविद्या के कारण आत्मस्वरूप की विस्मृति, अविद्या से मुक्ति के लिए यम, नियम, आसन, प्राणायाम, ध्यान, धारणा, समाधि के साथ ही भगवत्कृपा की आवश्यकता, सात्विक प्रेम भक्ति का महत्त्व, नाम का माहात्म्य और गुरु का माहात्म्य जैसे विषय सबके द्वारा समान रूप से वर्णित हैं। इसके साथ ही इन्द्रियनिग्रह, सहज चंचल मन की एकाग्रता, काम, क्रोध, मद, लोभ और मोह आदि पंचविकारों से मुक्ति, मन, वाणी और कर्म आदि की एकाग्रता आदि के महत्त्व का प्रतिपादन सन्तों के सहकारी वर्ण्य विषय हैं। समस्त प्रकार के भेदभावों से मुक्ति तथा प्राणिमात्र की एकता पर आधारित समतामूलक समाज की स्थापना, जहाँ व्यावहारिक रूप से अद्वैत की प्रतिष्ठा हो सके, सभी सन्तों का लक्ष्य था। इस लक्ष्य की सिद्धि में जो कोई विचारधारा परम्परा, पद्धति या रूढ़ि बाधक लगती है, उसके विरोध में सन्त कवि जरा भी संकोच नहीं करते।

सिद्ध साहित्य में मानवतावाद

धार्मिक आडम्बरों तथा कर्मकांड के प्रति विद्रोह, कोरे शास्त्र ज्ञान की निरर्थकता, जन्म के आधार पर श्रेष्ठता का खंडन और कार्यनिष्ठा का उपदेश, आत्मा और परमात्मा की एकता, आत्मसाक्षात्कार अथवा आत्मानुभूति की प्रामाणिकता, योगमार्ग की प्रासंगिकता और सहज साधना आदि बहुत से ऐसे विषय हैं जिन पर हिन्दी के सन्त कवियों के विचार सिद्ध सन्तों से मिलते हैं और इस साम्य को देखते हुए यह अनुमान किया जा सकता है कि सन्त कवियों ने सिद्धों की परम्परा को पुनर्जीवित एवं नवीकृत रूप में आगे बढ़ाया। दोनों धाराओं के साम्य के कुछ बिन्दुओं का उल्लेख अभीष्ट है।

षट्दर्शन की आलोचना

सिद्ध कवियों ने विभिन्न सम्प्रदायों में व्याप्त कर्मकांड तथा आडम्बरों की कटु आलोचना की है। हिन्दू, शैव, जैन तथा बौद्ध सभी की साधना पद्धतियों के कर्मकांड को ये निष्फल बताते हैं क्योंकि इनसे मनुष्य अभीष्ट लक्ष्य की प्राप्ति नहीं कर सकता है। सरहपा का कथन है, ''ब्राह्मण यों ही चारों वेद पढ़ते हैं, व्यर्थ ही मिट्टी, जल और कुश लेकर हवन करके कड़ुए धुएँ से आँख फोड़ते रहते हैं किन्तु जीवनपर्यन्त परमतत्व

का का कोई भेद नहीं जान पाते। कोई भगवा वेश धारण करके एकदंडी अथवा त्रिदंडी बन ज्ञानी होने का दावा करता फिरता है किन्तु संसार को निरर्थक ही भ्रमित करता है क्योंकि धर्म और अधर्म का ज्ञान उसे स्वयं नहीं है। इसी प्रकार शैव साधु हैं जो राख लपेटे, बड़ी-बड़ी जटा बढ़ाए, दीपक जलाते तथा घंटा बजाते रहते हैं, कोई-कोई आँख बन्द किए आसन बाँधकर बैठे कान में मूर्खजनों को मन्त्र फूँकते रहते हैं और कोई रंडी-मुंडी दूसरे वेशों में दिखलाई पड़ते हैं, जो दक्षिणा वसूलने में लगे रहते हैं। इसी प्रकार जैनी हैं जो बड़े नाखून धारण किए मलिन वेश संन्यासी रूप में या नंग-धड़ंग शरीर के रोएँ उखाड़ते दिखाई पड़ते हैं। इनके ज्ञान की विडम्बना तो देखिए कि ये आत्मा के बाहर मोक्ष का उपदेश देते हैं। यदि नंगेपन से मुक्ति मिलती तो कुत्ते और सियार भी क्यों नहीं मुक्त हो जाते। इसी प्रकार भिक्षु के चेले भी हैं जो संन्यासी वेश धारण किए उपदेश देते वन्द्य समझे जाते हैं। कोई सूत्रों का वर्णन करता है, कोई चित्त में ध्यान लगाए बैठा है, कोई महायान की ओर दौड़ रहा है, दूसरा शून्य में आसक्त है। सहज को छोड़ वे मोक्ष की ओर दौड़ना चाहते हैं किन्तु परमार्थ के अभाव में एक भी नहीं सधता।''[1]

इसी प्रसंग में सन्त कवियों द्वारा मूर्तिपूजा तथा अवतारवाद का खंडन, तन्त्र-मन्त्र, वेदपाठ, रोजा-नमाज तथा अन्यान्य कर्मकांडों का पग-पग पर विरोध भी उल्लेखनीय है। सन्त कबीर आदि ने अनेक पदों में इस आशय के विचार व्यक्ति किए हैं कि यदि तत्वज्ञान नहीं होता तो मुक्ति के समस्त कर्मकांडीय प्रयत्न मिथ्या आडम्बर मात्र हैं। राम नाम लेने से ही मुक्ति होती तो क्यों नहीं तोता मुक्त हो जाता? गंगास्नान से मुक्ति मिलती तो मछली और कछुआ आदि जलचर कभी मुक्त हो गए होते। सन्तों की यह भावभूमि सिद्धों की विचारधारा के अनुरूप है।

सिद्ध सन्तों के ये विचार हिन्दी सन्त कवियों की रचनाओं में पद-पद पर उपलब्ध होते हैं। सन्तों ने इस बात पर भी बल दिया है कि साम्प्रदायिक आडम्बर और कर्मकांड से परमसत्ता की अनुभूति सम्भव नहीं। सन्त कबीर का कथन है[2]–

अउ भूले खट्‌ दरसन आई। पाखंड भेख रहै लपटाई॥
जीउ सीउ के आहि नसौना। चारिउ वेद चतुरगन ठौना॥
जैनिधरम का मरम न जाना। पाती तोरि देउ घर आना॥
दौनुआ, दरूआ, चंचा के फूला। मानउ जीउ कोटि समतूला॥
अउ पृथ्मी के रोम उचारै। देखत जनम आपनउ हारै॥
मनकथ बिंद करै असरारा। कलपै बिंद खसै नहि द्वारा॥
पढ़ै वेद अरु करै बड़ाई। संसय गाँठ अजहुँ नहिं जाई॥

रमैनियों, साखियों और पदों में समान रूप से षट्‌दर्शनों की साम्प्रदायिक स्थिति के प्रति कबीर का असन्तोष सर्वथा स्पष्ट है। उनका मत है कि ये सभी ज्ञान तथा

मुक्ति का दावा करते हैं किन्तु वास्तव में अज्ञान का ही प्रसार करते हैं। जीवनपर्यन्त इनकी जटिल साधना-पद्धतियों में भ्रमित होता हुआ जीव वास्तविकता से दूर हो जाता है। जीव तो स्वयं शिव है किन्तु इन परम्परागत साधना-पद्धतियों के चक्कर में पड़कर वह अपने स्वरूप को ही भूल जाता है।

इस प्रकार षट्दर्शन की आलोचना में सन्त कवि सिद्ध कवियों से समानता रखते हैं। यह अवश्य है कि सन्तों तक आते-आते कदाचित् सिद्धमार्ग की भी कर्मकांडीय पद्धतियाँ विकसित हो गई होंगी जिसके कारण सन्त सिद्धों के मार्ग को भी आलोचना से मुक्त नहीं रखते। इस सन्दर्भ में कबीर का यह दोहा द्रष्टव्य है[3]–

धरती अरु असमान बिच, दोइ तूंबड़ा अबद्ध।
षट् दरसन संसै पड़्या, अरु चौरासी सिद्ध॥

द्वैतभाव को नष्ट करने के उपाय में षट्दर्शन तथा चौरासी सिद्ध सभी भ्रमित हैं।

इसके अतिरिक्त निम्नलिखित रमैनी में सन्त कबीर सिद्धों के शून्य को 'तमशा' की संज्ञा देते हैं :

अनहद अनभौ का करि आसा। ई विपरीत जु देखहु तमासा॥
इहै तमासा देखहु रे भाई। जहँवा सुन्न तहाँ चलि जाई॥
सूने बँधे सुन्ने गयऊ। हथा छोड़ि बेहाथा भयऊ॥
संसै सावज सकल संसारा। काल अहेरी साँझ सँकारा॥

कबीर की सम्मति ये अनाहद उपासक योगी शून्य से बहुत कुछ पाने की आशा करते हैं और एक प्रकार से हाथ की वस्तु छोड़कर ऐसी वस्तु पाने की आशा करते हैं जो उनके हाथ आनेवाली नहीं है।

इसीलिए सन्त सिद्धों की परम्परा से बहुत प्रेरणा लेते हुए भी उसका अनुगमन नहीं करते। सन्तों का मार्ग षट्दर्शन की परम्परागत पद्धतियों से सर्वथा भिन्न है किन्तु इस तरह के निराले मार्ग की कल्पना एवं परम्परा उन्हें सिद्ध सन्तों की रचनाओं के रूप में पहले से उपलब्ध है। सिद्ध कवियों ने रूढ़िवादी विचारधारा से हटकर मानवतावाद का सरल मार्ग को अपनाया है।

सहजमार्ग

सन्तों ने सहज साधना पर विशेष बल दिया है। सहज साधना के बीज यद्यपि भारतीय योग साधना में उपलब्ध होते हैं किन्तु भाषाकाव्य में सिद्ध सन्तों की रचनाओं में इसको विशेष महत्त्व दिया गया है। सिद्धों ने अपने मार्ग को ऋतु अर्थात् सहज मार्ग बतलाया है। इस मार्ग में चित्त के विस्फुरण से अमृतरस की सिद्धि होती है। सहजावस्था वह है, जिसमें सांसारिक रागद्वेष, गुण-दोष, शत्रु-मित्रता, लोभ-मोह, ऋद्धि-सिद्धि आदि तुच्छ उपलब्धियों के लिए रंचमात्र आकृष्ट न होते हुए चित्त स्वयं अपना ही मनन करने में

तत्पर रहता है। सहज ध्यान तो अपना ही ध्यान है जिसके लिए कष्टसाध्य योग अथवा कर्मकांड की अपेक्षा नहीं है। चित्त को बन्धनमुक्त एवं उन्मुक्त बना देना ही सहजावस्था है। समरसत्व की वह अवस्था जहाँ शूद्र और ब्राह्मण जैसे कृत्रिम भेदों का अस्तित्व नहीं है, जीव का परमसाध्य है।[4]

नाथ सम्प्रदाय का सिद्धचिन्तक पक्ष

नाथ सम्प्रदाय का सैद्धान्तिक पक्ष शैव तथा शाक्त दर्शन, योग, तन्त्र, वेदान्त तथा बौद्ध दर्शन सभी के तत्त्वों को ग्रहण करते हुए विकसित एवं समन्वयमूलक दर्शन के विकास से सम्बन्धित है।

सहज आचार

नाथ सम्प्रदाय के सन्तों का सबसे महत्त्वपूर्ण पक्ष है—सहज जीवन पद्धति तथा सदाचार पर बल। योगी के लिए वांछित गुणों तथा उसकी परीक्षा के लिए निर्धारित कसौटियों के उल्लेख में देखा जा चुका है कि ये सन्त इन्द्रियनिग्रह, संयम तथा आचार-विचार की अन्तर्बाह्य निर्मलता एवं पवित्रता को सबसे महत्त्वपूर्ण मानते थे। इस सन्दर्भ में उनकी सबसे प्रमुख चिन्ता मानसिक अनुशासन की है। मन ही मनुष्य के बन्धन एवं मोक्ष का कारण है। मृग की तरह चंचल मन को मारे बिना सहज जीवन की उपलब्धि सम्भव नहीं है। मनरूपी मृग माया के चारों तरफ पसरी हुई लताओं की ओर दौड़ लगाता रहता है और जब तक आत्मारूपी बहेलिया अपने अचूक निशाने द्वारा इसे बेधता नहीं है, तब तक यह भटकता रहता है। मृग तथा व्याध के रूपक द्वारा गोरखनाथ ने मन की उद्‌दमता तथा आत्मशक्ति के विकास द्वारा उसके नियन्त्रण की बात बहुत प्रभावपूर्ण ढंग से समझाई है।[5]

इसी प्रकार उन्होंने अजपा जाप द्वारा चंचल मन को स्थिर कर ब्रह्मरन्ध्र या योगामृत उपलब्ध करने की विधि को सुनारी का रूपक दिया है और बतलाया है कि इस प्रकार अपनी श्वास प्रक्रिया की धौकनी के सहारे ही रस जमाकर उक्त कार्य सम्पन्न किया जा सकता है।[6]

मानसिक नियन्त्रण, अनुशासन, दूसरे शब्दों में मनोमारण के साथ-साथ आत्मिक विकास की प्रक्रिया सहज स्वाभाविक ढंग से घटित होती है किन्तु इसके लिए सहज जीवन-पद्धति अत्यन्त आवश्यक है। सहजता बोल-चाल, आचार-विचार, रहन-सहन तथा खान-पान आदि जीवन के प्रत्येक स्तर पर अपेक्षित है। गोरखनाथ का कथन है :

अवधू सहजे लैणा सहजै दैणा, सहजै प्रीति ल्यौ लाई।
सहजै सहजै चलेगा रे अवधू, तो बासण करैगा समाई। [7]

और

हबकि न बोलिबा, ठबकि न चलिबा, धीरे धरिबा पावं।
गरब न करिबा, सहजै रहिबा यूँ भणंत गोरख रावं ॥ [8]

इस उद्धरण में 'सहजै रहिबा' सहज रहनी की ओर संकेत करता है जिसकी ओर हिन्दी के सन्त कवियों ने सबसे अधिक ध्यान दिया है। सहज रहनी के अन्तर्गत जीवन के समस्त क्रिया-व्यापार आ जाते हैं और जीवन के प्रत्येक स्तर से आडम्बर तथा कृत्रिमता का निषेध इसके अन्तर्गत समाहित हो जाता है। गोरखनाथ ने इसीलिए सहज ज्ञान की आवश्यकता भी प्रतिपादित की है। वे सहज दीक्षा को अधिक प्रभावशाली मानते हैं। शिष्य की आवश्यकता तथा क्षमता के अनुसार गुरु यदि अनुभूतिजन्य सहज ज्ञान का सम्प्रेषण करता है तो उसका प्रभाव चिरस्थायी होता है। कोरा शास्त्रज्ञान निष्फल सिद्ध होता है।

इस प्रकार नाथ सन्तों ने 'सहज रहनी', 'सहज युक्ति', सहज आचार-विचार एवं व्यवहार, सहज ज्ञान, सहज दीक्षा, सहज योग तथा इन सबके द्वारा सहज शून्य की अनुभूति अथवा सहज समाधि को पर्याप्त महत्त्व दिया है।

मध्यकाल के सन्तों एवं भक्त कवियों का मानवाधिकार चिन्तन में योगदान

भारतीय इतिहास का मध्यकाल विभिन्न विदेशी शासकों के शासन का काल रहा है। इस दौरान अनेक मुस्लिम शासक भारतीय परिदृश्य पर उपस्थित हुए और उन्होंने अपनी सोच और विचारों का प्रभाव समाज पर छोड़ा। इस तरह विभिन्न संस्कृतियों के सम्मिलन से भारतीय सामाजिक एवं धार्मिक चिन्तन-व्यवस्था प्रभावित हुई। धर्मों में विभिन्न तरह की कुरीतियाँ समाविष्ट हो गईं तथा धार्मिक गुरु, ब्राह्मण, मुल्ला, मौलवी आदि आडम्बरों का सहारा लेकर भारतीय जनमानस को विषाक्त करने लगे। समाज में कमजोर वर्गों, महिलाओं, बच्चों एवं अन्य शोषित वर्गों की स्थिति और दयनीय होती गई। समाज में फैल रही इस कुव्यवस्था के विरुद्ध आवाज उठाने का जोखिम कोई नहीं कर सकता था। उस काल में अनेक सन्तों एवं भक्त कवियों ने इस महान उद्देश्य की पूर्ति हेतु अपने काव्य एवं शिक्षण का सहारा लिया और समाज को आडम्बरमुक्त कराने हेतु एवं धर्म को अपने शुद्ध स्वरूप में स्थापित कराने हेतु अपना बहुमूल्य योगदान दिया। उस परम्परा में निम्नलिखित सन्तों एवं कवियों के विचार उल्लेखनीय हैं :

3.1 रामानन्द के मानवाधिकार सम्बन्धी विचार

उत्तरी भारत की सन्त-परम्परा के इतिहास में स्वामी रामानन्द का एक महत्त्वपूर्ण स्थान है। ये एक सहृदय व स्वाधीनचेता व्यक्ति थे, जो किसी प्रश्न पर विचार करते समय एक व्यापक दृष्टिकोण का उपयोग करते थे और किसी भी बात को सिद्धान्त-रूप में स्वीकार कर लेने पर उसे यथावत् व्यवहार में लाने का भी प्रयत्न पूरी निर्भीकता के साथ

किया करते थे। इनके चरित्र-बल व असाधारण व्यक्तित्व के कारण इनके समकालीन हिन्दू समाज का वातावरण इनसे प्रभावित हो उठा और सर्वत्र एक प्रकार की क्रान्ति की लहर फैल गई। हरि-भजन के आधार पर जाति व वर्ण सम्बन्धी कड़े नियमों को शिथिल कर सर्वसाधारण को भी कुलीनवत् अपनाने की प्रथा चलाकर इन्होंने मनुष्य-मात्र की वास्तविक एकता की ओर लोगों का ध्यान आकृष्ट किया। हिन्दू सभ्यता के अन्धकार युग में महान धर्म तथा समाज-सुधारक रामानन्द का जन्म 1299 में प्रयाग में हुआ था। इनकी शिक्षा प्रयाग तथा वाराणसी में हुई। इनके प्रारम्भिक गुरु एकेश्वरवादी वेदान्त दार्शनिक थे। आगे चलकर राघवानन्द को इन्होंने अपना गुरु बनाया। राघवानन्द श्री सम्प्रदाय के महान सन्त थे। किसी अनुशासन सम्बन्धी विषय पर गुरु से मतभेद होने के कारण रामानन्द ने मठ-त्याग दिया और उत्तर भारत की ओर चले आए। इतनी बड़ी सम्पत्ति का जो सहज ही त्याग कर सकता था, उस आदमी की स्वतन्त्र चिन्तन शक्ति का अनुमान सहज ही लगाया जा सकता है। डॉ. हजारी प्रसाद द्विवेदी के शब्दों में, "सच पूछा जाए तो मध्य युग की समग्र स्वाधीन चिन्तन के गुरु रामानन्द ही थे।" इन्होंने अपने जीवन का अधिकांश समय तीर्थयात्रा तथा भ्रमण में व्यतीत किया। युगान्तकारी रामानन्द ने अपने नश्वर शरीर का त्याग 1456 ई. के लगभग किया।

वाराणसी तथा प्रयाग में रामानन्द मुसलमान सन्तों के सम्पर्क में आए और उनसे प्रभावित हुए। यूसुफ हुसैन ने लिखा है कि भ्रमण यात्रा के समय निश्चित रूप से वे मुसलमानों के सम्पर्क में आए। उन्होंने इस्लामी विचारों का ज्ञान प्राप्त किया। उनके उदारवादी दृष्टिकोण पर निःसन्देह दक्षिण के सन्तों का प्रभाव पड़ा। दक्षिण भारत में जैन सम्राट के प्रधानमन्त्री वासव ने वीर-शैववाद का प्रतिपादन किया। इसमें जाति-प्रथा का खंडन करके सभी जातियों तथा स्त्रियों को समाज में समान अधिकार दिया। वासव का सिद्धान्त शैववाद तथा इस्लाम के विरुद्ध प्रतिक्रिया थी। जातिविहीन समाज सुधार आन्दोलन रामानन्द के नेतृत्व में क्रान्तिकारी युग में प्रविष्ट हुआ। तमिल प्रदेश की एक जाति मिरुमूलर तथा एकेश्वर का नारा लगा रही थी। नम्मलवर के अनुसार जन्म-जाति से कोई ऊँच-नीच नहीं है, भक्ति तथा ब्रह्म ज्ञान के आधार पर मनुष्य का समाज में स्थान होता है। दक्षिण भारत में शैव सन्त पट्टकिरियार ने समाज में भ्रातृत्ववाद की आवाज उठाई। अतः रामानन्द का उदारवादी दृष्टिकोण इस्लामी प्रभाव का परिणाम नहीं, बल्कि दक्षिण के समाज सुधारक सन्तों के प्रभाव का परिणाम था।

धर्म तथा समाज सुधार

रामानन्द ने शंकराचार्य के मायावाद तथा ज्ञानवाद को अस्वीकार करके रामानुज की भाँति भक्ति को मोक्ष का एकमात्र साधन स्वीकार किया। वे विष्णु की उपासना के

स्थान पर एक ऐसे आराध्य देव को चाहते थे जो हिन्दू समाज की सभी जातियों को सन्तुष्ट कर सके। इसलिए उन्होंने विष्णु की उपासना को न अपनाकर मर्यादा पुरुषोत्तम राम तथा सीता की आराधना समाज के समक्ष रखी। उनका मूल उद्देश्य धर्म तथा भक्ति के माध्यम से समाज सुधार करना था। उनके आराध्य देव राम भारतीय समाज के सभी जातियों के प्रिय थे। जाति भेद की भावना का परित्याग करके 'मानहु एक भगत कै नाता' का दृष्टिकोण अपनाया। क्योंकि मर्यादा पुरुषोत्तम राम उन्मुक्त कंठ तथा समान प्रेमभाव से वशिष्ठ, विश्वामित्र, भारद्वाज, निषाद और शबरी से ही नहीं बल्कि बन्दरों के स्वामी सुग्रीव, रीछपति जामवन्त एवं राक्षस विभीषण से भी मिले। सर्वगुण सम्पन्न, सभी जातियों के लिए राम की उपासना करना तथा उनके आदर्शों को समाज के समक्ष रखकर सुधार करना सम्भव था।

रामानन्द के शिष्यों में रैदास (चमार), कबीर (जुलाहा), धन्ना (जाट किसान), सेना (नाई), पीपा (राजपूत), भवानन्द, सुखानन्द आशानन्द, सुरसुरानन्द, परमानन्द, महानन्द तथा श्री आनन्द थे। सभी जातियों के लोगों को अपना शिष्य बनाकर उन्होंने भ्रातृत्ववाद का प्रतिपादन किया। कबीर को अपना शिष्य बनाकर हिन्दू-मुस्लिम समन्वयवाद का मार्ग प्रशस्त किया। रामानन्द ने जाति प्रथा की आलोचना कर उसे अनावश्यक बताया। पददलित शूद्रों में एक नवीन चेतना जागृत की। धर्म परिवर्तित हिन्दुओं को उन्होंने पुनः हिन्दू समाज में स्वीकार किया।

भविष्य पुराण में पुनः लिखा है कि रामानन्द के प्रभाव के कारण बहुत से मुसलमान वैष्णव होकर गले में तुलसी की माला, जिह्वा पर राम नाम तथा मस्तक पर वैष्णव चिह्न लगाते थे। अयोध्या के पास इन संयोगियों की बस्ती है। एकेश्वरवाद के रंगमंच पर हिन्दू-मुसलमानों को एक साथ लाकर उन्होंने समन्वयवाद का मार्ग प्रशस्त किया।

कुछ लेखकों का मत है कि रामानन्द पूर्ण रूप से जाति-व्यवस्था समाप्त करने के पक्ष में नहीं थे। इसकी कठोरता के स्थान पर लोचकता लाना चाहते थे। पी.डी. बड़थ्वाल के अनुसार उनकी रूढ़िवादी शिक्षा-दीक्षा ने शूद्रों की इच्छाओं को पूर्ण करने में उन्हें असमर्थ बना दिया। आनन्द भाष्य में उन्होंने शूद्रों के वेद अध्ययन के अधिकार को स्वीकार नहीं किया। पी.डी. बड़थ्वाल के अनुसार रामानन्द ने मुसलमान तथा शूद्र को ब्राह्मण के समान स्वीकार नहीं किया। दक्षिण के अन्य आचार्यों की भाँति वे उदारवादी होते हुए भी सामाजिक समानता के पक्षपाती नहीं थे। खान-पान में उन्होंने अलग रहने तथा छुआछूत को कायम रखा। तब भी उन्होंने भक्ति के स्तर पर ब्राह्मण, क्षत्रिय, वैश्य, शूद्रों, तथा मुसलमानों को समान अधिकार देकर समाज सुधार आन्दोलन को एक नवीन दिशा दी। यह उनका सबसे महत्त्वपूर्ण योगदान है। उनके अनुसार गुरु को आकाशधर्मा होना चाहिए जो पौधे को बढ़ने के लिए उन्मुक्तता दे, न कि शिलाधर्मी, जो पौधे को अपने गुरुत्व से दबाकर उसका विकास ही रोक दे।

निराश तथा हतोत्साह से व्याप्त वातावरण में क्रान्तिकारी कबीर का जन्म हुआ था। कबीर ने जो कुछ पाया वह उनके जीवन का गहरा अनुभव था। मुस्लिम परिवार में जन्म लेकर वाराणसी के वातावरण में हिन्दू धर्म, दर्शन तथा संस्कृत का ज्ञान प्राप्त करने का अवसर मिला। एक हिन्दू सन्त गोसाईं अष्टानन्द से उन्होंने बहुत कुछ सीखा। एक सच्चे गुरु की तलाश में वे भ्रमण पर निकले। इलाहाबाद के पास शबानुल मिलत के पुत्र तथा सुहरावर्दी सूफी सिलसिला के सन्त शेख तकी से भेंट करके उनसे भी दीक्षा ली। कुछ लोगों ने उन्हें कबीर का गुरु स्वीकार किया है परन्तु कबीर ने कहीं भी शेख तकी के प्रति श्रद्धा नहीं व्यक्त की है। सम्भव है कि शेख तकी कबीर के प्रतिद्वन्द्वी रहे हों और उनके शिष्यों ने कबीर को शेख तकी से निम्न सिद्ध करने के लिए उनको शेख साहब का मुरीद कहना शुरू कर दिया किन्तु सत्य यही है कि कबीर शेख तकी के मुरीद नहीं थे।

दबिस्तान मुहासिन फनी के अनुसार कबीर अपने आध्यात्मिक गुरु की तलाश में अनेक हिन्दुओं तथा मुसलमानों के पास गए परन्तु कोई उनकी ज्ञान तृष्णा को सन्तुष्ट न कर सका। इसी उद्‌देश्य से वे जौनपुर, मानिकपुर तथा इलाहाद के समीप झूँसी में भी कुछ दिनों तक भ्रमण करते रहे। अन्त में किसी ने उन्हें रामानन्द से मिलने का सुझाव दिया। कहा जाता है कि कबीर ने रामानन्द की अनुपस्थिति में दीक्षा ले ली थी और रामानन्द ने उनकी श्रद्धा भक्ति देखकर उनको अपना शिष्य बना लिया। कबीर अपने गुरु रामानन्द की विचारधारा से पूर्णतः प्रभावित हुए। उन्होंने लिखा भी है :

कबीर गुरु बसे बनारसी, सिद्ध समदा नीर।
बिसराया नहिं बीसरे, जे गुण होय सरीर॥

डॉ. रामकुमार वर्मा तथा डॉ. हजारी प्रसाद द्विवेदी इस मत के समर्थक हैं। रामानन्द ने उन्हें रामभक्ति का मन्त्र दिया तथा हिन्दू धर्म और दर्शन सम्बन्धी शिक्षा दी। कबीर की शिक्षा देशाटन, सत्संगति तथा विभिन्न सम्प्रदायों के साथ सम्पर्क का परिणाम था। उन्होंने अपने विवेक, अन्तर्ज्ञान तथा सारग्रही बुद्धि से अपनी विचारधारा की दार्शनिकता को अभिव्यक्ति दी। इस अनपढ़ का प्रभाव पढ़े-लिखे व्यक्तियों से कहीं अधिक था। स्वयं सुलतान सिकन्दर लोदी ने उनके प्रभाव को स्वीकार किया था। रामरसिकावली में लिखा है :

जानि प्रभाव सिकन्दर साहा।
काशी को आयो सउछाहा॥

कबीर ने जो कुछ भी प्राप्त किया वह सब उन्होंने समाज को अर्पित कर दिया। कबीर की भाषा से यह निष्कर्ष सरलता से निकल सकता है कि उन्होंने खूब पर्यटन किया होगा। उनकी भाषा में खड़ी बोली, पूर्वी, ब्रज, राजस्थानी, पंजाबी, अरबी, फारसी

आदि बोलियों तथा भाषाओं के शब्दों का प्रचुर प्रयोग हुआ है। वैसे भी एक निरक्षर व्यक्ति द्वारा ज्ञान की इतनी बातें कहना पर्यटनशीलता एवं संगति के अभाव में सम्भव प्रतीत नहीं होता है।

क्रान्तिकारी कबीर का धर्म

कबीर का जन्म ऐसी परिस्थिति में हुआ था जब विषमताएँ, नैराश्य, विश्वासघात, नृशंसता आदि हिन्दुओं के मन को भयभीत कर रहे थे। समाज में कुत्सित विचार एवं बाह्याडम्बरों का प्राबल्य था। धर्म के ठेकेदार मठाधीश बनकर अनाचार का जीवन व्यतीत कर रहे थे।

सामाजिक विषमताओं से तंग आकर निम्न जाति के लोग जाति परिवर्तन पर उतारू हो गए थे। आर्थिक समस्या से सामान्य जनता की रीढ़ ही टूट गई थी। भावुक कबीर से समाज की यह विषमता देखी न गई। इस विकट स्थिति के विरुद्ध उनके मानस जगत में इतनी प्रचंड प्रतिक्रिया हुई कि उनकी वाणी तत्कालीन सभी क्षेत्रों को आवृत्त कर सकी। बाह्याडम्बर, असत्य, अनाचार, व्यभिचार, वर्णभेद के प्रति उद्भूत यही प्रतिक्रिया ही कबीर की वास्तविक क्रान्ति की भावना थी। कबीर अहिंसक क्रान्ति भावना द्वारा राजनीतिक, सामाजिक, धार्मिक, आर्थिक आदि सभी क्षेत्रों में क्रान्ति पैदा करना चाहते थे; उन्होंने उसे मानव कल्याण के लिए उपयुक्त बताया।

कबीर का अद्वैतवाद न तो हिन्दुओं के ईश्वर, मुसलमानों के अल्लाह से और न योगियों के योग से सम्बन्धित है :

दुइ जगदीस कहाँ ते आए, कहु कौने भरमाया।
अल्लाह, राम, करीमा, केसो, हरि हजरत नाम धराया ॥

पहली बार कबीर ने धर्म को अकर्मण्यता के धरातल से हटाकर कर्मयोग की भूमि पर अवलम्बित किया और उसे सहज बनाकर सर्वसाधारण के लिए ग्राह्य बनाया। उन्होंने किसी भी धार्मिक विश्वास, लोकोपचार तथा वेद के अन्धानुकरण को स्वीकार नहीं किया, बल्कि विवेक से उन धर्मों, विश्वासों अथवा पाखंडों को अपनी विखंडनकारी व्यक्तित्व की भूमिका से तहस-नहस करके ही दम लिया। हिन्दू धर्म के आडम्बर अर्थात् उनकी पूजा, उत्सव, वेदपाठ, तीर्थयात्रा, व्रत, छुआछूत, अवतारोपासना तथा कर्मकांड पर कबीर ने जमकर व्यंग्य किया।

कबीर के अनुसार यदि विचार शुद्ध और पवित्र नहीं हैं तो धर्म भी पवित्र और शुद्ध नहीं हो सकता। कबीर ने धर्म के क्षेत्र में आचरण पर विशेष बल दिया किन्तु आचारों के बाह्य रूप से उन्हें घृणा थी। उनके धर्म में शील, क्षमा, दया, दान, धैर्य, काम, क्रोध, लोभ, निषेध आदि मानवीय गुणों का विशेष स्थान है। उनका अद्वैत दर्शन अनुभूति पर आधारित है। उनका धार्मिक विश्वास बुद्धिवाद पर खड़ा है।

कबीर साहब एक प्रखर मानववादी हैं, जो तात्कालिक भारतीय समाज की कुरीतियों पर जम के प्रहार करते हैं तथा कहते हैं कि :

पोथी पढ़-पढ़ जग मुआ, पंडित भया न कोय।
ढाई आखर प्रेम का, पढ़े सो पंडित होय॥

समन्वयवादी

कबीर के युग में परस्पर दो धर्मों, संस्कृतियों एवं सभ्यताओं का संघर्ष था। कबीर हिन्दुओं और मुसलमानों के बीच समानता का प्रतिपादन करके एवं पारस्परिक विरोध को समाप्त करके उन्हें एकता के सूत्र में बाँधना चाहते थे। उनका यह समन्वयवादी दृष्टिकोण सापेक्ष नहीं निरपेक्ष है। इसलिए उन्होंने अपने युग की गलत विचारधारओं की निःसंकोच आलोचना की तथा निर्भय होकर निराकार ब्रह्म की उपासना की, जिसमें किसी धर्म, जाति अथवा सम्प्रदाय का बन्धन नहीं है।

दर्शन

सम्पूर्ण ब्रह्मांड के कण-कण में जो मूल तत्त्व एकरस होकर व्याप्त है, उसे ब्रह्म की संज्ञा दी गई है। यह तत्त्व सर्व गुण सम्पन्न, स्वयं ज्योतिस्वरूप, सच्चिदानन्द, विलक्षण तथा सम्पूर्ण चराचर का नियन्ता है। दार्शनिक विचार शृंखला के अनुसार ब्रह्म विश्व का मूल तत्त्व, सृष्टि का कर्ता-धर्ता और संहारक है। निर्गुणवादी कबीर ईश्वर के सगुण रूप को भले ही न मानते हों किन्तु कण-कण में उस मूल तत्त्व की व्याप्ति को एवं उसकी कृपा के प्रसाद को कभी नहीं नकारते हैं।

मानव शरीर जिस तत्त्व से चलायमान है वह आत्मा है। गीता के अनुसार यही आत्मा-रूपी तत्त्व सनातन, शाश्वत, अजर, अमर, अनिवार्य, निर्विकार, अचिन्त्य, अव्यक्त स्वयं ज्योतिस्वरूप, स्वयं ही ब्रह्म स्वानुभूत और सर्वग्राह्य है।

जगत वस्तुतः मिथ्या, क्षणभंगुर तथा असार है एवं माया से परिपूर्ण है। माया का आवरण हट जाने पर जगत की वास्तविकता को मनुष्य जान लेता है। यह कोरा इन्द्रजाल है, इसमें जो फँस गया वह आवागमन के बन्धन में बँध जाएगा।

कबीर ने परम ब्रह्म को मूल तत्त्व की संज्ञा दी है। यही अद्वैत तत्त्व है। आत्मा सर्वव्यापी है। निराकार, निर्विकार एवं अनन्त है। कबीर के आत्मा सम्बन्धी विचार गीता पर आधारित हैं।

समाज सुधार

कबीर एक महान समाज सुधारक थे। हिन्दू समाज की जाति प्रथा, नारी वर्ग का नैतिक अवमूल्यन, पर्दा प्रथा, बाल विवाह, उनके लिए सहानुभूति का विषय बन गया था। निम्न जातियों पर उच्च वर्ग का घोर अत्याचार, शिक्षा के अभाव में जादू-टोना,

शकुन-अपशकुन, जीव-हिंसा, मांस-भक्षण, वेश्यागमन आदि अन्धविश्वास तथा कुरीतियाँ समाज की जड़ें खोखली कर रही थीं। पाखंड तथा आडम्बर इतने फैले थे कि उन पर काबू पाना किसी के वश की बात नहीं रह गई थी। कबीर ने तटस्थ होकर सामाजिक तथा आर्थिक विषमताओं को निहारा था और अपने प्रबल व्यक्तित्व से इन्हें मिटाकर एकत्व स्थापित करने का निश्चय किया।

मध्यकालीन समाज सुधारकों में कबीर पहले व्यक्ति हैं, जिन्होंने समाज के आर्थिक ढाँचे को समझने का प्रयास किया। धन ऐसा कारक है, जो समाज को छोटी-छोटी इकाइयों में विभक्त करता है, भाई-भाई में वैमनस्य और असत्य व्यवहार उत्पन्न करता है। कबीर ने समाज में धन की निस्सारता का उद्घोष किया। इसको लक्ष्य करके उन्होंने कहा कि जब निर्मोही यमराज पकड़कर ले जाएगा तो विलासी जीवन, वैभवशाली महल, करोड़ों हाथी तथा घोड़े, सभी खाली रह जाएँगे और इनमें काग बोलते नजर आएँगे :

कोटि धन साह हस्ती बँध राजा।
क्रिपन को धन कौने काजा॥

कबीर माया मोह को भई अँधारी लोई।
जे सूते ते मुस लिए, रहे बसत कूँ रोई॥

सातों सबद जु बाजते, घटि-घटि होते राग।
ते मन्दिर खाली पड़े, वैसण लागे काग॥

कबीर ने जनसमाज के लिए धन को अनिवार्य तत्त्व माना और आवश्यकता के अनुकूल अर्जित करके उसके उपभोग का सन्देश दिया। धन को आवश्यकता से अधिक संचय करने को पाप तथा लोक हितार्थ धनोपार्जन को श्रेयस्कर बताया। गरीब तथा अमीर दोनों को भाई-भाई माना। कबीर ने कहा कि यदि हम सर्वभूत को एक मानें तो सारा विवाद ही समाप्त हो सकता है।

निरधन सरधन दोनों भाई, प्रभु की कला न मेटी जाई।
कह कबीर निरधन है सोई, जाके हिरदय नाम न होई॥

कबीर ने साम्प्रदायिकता का मूल हिन्दुओं के मन्दिर और मुसलमानों के मस्जिद में देखा। उन्होंने इन दोनों को समाप्त कर ईश्वर भजन की एक विधि बताई तथा मन्दिर और मस्जिद की खुलेआम निन्दा की।

पाहन पूजे हरि मिले, तो मैं पूजूँ पहाड़।
ताते तो चाकी भली, पीस खाय संसार॥

काँकर पाथर जोरि कै, मसजिद लई बनाय।
ता चढ़ि मुल्ला बाँग दै, बहरा हुआ खुदाय॥

कबीर ने बाह्याचार का खंडन किया। इससे भेद-विभेद की खाई उत्पन्न हो जाती है, समाज में कलह, घृणा, द्वेष, ईर्ष्या का बोलबाला हो जाता है। कबीर ने सती प्रथा, पर्दा प्रथा की खुली आलोचना की और हिन्दू मुस्लिम समन्वयवाद का नारा लगाया।

मानवतावादी

कबीर मानवतावादी विचारधारा के प्रति आस्थावान थे। भारतीय मानव समाज की जो कल्पना उन्होंने की थी, वह इतनी मजबूत निकली कि आज भी वह हमारे साथ है और हम उसी कल्पना को साकार रूप देने के लिए प्रयासरत हैं। कबीर की दृष्टि में धर्म तथा सम्प्रदाय का सम्बन्ध सम्पूर्ण मानव समाज से था। मानव धर्म का मार्ग प्रशस्त करने के लिए जो कुछ कल्याणकारी मिला उसे ग्रहण किया और शेष को अस्वीकार किया। कबीर वर्ग-संघर्ष के विरोधी थे। समाज के बीच शोषक-शोषित का भेद मिटाकर साम्य स्थापित करना चाहते थे। जीवनपर्यन्त कबीर हिन्दू समाज को समझाते रहे कि जन्म से सभी मनुष्य समान हैं।

एक बूँद एकै मल-मूतर, एक चाम एक गूदा।
एक ज्योति से सब उत्पन्ना, को बाभन को सूदा ॥

जिस व्यक्ति ने अपने कर्मों को पवित्र बना लिया, षड्विकारों से जो ऊपर उठ गया, उसकी जाति के सम्बन्ध में प्रश्न उठाना तो और भी अनुचित है।

मध्ययुगीन समाज सुधारकों में कबीर का स्थान अग्रगण्य है। इतिहास में उनका व्यक्तित्व और कृतित्व अप्रतिम है। वे अपने समय के सर्वाधिक प्रखर आलोचक, कटु उपदेशक तथा स्पष्ट वक्ता थे। वे मात्र भक्त ही नहीं थे, भविष्यद्रष्टा, युगस्रष्टा, समाज-धर्मसुधारक, महात्मा एवं महान गुणों से सम्पन्न महामानव भी थे। विषम परिस्थितियों में अवतरित इस महापुरुष की समाज सुधार सम्बन्धी देन अविस्मरणीय है। समाज में व्याप्त कुरीतियों और कुप्रथाओं का उन्होंने डटकर विरोध किया था। समाज को उसकी बुराइयों से अवगत कराकर उससे छुटकारा पाने का उनका सत्परामर्श तत्कालीन समाज को स्वच्छ बनाने में सहायक सिद्ध हुआ। बाह्याचारमूलक अन्धविश्वासों, दकियानूसी एवं अमानवीय मान्यताओं और सड़ी-गली रूढ़ियों की कटु आलोचना करके उन्होंने जीवन को सात्त्विक और परिमार्जित करने का प्रयास किया। उन्होंने समाज के धार्मिक दृष्टि का परिशोधन कर सहिष्णुता की भावना को पुनर्जीवित किया। समाज, धर्म और दर्शन के क्षेत्र में की गई उनकी कृतियाँ मूल्यवान एवं अविस्मरणीय हैं।

कबीर के व्यक्तित्व का मानवतावादी स्वर सर्वत्र अनुगुंजित है। अजस्र, अखंड रूप में प्रवाहित होनेवाली उनकी काव्य पयस्वनी आज भी भावुक भक्तों, सहृदय पाठकों-श्रोताओं, चिन्तनशील विचारकों, नीर-क्षीर विवेकी समीक्षकों और सुधी आलोचकों

तथा पंडितों को आह्लादित, आकर्षित करने में सक्षम है। उनका कृतित्व उनके श्रद्धालुओं और कटु आलोचकों दोनों में समान रूप से आदरणीय है। शास्त्रीय साहित्यिकता एवं काव्य-विलास के चकाचौंध से असम्पृक्त उनकी सहज-सरल वाणी सभी धर्मों एवं सभी सम्प्रदाय के अनुयायियों के लिए समान रूप से पूजनीय है।

सन्त रविदास के चिन्तन में मानवाधिकार :

जाके कुटुम्ब ढोर ढोबत फिरत
अजहूँ बनारस के आसपासा।
आचार सहित विप्र करहिं दंडवत
विनतनय रैदास दासानुदासा॥

सन्त रैदास (रविदास) का जन्म माघ की पूर्णिमा को माना जाता है। राम का भक्त होने के कारण इन्हें रामदास भी कहा गया है। ये वाराणसी में महुवाडीह में पैदा हुए थे और चर्मकार जाति के थे। अपनी रचनाओं में इन्होंने अपने को कई बार चमार कहा है।

बचपन से ही परमात्मा में रुचि लेने के कारण ये अपने पैतृक व्यवसाय के प्रति उदासीन रहते थे। इसलिए इनके माता-पिता ने इन्हें पत्नी सहित घर से निकाल दिया। ये अलग से झोंपड़ी बनाकर रहते थे। पैतृक व्यवसाय चमड़े का काम करते थे।

अन्य सन्तों के समान ही रैदास भी ब्रह्म के निर्गुण उपासक थे। जीव के पास एक ही उपाय है कि उस ब्रह्म की भक्ति करना, क्योंकि व्यक्ति को ब्रह्म बनना है। सीमित ब्रह्म, अंश ब्रह्म को विराट ब्रह्म से एकाकार करना। नदी का जल जब सागर में मिलता है तभी उसकी सार्थकता सिद्ध होती है। संसार मैं, तू, यह, वह में विभक्त है। इन चारों का आधार मैं है। मैं ही सभी प्रकार के भेदों, अलगाव का मूल है। मैं अहंकार, अभिमान है। सभी प्रकार की साधनाओं का उद्‌देश्य मैं को मिटाना है। मैं को मिटाकर त्वम्, तू में लीन होना है। जैसे, नदी सागर में मिलती है। नदी व्यक्ति है, सागर विराट है। सारे दृश्य उसी परमात्मा के हैं। परमात्मा सब में है। इस एकता के बावजूद अलगाव है। अलगाव का कारण गाँठ (ग्रन्थि) है। सन्त रैदास इस गाँठ को अपने पेशे से भी जोड़ते हैं।

लोग गँठि-गँठि खरा बिगूचा, हउ बिनु गाँठे जाइ पहूँचा।
चमरटा गाँठ न जानई। लोग गठावै पनही॥

इस प्रकार सन्त रैदास ने ईश्वर भक्ति के मार्ग में जाति-पाँति के भेदभाव के बन्धन को अस्वीकार किया। उनके अनुसार मनुष्य किसी भी जाति का हो, अपनी भक्ति द्वारा वह परम पिता को प्राप्त कर सकता है। भक्ति द्वारा समाज में उन्होंने एक समन्वयवादी प्रयास किया, जिससे समाज में विद्यमान तमाम तरह के भेदभाव, अत्याचार, शोषण एवं परस्पर अविश्वास की समाप्ति हो। रैदास निम्न जाति के थे और

वे निम्न गिना जानेवाला कार्य करते थे। किन्तु भगवान की भक्ति और साधु संगति से वे महात्मा हो गए। अन्य भी अनेक उदाहरण हैं, भक्ति के द्वारा नीच कर्मवाले वाल्मीकि, ब्राह्मण अजामिल, गज, वेश्या, हाथी आदि का उद्धार हुआ। नामदेव, कबीर, त्रिलोचन, सधना, सेन सभी तत्कालीन वर्णव्यवस्था के अनुसार निम्न जाति के होकर भी मुक्त हो गए। सन्त और हरि की संगति से सभी का जन्म सफल हो जाता है। सन्त रैदास इसे अकथ कथा कहते हैं।

1. *रे चित चेत काहे न बाल्मीकहि देखि रे।*
   किसु जाति ते किन्ह परहिं अमर्‌यो राम भक्ति विशेष रे।
2. *अजामिल गज गणिका तारी काटी कुंजर फाँस रे।*
   ऐसे दुरमति निस्तरे, तू क्यों न तिरैं रैदास रे।
3. *नीचहु ऊँच करै मेरा गोविन्द काहू ते न डरै।*
   नामदेव कबीर तिलोचन, सधना सैनु तरे।
4. *नाना खियान पुरान बेद बिधि चउँतीस अक्षर माही।*
   बिआस बीचारि कहिओ परमारथु रामनाग सरि नाही॥

रैदास ने अपने कर्म सहित भक्ति द्वारा समाज में सामंजस्य स्थापित करने का अद्‌भुत प्रयास किया। उनके अनुसार सामंजस्य ही जीवन का सार है। भेद में अभेद का नाम सामंजस्य है। व्यक्ति को ज्योति की तरह समाज को प्रकाशित करना चाहिए तथा समाज को भी व्यक्ति का आधारस्तम्भ होना चाहिए अर्थात् व्यक्ति ज्योति है और समाज दीपक। दोनों एक-दूसरे के बिना बेकार हैं। एक अन्य उदाहरण में उन्होंने समाज और व्यक्ति को धागा एवं मोती के रूप में निरूपित किया है। जब दोनों सामंजस्य स्थापित करके एकाकार होते हैं तभी माला का अस्तित्व प्रकट होता है। इस तरह हम देखते हैं कि भक्त-हृदय रैदास ने अपने सन्देश से समाज में सुव्यवस्था लाने की उत्कट अभीप्सा की है, जिसमें मनुष्य अपने सहज अधिकार एवं कर्तव्यों का निर्वहन करता हुआ जीवन की परम ऊँचाई को प्राप्त कर सके। मानवाधिकार का इतना लालित्यपूर्ण संयोजन बिरले ही प्राप्त होता है।

गुरुनानक के चिन्तन में मानवाधिकार

क्रान्तिदर्शी, प्रचंड रूढ़िवाद विरोधी एवं अद्‌भुत युगपुरुष गुरुनानक का आर्विभाव उस समय हुआ जब देश में मुसलमानों का राज्य पूर्ण रूप से स्थापित हो चुका था। तत्कालीन समाज, शासन की धर्मान्धता, संकीर्णता, असहिष्णुता और क्रूरता के कारण विकृत हो चुका था। पंजाब पर इस्लाम का पूर्ण प्रभाव स्थापित हो चुका था। पानीपत, सरहिन्द, पाकपट्टन, मुलतान तथा कच्छ मुसलमान सूफी सन्तों तथा फकीरों से आच्छादित था। सभ्यता के ऐसे अन्धकार युग में पंजाब के गुजराँवाला जिले में रावी

नदी के किनारे तालवण्डी नामक ग्राम में गुरुनानक का जन्म कार्तिक पूर्णिमा (नवम्बर, 1469) को एक खत्री परिवार में हुआ था। इनके पिता का नाम मेहता कालूचन्द था। बाल्यावस्था में पिता ने इन्हें हिन्दी, संस्कृत तथा फारसी की शिक्षा दी, क्योंकि कालूचन्द इन्हें सरकारी नौकरी दिलाना चाहते थे परन्तु नानक अध्ययन के प्रति उदासीन थे। अतः इन्हें कृषि, पशुपालन तथा व्यापार का कार्य सुपुर्द किया गया, परन्तु ये सभी व्यवसाय उन्हें आकृष्ट न कर सके। बाल्यकाल से ही इनमें अपूर्व साधु वृत्ति थी। वे जन्मजात वैरागी भक्त एवं ज्ञानी थे।

नानक अपने परिवार, व्यवसाय तथा व्यक्तिगत आवश्यताओं के प्रति इतने अधिक उदासीन थे कि सारा समय गम्भीर विषयों के चिन्तन में ही व्यतीत करते थे। उनकी बहन की शादी सुलतानपुर में कपूरथला के पास एक जागीरदार जयराम से हुई थी। वे दौलत खाँ लोदी के दीवान थे। बहन के प्रयास के फलस्वरूप नवाब के यहाँ नौकरी मिल गई। परन्तु इस कार्य में भी उनका मन नहीं लगता था।

अठारह वर्ष की अवस्था में इनकी शादी सुलाखिन से हुई। इन्हें दो पुत्र—श्रीचन्द तथा लख्मीदास हुए थे। गृहस्थ जीवन में भी इन्हें किसी आनन्द का अनुभव नहीं हुआ। कुछ समय के बाद वे गृहस्थ जीवन का परित्याग करके घर से निकल पड़े। सांसारिक प्राणियों के कल्याणार्थ इन्होंने विविध यात्राएँ कीं। कहते हैं कि गुरु नानक देव ने चीन, वर्मा, लंका, अरब, मिस्र, तुर्किस्तान, रूस एवं अफगानिस्तान की यात्राएँ कीं। इन्होंने पानीपत के शेख शराफ, मुलतान के पीर तथा पाकपट्टन में बाबा फरीद के उत्तराधिकारी शेख इब्राहिम से गम्भीर आध्यात्मिक समस्याओं पर विचार-विमर्श किया। परन्तु कहीं भी इन्हें वह सन्तुष्टि नहीं प्राप्त हुई, जिसकी तलाश में भ्रमण करते हुए उन्होंने घोर कष्ट उठाया।

गुरुनानक का व्यक्तित्व असाधारण था। इनकी संकल्प-शक्ति में अद्वितीय बल था। इनमें विचार शक्ति और क्रियाशक्ति का अपूर्व सामंजस्य और विनोदप्रियता कूट-कूटकर भरी थी। विस्तृत भ्रमण के परिणामस्वरूप वे अद्भुत ज्ञान प्राप्त कर करतारपुर में बस गए। 1539 में गुरुनानक अपनी जीवनलीला समाप्त कर इस युग से विदा हुए।

तत्कालीन परिस्थितियाँ

जिस समय नानक ने अपना सन्देश जनता तक पहुँचाने का निश्चय किया उस समय सर्वत्र आतंक व्याप्त था। ऐसा कोई नेता न था जो राष्ट्र की समस्त बिखरी हुई शक्तियों को एक सूत्र में पिरोकर अत्याचार का सामना कर सके। सुप्रसिद्ध इतिहासकार जे.डी. कनिंघम के अनुसार, ''सोलहवीं शताब्दी के प्रारम्भ में हिन्दू और मुस्लिम जनमानस कान्तिहीन हो चुका था। अतः इसमें मूलभूत सुधार लाने की परम

आवश्यकता थी। रामानन्द और गोरख ने धार्मिक एकता का उपदेश दिया। कबीर, चैतन्य ने समाज में मूर्तिपूजा तथा बहुदेववाद की परम्परा का विरोध किया। उन लोगों ने वैराग्यवान् व्यक्तियों को संगठित कर आत्मानन्द की प्राप्ति हेतु प्रवृत्त किया किन्तु जनमानस को सामाजिक और धार्मिक बन्धनों को तोड़ने का उपदेश न दे सके ताकि ऐसे समाज का निर्माण हो सके जो रूढ़ियों एवं आडम्बरों से विहीन हो। उन्होंने अपने मतों में तर्क-वितर्क, वाद-विवाद पर तो विशेष बल दिया, पर ऐसे उपदेश नहीं दिए जो राष्ट्र-निर्माण में बीजारोपण का कार्य कर सके। यही कारण है कि उनके सम्प्रदाय विकसित नहीं हुए और यथावत् ही बने रहे।''

गुरुनानक के पूर्व जितने भी सुधार सम्बन्धी आन्दोलन हुए थे, वे प्रायः सभी साम्प्रदायिक थे और पारस्परिक वाद-विवाद में रत थे। इसका परिणाम यह हुआ कि साम्प्रदायिक अहम्मन्यता बढ़ी। रामानन्द के अनुयायी रूढ़ियों और बाह्याचारों के बन्धन से मुक्त न थे। रामानन्द द्वारा प्रचारित मत विकसित होने के बजाय संकीर्ण होता गया। इन आन्दोलनों में राष्ट्रीय उत्थान के अभाव का कारण यह था कि सभी सुधारक त्याग और वैराग्य के जीवन को अपना चरम लक्ष्य समझते थे। कबीर यद्यपि विवाहित थे, गृहस्थ जीवन व्यतीत करते थे, फिर भी वैराग्य पर जोर देते थे। सन्तों के त्याग के इस आदर्श ने लोगों में किंकर्तव्यविमूढ़ता की भावना भर दी। लोक संग्रह के निमित्त कर्म करने का आदर्श लोग भूल गए। लोग हाथ पर हाथ रखकर भाग्यवादी बन गए और काल, कर्म तथा भाग्य पर मिथ्या दोष आरोपित करने लगे। इस प्रकार अकर्मण्यता से हमारे समाज का कर्म पंगु हो गया, ज्ञान दिखावा मात्र रह गया और भक्ति आडम्बरयुक्त होकर रह गई।

क्रान्तिदर्शी गुरुनानक ने इन परिस्थितियों पर गम्भीरतपूर्वक विचार किया। उनके हृदय में वैराग्य तथा भक्ति की मन्दाकिनी सदैव प्रवाहित होती रही तथा मस्तिष्क में विवेक तथा ज्ञान का प्रचंड मार्तंड अहर्निश प्रकाशित रहता था। उन्होंने अपनी अपूर्व दूरदर्शिता से यह समझने का प्रयास किया कि वर्तमान परिस्थितियों में कौन-सा धर्म भारत के लिए विशेष रूप से पंजाब के लिए श्रेयस्कर होगा। इसी विचार से उन्होंने खूब सोच-विचारकर सिक्ख धर्म की स्थापना की। यद्यपि मध्ययुग में भारत में अनेक धर्मसुधारक हुए, पर उन्हें वह सफलता प्राप्त नहीं हुई जो गुरुनानक को मिली।

समाज सुधार

सिक्ख धर्म संस्थापक गुरुनानक एक महान समाज सुधारक थे। उन्होंने सूक्ष्म दृष्टि से राजनीतिक धर्मान्धता का सामाजिक संगठन पर प्रभाव का अध्ययन किया। मुसलमान शासकों के धर्म परिवर्तन की नीति, तीर्थयात्रा कर, धार्मिक मेलों, उत्सवों, जुलूसों पर कठोर प्रतिबन्ध, नए मन्दिरों के निर्माण तथा जीर्ण मन्दिरों के पुनरुद्धार

पर रोक, हिन्दू धर्म एवं समाज के नेताओं का दमन, मुसलमान होने पर पुरस्कार वितरण आदि की भावना के कारण हिन्दू प्रभावित हुआ।

इन अत्याचारों का प्रभाव तत्कालीन जनता पर बहुत अधिक पड़ा। हिन्दुओं का अनुदार वर्ग और भी अधिक अनुदार हो गया। वे अपनी सामाजिक स्थिति की रक्षा के प्रति और भी अधिक सचेष्ट हो गए। हिन्दुओं का एक वर्ग असहिष्णु, अनुदार और संकीर्ण हुआ। अपने को विधर्मी प्रभावों से बचाना उनका उद्देश्य हो गया। युग धर्म, लोक धर्म से अलग होकर बाह्याचारों, रूढ़ियों के कवच से अपने को आवृत कर लिया। उनकी यह पराङ्मुखता अन्य धर्मावलम्बियों तक सीमित नहीं, बल्कि अपने सहधर्मियों के साथ भी व्यापक रूप में परिलक्षित हुई। इसी कारण सामाजिक-व्यवस्था अस्त-व्यस्त हो उठी।

हिन्दुओं का धर्म वर्ण आधारित धर्म मात्र बनकर रह गया। ब्राह्मण अपनी दैवी सम्पदा को त्यागकर पाखंडपूर्ण धर्म में रत हो गए। क्षत्रिय अपने स्वाभाविक शौर्य, भाषा तथा संस्कृति को त्यागकर उदर पोषण के निमित्त अरबी-फारसी के अध्ययन में रत हो गए।

जाति प्रथा का विरोध

हिन्दू समाज में उच्च वर्ग के हिन्दुओं का अत्याचार अधिक था। समाज के अन्य वर्गों को सभी अधिकारों से वंचित कर दिया गया था। वेद तथा शास्त्र का अध्ययन उनके लिए त्याज्य बताया गया। मन्दिरों में भगवद् दर्शन की उन्हें अनुमति नहीं थी। उनके छाया के स्पर्श-मात्र से उच्चवर्ण के हिन्दुओं का शरीर अपवित्र हो जाता था।

कबीर की भाँति नानक ने इसका विरोध तथा खंडन किया। उन्होंने स्पष्ट कहा है कि मनुष्य मात्र में स्थित परमात्मा की ज्योति को समझने की चेष्टा करो। जाति-पाँति के बखेड़े में मत पड़ो।

जाणहु ज्योति न पूछहु जाति आगे जातिन है। गुरुनानक के अनुसार प्रत्येक मनुष्य में चारों वर्णों का समन्वित रूप होना चाहिए। जिस व्यक्ति ने इस समन्वित रूप को अपने में स्थापित कर लिया है वही परमात्मा का वास्तविक रहस्य जानता है। कोई जन्म से ब्राह्मण नहीं, बल्कि कर्म से ब्राह्मण होता है। मैकालिफ के अनुसार नानक ने स्पष्ट कहा था कि मेरा सम्बन्ध किसी जाति से नहीं है। यात्रा के समय वे शूद्रों के साथ रहने में सन्तोष तथा आनन्द का अनुभव करते थे। जाति प्रथा को समाप्त करने के लिए उन्होंने अपने सभी शिष्यों के लिए एक भोजनालय की व्यवस्था की थी जिसे गुरु का लंगर कहते थे। उन्होंने अपने सभी शिष्यों को एक साथ भोजन करने पर जोर दिया। उन्होंने छुआछूत के भेदभाव को मिटाकर भ्रातृत्व का स्वर उठाया।

समन्वयवाद

चिश्ती सिलसिला के सन्तों तथा कबीर की भाँति नानक का प्रमुख उद्देश्य हिन्दू-मुस्लिम सम्प्रदायों में समन्वय को स्थापित करना था। उन्होंने इसका अनुभव किया कि समाज के घाव को भरने के लिए धार्मिक मतभेद को दूर करना आवश्यक है। उनके अनुसार हिन्दू तथा इस्लाम धर्म एकेश्वर तक पहुँचाने के दो मार्ग हैं। अतः नानक ईश्वर को राम, गोविन्द, हरी, मुरारी, रब तथा रहीम के नाम से पुकारते थे। वे अपने को ईश्वर का देवदूत अथवा पैगम्बर कहते थे। उन्होंने अपना सम्पूर्ण जीवन हिन्दू-मुस्लिम समन्वय तथा एकेश्वर के सिद्धान्त के प्रतिपादन में व्यतीत किया। बिना जाति तथा साम्प्रदायिक भेदभाव के हिन्दू तथा मुसलमानों को अपना शिष्य बनाया और उन्हें एक साथ भोजन करने पर जोर दिया।

स्त्रियों के प्रति सुधारवादी दृष्टिकोण

मुस्लिम शासन काल में भारतीय नारियों के ऊपर अत्याचार अपनी चरम सीमा पर पहुँच गया था। उनका सम्मान उनके परिवार में ही समाप्त हो गया था। अमरत्व की साधना के सारे अधिकारों से वंचित कर दी गई थीं। वे आध्यात्मिक उत्तरदायित्व से हीन थीं। वेद शास्त्र के अध्ययन से वंचित होकर उन्हें गृह परिचर्या में ही सन्तोष करना पड़ता था। सन्त महात्माओं की दृष्टि में उन्हें हेय समझा जाता था। गुरुनानक ने स्पष्ट लिखा है कि लोगों की दृष्टि में स्त्रियों का स्थान गिरा हुआ था। अतः उन्होंने हिन्दू जाति में उपेक्षित नारी को गौरव के आसन पर प्रतिष्ठित करने की चेष्टा की। गुरुनानक ने अपने धर्म में स्त्रियों के खोए हुए अधिकारों को वापस दिलाया। आध्यात्मिक साधनाओं और जीवन के अन्य क्षेत्रों में उनकी समानता पर बल दिया।

महाप्रभु चैतन्य एवं समसामयिक मानवाधिकार के सम्बन्ध में विचार

समाज सुधार

चैतन्य न केवल धर्मसुधारक बल्कि एक मध्ययुगीन समाज सुधारक भी थे। वे तत्कालीन परिस्थितियों से पूर्ण अवगत थे। समाज में कुलीन वर्ग के अत्याचार के कारण पददलित वर्ग के लोग इस्लाम धर्म स्वीकार करके समानता का अधिकार प्राप्त करना चाहते थे। डी.सी. सेन ने तत्कालीन समाज का बड़ा ही मार्मिक चित्रण करते हुए कहा है, ''ब्राह्मणों की शक्ति से लोग पीड़ित थे। जाति प्रथा अपनी चरम सीमा पर थी। मनुष्य-मनुष्य के बीच जाति प्रथा की वजह से एक खाई पैदा हो गई थी। उच्च वर्ग के प्रभुत्व के कारण निम्न वर्ग शोषित हो रहा था। उनके लिए देवालय तथा शिक्षण संस्थाओं के द्वार बन्द थे। पौराणिक धर्म पर ब्राह्मणों का एकाधिकार था।

ऐसा प्रतीत होता था कि धर्म बाजार की वस्तु है। उन्होंने अन्य समाज सुधारकों की भाँति जाति प्रथा की आलोचना की। उनके शिष्यों में सभी जाति के लोग थे। संकीर्तन में सभी जाति के व्यक्ति भाग लेते थे। वे चमार तथा चांडाल से भी मिलकर आनन्द का अनुभव करते थे। कहा जाता है कि पददलित वर्ग के लोगों से गले मिलकर वो इतने द्रवित हो जाते थे कि आँखों से आँसुओं की अजस्र धारा बहने लगती थी।

समन्वयवादी

इस्लाम का प्रभाव सम्पूर्ण बंगाल पर था। किसी भी समाज सुधारक के सामने यह जटिल समस्या थी कि हिन्दू-मुस्लिम सम्प्रदायों के बीच किस प्रकार सौहार्दपूर्ण वातावरण पैदा किया जाए। इसीलिए उन्होंने हिन्दू मुसलमानों को अपना शिष्य बनाया। हिन्दू-मुस्लिम समन्वयवाद की पृष्ठभूमि बंगाल के हुसैन शाही शासकों ने पहले से प्रारम्भ की थी। उन लोगों ने रामायण तथा महाभारत का अनुवाद कराया तथा हिन्दुओं को दरबार में नियुक्त किया। एकेश्वर की आराधना पर जोर दिया। ऐसे लोगों को सत्य पीर कहा जाता था। इस प्रकार गौड़ के शासकों ने अकबर की उदारवादी नीति का पथ प्रदर्शन किया। अनेक उदाहरणों से इस बात की पुष्टि की जा सकती है कि चैतन्य के हृदय में मुसलमानों के प्रति प्रगाढ़ प्रेम था। वे इस्लाम के आदर्शों से भी प्रभावित थे।

हरिदास ने इस्लाम धर्म स्वीकार कर लिया था, परन्तु चैतन्य ने उन्हें अपना शिष्य बनाया। चैतन्य ने कहा था कि तुम्हारे स्पर्श से मेरा शरीर पवित्र हो जाता है। सनातन, जग्गी तथा माधाई जैसे धर्म परिवर्तित मुसलमानों को अपना शिष्य बनाकर उन्होंने सौहार्दपूर्ण वातावरण का सृजन किया। कर्नाटक के रूप तथा सनातन ब्राह्मणों को हुसैन शाह ने दबीर-ए-खास तथा सरकार मलिक के पदों पर नियुक्त किया था। चैतन्य ने इन्हें अपना शिष्य बना लिया था।

मानवतावाद

चैतन्य मानवतावादी थे। उन्होंने पददलित लोगों की सेवा को अपना मुख्य लक्ष्य बनाया था। पीड़ित जनसमुदाय के कष्टों को दूर करके उसका जीवन सुखमय बनाना चाहते थे। उसकी दुर्दशा देखकर और उसके कष्टों को अनुभव कर चैतन्य आँसू बहाते थे। वे नहानेवालों का कपड़ा धोते थे। पंगु को अपने कन्धों पर बिठाकर स्नान के लिए ले जाते थे। मानव सेवा के माध्यम से उन्होंने प्रेम सिद्धान्त का प्रतिपादन किया।

इस तरह स्वयं अपने जीवन में कष्ट उठाकर दूसरों का हित करने की भावना तथा प्रभु भक्ति द्वारा उन्होंने मानव कल्याण एवं जगत सेवा का एक उच्च्व मिसाल

कायम किया। ये सभी तत्त्व हमारी भारतीय संस्कृति के एक महत्त्वपूर्ण स्थल हैं, जिसके माध्यम से यह जानकारी मिलती है कि मानव के अधिकारों एवं उनके कल्याण हेतु अपना सर्वस्व अर्पित कर देना भारतीय संस्कृति का एक नायाब गुण-धर्म रहा है, जो विश्व की अन्य संस्कृतियों में दुर्लभ है।

समाज सुधारक श्रीमद्वल्लभाचार्य के मानवाधिकार सम्बन्धी विचार

भारतीय सभ्यता के अन्धकार युग में हिन्दू संस्कृति के दीपक श्रीमद्वल्लभाचार्य का जन्म 1479 में चम्पारण्य में हुआ था। इनके पिता का नाम लक्ष्मण भट्ट तथा माता का नाम यल्लमगरु था। ये लोग वाराणसी में रहते थे। मुस्लिम प्रशासन के आतंक से भयभीत होकर लक्ष्मण भट्ट अपनी गर्भवती पत्नी के साथ दक्षिण की ओर चले गए। चम्पारण्य पहुँचने पर समय से दो मास पूर्व लक्ष्मण भट्ट की पत्नी ने एक पुत्र को जन्म दिया। नवजात शिशु के बचने की आशा न देखकर दम्पती ने उसे उसी स्थान पर छोड़ दिया। रात्रि के स्वप्न में ईश्वर ने आदेश दिया कि बालक जीवित है, घर ले आओ। दूसरे दिन इनकी माँ उस स्थान पर गईं और शिशु को जीवित देखकर घर ले आईं। बच्चे के प्रति प्रगाढ़ प्रेम के कारण माता-पिता ने इनका नाम वल्लभ रखा। कुछ समय के बाद लक्ष्मण भट्ट सपरिवार वाराणसी लौट आए।

भारतवर्ष का विस्तृत भ्रमण के पश्चात् इन्होंने वाराणसी में अपना शेष जीवन व्यतीत करने का निश्चय किया। यहाँ पर वल्लभाचार्य ने पूर्व मीमांसा तथा उत्तर मीमांसा की व्याख्या लिखी। वाराणसी के पंडितों के उग्र विरोध के कारण उन्होंने प्रयाग में गंगा-यमुना के संगम के समीप अरैल नामक स्थान पर रहने का निश्चय किया। यहाँ उन्होंने पूर्व मीमांसा सूत्र की व्याख्या लिखना आरम्भ किया, परन्तु उसे पूर्ण न कर सके। तीन भाग में तत्त्व दीप निबन्ध की रचना उनकी अमर कृति है। ब्रह्मसूत्र की व्याख्या उन्होंने अनुभाष्य में की। भागवतर्थ प्रकाश तथा सुबोधिनी व्याख्या की भी उन्होंने रचना की। इस समय आचार्य श्री वल्लभाचार्य की अवस्था 52 वर्ष की हो चुकी थी। अपने जीवन का अन्तिम समय जानकर उन्होंने अपने परिवार तथा शिष्यों से विदा माँगी। वाराणसी में हनुमान घाट पर गंगा में स्नान करते हुए दिव्य ज्योति में विलीन होकर भौतिक जगत का सदैव के लिए त्याग कर दिया।

आध्यात्मिक दृष्टिकोण

मोक्ष के तीन साधन हैं—कर्म, ज्ञान तथा भक्ति। प्रथम दो साधन सभी के लिए दुरूह हैं। अतः वल्लभाचार्य ने भक्ति साधना पर विशेष जोर दिया। भक्ति ही मोक्ष का साधन तथा उद्देश्य है। उन्होंने भक्ति वर्धिनी नामक पुस्तक में इस विषय पर विशेष

प्रकाश डाला है। उनके सुपुत्र विट्ठलेशजी ने अपनी रचना 'भक्ति हंस' में इस विषय पर चर्चा की है। योगी गोपेश्वर ने भक्ति मार्तंड में वल्लभाचार्य के विचारों की पुष्टि की है।

वल्लभाचार्य के भक्ति मार्ग को पुष्टि मार्ग कहते हैं। पुष्टि मार्ग का लक्ष्य ईश्वरीय अनुभूति को प्राप्त करना है। भक्ति का लक्ष्य, जीव को प्रकृति से स्वतन्त्रता है। भक्ति मनुष्य के प्रयासों पर निर्भर है, जबकि पुष्टिमार्ग स्वयं ईश्वर पर निर्भर है।

वल्लभाचार्य की दृष्टि में मोक्ष के लिए गुरु का अनुग्रह आवश्यक है। बिना गुरु की कृपा से मनुष्य सांसारिक बन्धन से मुक्ति नहीं प्राप्त कर सकता है। उन्होंने प्रपत्ति मार्ग का अनुमोदन किया। गुरु के समक्ष समर्पण तथा गुरु के द्वारा बताए गए मार्ग पर चलने से ही मोक्ष प्राप्त हो सकता है।

समाज सुधारक के रूप में वल्लभाचार्य

डॉ. एस. राधाकृष्णन के अनुसार आधुनिक परिस्थितियों के अनुकूल हिन्दू धर्म के आधार पर समाज सुधार होना चाहिए। सामाजिक सुधार के क्षेत्र में वल्लभाचार्य की उपलब्धियों की समीक्षा इन्हीं शब्दों पर आधारित है। तत्कालीन सामाजिक आवश्यकताओं का अध्ययन करके हिन्दू धर्म के आधार पर उन्होंने समाज सुधार करने का निश्चय किया। वल्लभाचार्य पहले सुधारक हैं जिन्होंने सम्पूर्ण भारतवर्ष की विस्तृत यात्रा की तथा समाज के सभी वर्गों से मिलकर अनुभव प्राप्त किया था। इस्लाम के प्रभाव के कारण सनातन धर्म का अस्तित्व खतरे में था। ऐसी परिस्थिति में प्राचीन वैदिककालीन सामाजिक-व्यवस्था को पुनर्जीवित करना असम्भव प्रतीत होता था। वल्लभाचार्य रूढ़िवादी थे, परन्तु धर्म की आधारशिला पर तत्कालीन आवश्यकताओं के अनुसार समाज में भी परिवर्तन करना चाहते थे। प्रो. जे.सी. शाह के अनुसार वल्लभाचार्य आध्यात्मिक समाज सुधारक थे। उनका सामाजिक दर्शन सार्वभौम धर्म पर आधारित था।

जाति प्रथा का खंडन

मध्ययुगीन अन्य समाज सुधारकों की भाँति वल्लभाचार्य ने जाति प्रथा का विरोध किया। ऋग्वेद के पुरुषसूक्त के अनुसार ब्राह्मण, क्षत्रिय, वैश्य तथा शूद्र वर्णों की व्यवस्था की गई। इसका आधार कर्म था, जन्म नहीं। गीता में भगवान कृष्ण ने कहा है–चातुर्वर्ण्य मया सृष्टं गुणकर्मविभागशः। वल्लभाचार्य के अनुसार चातुर्वर्ण्य का तात्पर्य एक वचन है न कि बहुवचन। मनुष्य की जाति का आधार गुण तथा कर्म है न कि जन्म। उनकी दृष्टि में मध्ययुगीन जाति-व्यवस्था को स्वीकार करने का तात्पर्य वैदिककालीन-व्यवस्था का विरोध करना है। समाज के हितों को ध्यान में रखकर

वर्ण-व्यवस्था की गई थी परन्तु तत्कालीन सामाजिक-व्यवस्था वर्तमान समाज के लिए अहितकर थी।

वैदिक काल से ही शूद्रों की स्थिति दयनीय रही है। उन्हें देवालय में दर्शन करने तथा वेद का अध्ययन करने की अनुमति नहीं थी। वल्लभाचार्य की दृष्टि में शूद्र निम्न नहीं है, अन्य वर्गों की सेवा करके वे ईश्वर की सेवा करते हैं। वे शूद्रों को इसी आधार पर उच्च जाति का मानते थे। उन्हें भक्त के रूप में ईश्वर की आराधना करने का अधिकार अन्य लोगों के समान है। इस अधिकार को प्राप्त कर उन्हें सामाजिक-व्यवस्था का विरोध नहीं करना चाहिए। वल्लभाचार्य समाज में यथास्थिति के प्रबल समर्थक थे। मानवाधिकार के दृष्टिकोण से वल्लभाचार्य का समाज के प्रति योगदान उल्लेखनीय है।

समन्वयवादी

राजनीति से अलग रहकर वल्लभाचार्य धर्म तथा संस्कृत के माध्यम से हिन्दू-मुसलमानों के बीच सामंजस्य चाहते थे। उनका द्वार शूद्रों, अछूतों तथा मुसलमानों के लिए सदैव खुला रहता था। उनके पुत्र विट्ठलेश तो इस दृष्टि से अपने पिता से भी आगे थे। उनके उदारवादी विचारों से प्रभावित होकर अकबर ने उन्हें गोस्वामी की उपाधि से विभूषित किया। जहाँगीर भी इस विचारधारा से इतना प्रभावित था कि उसने वल्लभाचार्य के अनुयायियों के प्रति सहानुभूतिपूर्ण नीति अपनाई।

समाज में महिलाओं के अधिकार सम्बन्धी दृष्टिकोण

वल्लभाचार्य का स्त्रियों के प्रति दृष्टिकोण वैदिककालीन सामाजिक-व्यवस्था पर आधारित था। धार्मिक जीवन में इनका स्थान पुरुषों के बराबर था। आराधना तथा यज्ञ में वे अपने पति के साथ भाग ले सकती थीं। उन्हें वेद अध्ययन तथा उपनयन धारण करने की अनुमति थी। स्त्रियों के दो वर्ग थे। अविवाहित स्त्रियों को ब्रह्मवादिनी कहते थे, जिन्हें ब्रह्म विद्याध्ययन का अधिकार था और दूसरा वर्ग सद्योवादिनी विवाहित स्त्रियों का था। मुस्लिम प्रशासन में स्त्रियों की दशा अधिक गिर गई थी। धर्म के क्षेत्र में वल्लभाचार्य ने उनकी गिरी हुई दशा में सुधार करने का प्रयास किया। वल्लभाचार्य की दृष्टि में स्त्री-पुरुष में कोई भेद नहीं है, क्योंकि उनकी आत्मा समान है। गुणवती स्त्रियों के रहने से पुरुषों में भक्ति भावना का विकास सम्भव है। उन वेश्याओं के प्रति भी उनकी सहानुभूति थी, जो भक्ति भावना को अपनाना चाहती थीं। प्रेम विवाह में जाति प्रथा बाधक नहीं था। वल्लभाचार्य तथा उनके सुपुत्र विट्ठलेश ने अन्तर्जातीय विवाह को प्रोत्साहन दिया। शूद्र कन्याओं का राजपूतों से उन्होंने विवाह कराया।

समाज सेवा वल्लभाचार्य का लक्ष्य था। समाज के प्रति प्रेम का तात्पर्य ईश्वर के प्रति प्रेम करना है। समाज सेवा भक्ति भावना की चरम सीमा है। मात्र सामाजिक विज्ञान तथा सामाजिक सिद्धान्त के ज्ञान द्वारा समाज सुधार असम्भव है। धर्म के परिवेश में समाज सेवा द्वारा सुधार करना उनकी दृष्टि में उपयोगी होगा। समाज सेवा को उन्होंने ईश्वर की सेवा के रूप में स्वीकार किया। मानवता के प्रति प्रेम बिना ईश्वर में विश्वास व्यर्थ है। उन्होंने कहा था कि सभी मनुष्यों के प्रति दयालु और प्रेमी बनो, क्योंकि वे ईश्वर की सन्तान हैं।

तुलसीदास की सामाजिक समरसता में मानवाधिकार के तत्त्व

कवि, परिस्थिति-विशेष में उत्पन्न होता, बढ़ता, संस्कार ग्रहण करता, प्रेरणा प्राप्त करता, बनता और उस परिस्थिति को अपनी रचनाओं में प्रतिबिम्बित करता है, यह ठीक है। परन्तु साथ ही यह भी ठीक है कि वह अपनी समसामयिक परिस्थितियों के प्रतिक्रियास्वरूप बहुत कुछ उन्हें परिष्कृत करने और बनाने का भी कार्य करता है। वह कवि नहीं जो अपनी स्थिति से जन्म और जीवन ग्रहण करके अपने भावों और विचारों के द्वारा वायुमंडल को सुरभित, विकसित और प्रफुल्लित न कर दे। यदि वह युग का प्रतिनिधित्व करता है, तो वह युग का निर्माण भी करता है। यह उक्ति महाकवि तुलसीदास के साथ भी चरितार्थ होती है।

गोस्वामी तुलसीदासजी का प्रादुर्भाव काल पन्द्रहवीं शताब्दी ईसवी का अन्त अथवा सोलहवीं शताब्दी ईसवी का प्रारम्भ था। भारतीय इतिहास के अनुसार उस समय पठानों (लोदी वंश) का शासनकाल समाप्त हो रहा था और मुगलों का भारतीय शासन क्षेत्र में पदार्पण। तुलसीदास ने पठानों और मुगलों के शासनकाल के महत्त्वपूर्ण अंश को अपनी आँखों से देखा अथवा श्रुत अनुभव प्राप्त किया। बड़े-बड़े राजकीय परिवर्तन उनके समय में हुए। शासन को प्राप्त करने के लिए परस्पर लड़ाई-झगड़े उस युग की विशेषता थी। क्या राजा, क्या प्रजा, सभी का जीवन स्थिरता और सुरक्षा से हीन था।

गोस्वामी तुलसीदास ने अपने ग्रन्थों में भारतीय संस्कृति का एक प्रामाणिक एवं सर्वग्राह्य स्वरूप अंकित किया। प्राचीन भारत के श्रेष्ठ कवि कालिदास और अर्वाचीन भारत के श्रेष्ठ कवि रवीन्द्रनाथ ठाकुर माने जाते हैं। गोस्वामी तुलसीदास ने काव्य-सम्बन्धी उत्कृष्टता के साथ-साथ जो जीवनदर्शन विद्यमान किया है, जो सन्देश उनकी कृतियों में ध्वनित हो रहा है, वह हमें एक विशेष सांत्वना तो प्रदान करता है, समाज और राष्ट्र के निर्माण में सहायक भी है। तुलसीदास ने उनको भी प्रेरणा दी, साथ-ही-साथ कवि, दार्शनिक सभी को वे महान सन्देश देते हैं। इसलिए अगर हम कहें कि वे सर्वश्रेष्ठ भारतीय रचनाकार हैं, तो यह अत्युक्ति नहीं है।

गोस्वामीजी ने पारिवारिक एवं सामाजिक समस्याओं का हल त्याग और प्रेम के द्वारा किया है। जिनसे हमारा निकट का सम्बन्ध है उनकी त्रुटियों या भावों पर रोष प्रकट करने से हानि ही होती है। उनकी निम्न भावनाओं को प्रेम और त्याग की उच्च एवं उदात्त भावनाओं से परिष्कृत करना चाहिए। गांधीजी को भी गोस्वामीजी का यह सन्देश अच्छा लगा और उन्होंने जो सत्य और अहिंसा के सिद्धान्तों का प्रचार किया, यह इसी के परिणामस्वरूप था।

भक्त होते हुए भी गोस्वामी तुलसीदास अत्यन्त प्रगतिशील थे। मर्यादा के पालन करने का आदर्श रखते हुए भी वे रूढ़ि-विरोधी थे। भक्त और संन्यासी होते हुए भी उन्होंने लोकजीवन का महत्त्व प्रतिष्ठित किया। वे बहुत बड़े समन्वयवादी थे। उन्होंने निराशामय परिस्थितियों में आशा और उत्साह का संचार किया। राम में ईश्वरत्व की प्रतिष्ठा करके उन्होंने न केवल निराकार को साकार बनाया, वरन् ईश्वर की सामाजिक व्याख्या प्रस्तुत की। तुलसी के राम राजा नहीं, दीनबन्धु हैं। यह दीन-बन्धुता, किसी भी व्यक्ति के आदर्श को आधुनिकतम सामाजिक आदर्श की भूमि पर खड़ा करती है। वे सच्चे साम्य की स्थापना चाहते थे। वर्ण-व्यवस्था वास्तव में कर्म और योग्यता की व्यावहारिक सीमा की यथार्थवादी व्याख्या है। उसके भीतर ऊँच-नीच की भावना का पोषण नहीं। ऊँच-नीच की भावना और जन्मना वर्ण-निश्चय के कारण ही उस व्यवस्था का दुष्परिणाम हुआ।

गोस्वामीजी की सबसे महत्त्वपूर्ण विशेषता उदात्त प्रेरणा है। वे उदात्त भावनाओं के संस्कार बना देते हैं। वे हमारे भीतर एक ऐसा मानवदंड एक ऐसी तुला देते हैं, जिस पर हम किसी के भी आचरण को तौल सकते हैं। अतः हमें आगे बढ़ने के लिए एक लक्ष्य भी वे प्रदान करते हैं।

सामाजिक समरसता

सहवासी काचो गिलहि, पुरजनपाक प्रवीन।
कालक्षेप केहि बिधि करहि तुलसी खग मृग मीन॥
हरे चरिहिं तायहिं बरे फरे पसारहिं हाथ।
तुलसी स्वारथ मीत सब परमारथ रघुनाथ॥

इन पंक्तियों में उन्होंने मनुष्य के प्रति सहअस्तित्व की बात ही नहीं वरन् मनुष्य के साथ अन्य निरीह प्राणियों के भी सहअस्तित्व की बात कही है। उनका विचार है कि अपने स्वार्थ और सुख भोग के लिए दूसरे के स्वार्थ और सुख को नष्ट करना मनुष्यता का काम नहीं है। सभी को समान समझकर ईश्वर की सृष्टि जानकर उसके जीवन और विकास में सहायता करना मनुष्य का कार्य है, नष्ट करना नहीं।

सामाजिक और राष्ट्रीय समानता का वर्णन तुलसीदास ने अपने रामराज्य के वर्णन में किया है, जिसमें वे कहते हैं कि :

बयरु न कर काहू सन कोई। राम प्रताप बिषमता खोई॥

रामराज्य में विषमता नहीं है भेदभावहीनता के कारण कोई किसी से बैर नहीं करता। इसके अतिरिक्त तुलसीदास यह भी कहते हैं कि सभी लोग अपनी योग्यता के अनुसार कार्य करते हैं। कोई दरिद्र और दुखी नहीं है और न कोई मूर्ख और अयोग्य ही।

बाजार रुचिर न बनइ बरनत बस्तु बिनु गथ पाइए।

इसी समाजवादी दृष्टिकोण का परिणाम व्यापक समता है। उस समता का यहाँ तक रूप देखने को मिलता है कि स्वयं सीता अपने घर का काम अपने हाथों करती हैं। राजतन्त्र के अन्तर्गत इस प्रकार की जनतान्त्रिक-व्यवस्था का समावेश तुलसी के रामराज्य की विशेषता है।

परन्तु तुलसी की सामाजिक समता केवल राजनीतिक समता मात्र नहीं है। वरन् वह आध्यात्मिक समता पर आधारित है, क्योंकि राजनीतिक और आर्थिक समता ऊपर से आरोपित समताएँ हैं, जिनसे सभी लोगों के मन में समानता का भाव होगा ही, ऐसा नहीं कहा जा सकता है।

घट-घट में वह साई रमता, कटुक वचन मत बोल रे।

यदि हम प्रत्येक व्यक्ति के अन्तर्गत ईश्वर का निवास देख सकें तो वास्तविक समानता का भाव जागृत होगा। इसीलिए उन्होंने उस परब्रह्म को सभी में व्याप्त माना है और दीन-दुखियों के कष्टों को दूर करने के लिए वे उसके अवतार पर भी विश्वास करते हैं। इन दोनों बातों से समाज में आस्था और विश्वास उत्पन्न होता है और पारस्परिक प्रेम जागृत होता है।

सब नर करहिं परस्पर प्रीती। चलहिं स्वधर्म निरत श्रुति नीती॥

इसके द्वारा गहरी मानवतावादी दृष्टि विकसित हो सकी है और लोक-जीवन में प्रेम और सहयोग का विकास हो सकता है।

पक्वं पक्वमिवारामात्, फलं राज्यादवाप्नुयात्।
आम्रच्छेदभयादाम्रं, वर्जयेत् कोपकारकम्॥

अर्थात् राजा प्रजा से इस तरह कर संग्रह करे जैसे बगीचे से पके-पके फल लिए जाते हैं। प्रजा जिस कर को देने में असमर्थ हो, उसे कच्चे फल की तरह ग्रहण न करें, क्योंकि असक्त प्रजा से कर संग्रह कर उसमें असन्तोष अथवा विद्रोह करने का कारण बनता है। उन्होंने सूर्य का उदाहरण लिया है। सूर्य जिस प्रकार पृथ्वी से अनजाने ही जल खींच लेता है और किसी को पता नहीं चलता, परन्तु उसी जल को बादल रूप में एकत्र कर वर्षा में बरसते देखकर सभी लोग प्रसन्न होते हैं। इस रीति से ही कर संग्रह कर उसके द्वारा जनता के हित के कार्य राजा को करना चाहिए। उन्होंने लिखा है–

बरसत हरषत लोग सब करषत लखै न कोई।
तुलसी प्रजा सुभाग तें भूप भानु सो होई॥

इसी प्रकार गोस्वामीजी राजा के आदर्श रूप के लिए माली, सूर्य और किसान को मानते हैं, जो बड़े परिश्रम से फूल-पौधे उगाते, उनका पोषण करते तथा अन्न उपजाते हैं। राजा को भी उसी प्रकार का पोषण करना चाहिए। तुलसीदास ने लिखा है–

माली, भानु, कृसान सम, नीति निपुन नरपाल।
प्रजा भाग बस होहिंगे, कबहुँ-कबहुँ कलि काल ॥

इसी प्रकार उन्होंने राजा या शासनाधिकारों को मुख के समान माना है जो खाद्य सामग्री को ग्रहण करके सारे अंगों को रक्त प्रदान करता है और पालता-पोसता है। तुलसीदासजी ने कहा है–

मुखिया मुख सों चाहिए खान-पान कौ एक।
पाले पोसे सकल अंग तुलसी सहित विवेक ॥

तुलसीदास ने राजा के कर्तव्य का वर्णन करते हुए लिखा है कि राजा को राजा नहीं प्रजा का परिपालक होना चाहिए। वह प्रजा का सेवक होता था। प्रजा के कष्टों का निवारण करता था। वह जनता के कष्टों को सुनकर उसको दूर करने का प्रयास किया करता था। गोस्वामी तुलसीदास ने लिखा है कि–

जासु राज प्रिय प्रजा दुखारी।
सो नृप अवसि नरक अधिकारी ॥

अर्थात् जिस राजा के राज में प्रजा दुखी हो वह राजा अवश्य ही नरक का अधिकारी होता है। अर्थात् राजा का यह कर्तव्य होता है कि वह अपने राज्य की जनता के कष्टों को सुनकर उसका उचित समाधान करे। इससे राजा के लिए अपने कर्तव्य पालन करते हुए प्रजाओं का मानवाधिकार की रक्षा करने के लिए निर्देश स्पष्ट है।

संक्षेप में तुलसीदास तत्कालीन कुनीतिपूर्ण शासन की तुलना रावण-राज्य से करते थे। उसके प्रतिपक्ष में वे रामराज्य चाहते थे। इस रामराज्य में प्रजा प्राणों से बढ़कर प्रिय होती थी, यह बताने की आवश्यकता नहीं। अन्त में यही कहा जा सकता है कि वे अपने समय तक विकसित भावना के अनुसार एकतन्त्र शासन-प्रणाली को ही मानते-जानते थे, पर चाहते थे प्रजातन्त्र शासन-प्रणाली। राजा की निरंकुशता का समर्थन तो कोई भी नहीं कर सकता। तुलसीदास तो ऐसे राजा को भी तिरस्कार की दृष्टि से देखते हैं, जो प्रजा को प्राणप्रिय नहीं समझता।

1. *सोचिय नृपति नीति नहिं जाना। जेहि न प्रजा प्रिय प्रान समाना ॥*
2. *राज करत बिन काज ही करैं कुचालि कुसाज।*
   तुलसी ते दसकन्ध ज्यों जइहैं सहित समाज ॥
3. *जासु राज प्रिय प्रजा दुखारी। सो नृप अवसि नरक अधिकारी ॥*

उस समय के नैतिक सम्बन्धों की विषमता तुलसी के काव्य में मुखर हो उठी है, परन्तु उस समय की सामान्य नारी के हृदय में पवित्र नदियों एवं देवी-देवताओं पर श्रद्धा, शकुन तथा स्वप्नों पर विश्वास था।

इस प्रकार विवेचन कर हम देखते हैं कि गोस्वामी तुलसीदास ने अधिकतर नारी की निन्दा विराग और तप की भावना द्वारा प्रेरित होकर की है, अथवा तब जब नारी ने कोई मर्यादा-विरोधी कार्य किया है। अपने समय और वातावरण के संस्कारों का प्रभाव उन पर पड़ना अनिवार्य था।

बिधिहु न नारि हृदय गति जानी। सकल कपट अघ अवगुन खानी।
महाबृष्टि चलि फूटि किआरीं। जिमि सुतंत्र भएँ बिगरहिं नारीं॥

गुणशीला एवं कर्तव्यपरायण पुत्री भी पितृ-कुल एवं श्वसुर-कुल दोनों का उद्धार कर सकती है। वास्तव में तुलसीदास को नारी अथवा पुरुष दोनों का ही आदर्श, स्वधर्म-निरतरूप ही प्रिय है। अतः कर्तव्यपरायण नारी की उन्होंने प्रशंसा की है। तुलसीदास में विरागी साधक, समाज-संस्कर्ता, नीतिकार और कवि इन चारों का योग है। निन्दित नारी से उनका तात्पर्य उस युग की विलासरत, कर्तव्यहीन, कुमार्ग-गामिनी नारी से है। अतः नारी और प्रमदा को एक ही समझकर, लोक और समाज के बाधक उस रूप को उन्होंने गर्हित एवं त्याज्य बताया।

राम भगति रत नर अरु नारी। सकल परम गति के अधिकारी॥

इस प्रकार हम देखते हैं कि तुलसीदास ने मनुष्य के जीवन का शायद ही कोई कोना ऐसा हो, जिसे न छुआ हो। जीवन के प्रत्येक क्षेत्र में जाकर उन्होंने एक आदर्श स्थिति की स्थापना करने का सुप्रयास किया। आज जो मानवाधिकार का विचार विश्वपटल पर परिलक्षित हो रहा है, उसका एक आदर्श स्वरूप उन्होंने अपने रामराज्य की परिकल्पना में स्थापित किया है।

अकबर के दीन-ए-इलाही में मानवाधिकार की अवधारणा

सभी धर्मों के सार संग्रह के रूप में अकबर ने 1528 में दीन-ए-इलाही नामक धर्म का प्रवर्तन किया। इस धर्म का प्रधान पुरोहित अबुल फजल था। अकबर ने सभी धर्मों के प्रति अपनी सहिष्णुता की भावना के कारण अपने शासनकाल में आगरा और लाहौर में ईसाइयों को गिरजाघर बनवाने की अनुमति प्रदान की। अकबर ने जैन धर्म के जैनाचार्य हरिविजय सूरि को 'जगत् गुरु' की उपाधि प्रदान की। 'खरतर-गच्छ' सम्प्रदाय के जैनाचार्य 'जिनचन्द्र सूरि' को अकबर ने करीब 200 बीघा भूमि जीवन-निर्वाह हेतु प्रदान किया। सम्राट, अकबर पारसी त्यौहार एवं संवत् में विश्वास करता था। उस पर सर्वाधिक हिन्दू धर्म का प्रभाव पड़ा।

दीन-ए-इलाही सभी धर्मो के प्रति सम्भाव रखनेवाला धर्म था, जिसमें हिन्दू, ईसाई, जैन, जरथुष्ट्रवादी, बौद्ध, फारसी, सूफी आदि सभी धर्म समाहित थे। इस धर्म के

अन्तर्गत मांस खाने पर प्रतिबन्ध था तथा वृद्ध महिला एवं कम उम्र की लड़कियों से विवाह पर रोक थी। अकबर ने फतेहपुर सीकरी में इबादत खाना का निर्माण करवाया, जहाँ बैठकर वह अन्य धर्मों पर वाद-विवाद एवं परिचर्चा किया करता था। अकबर धर्मों की समस्याओं में बहुत रुचि रखता था। उसने महसूस किया कि जब सभी धर्म एक ही ईश्वर तक पहुँचने का मार्ग बताते हैं तो फिर धर्मों के बीच इतना विवाद क्यूँ है? सभी धर्मों के सार संग्रह कर एक नया धर्म दीन-ए-इलाही का सूत्रपात किया।

दीन-ए-इलाही ने शान्तिपूर्ण सहअस्तित्व व सहिष्णुता की भावना को प्रश्रय दिया। उसने निर्दयतापूर्ण दंड देने की प्रक्रिया व अपराधियों को कठोरतम दंड देने का निषेध किया। अकबर का मानना था कि अपराधियों को अपने अपराध का एहसास और प्रायश्चित करना ज्यादा महत्त्वपूर्ण है, मृत्यु दंड या कठोर दंड देने से उसके व्यक्तित्व में परिवर्तन नहीं लाया जा सकता। उसने महिलाओं पर होनेवाले अत्याचार व सती प्रथा पर रोक लगाई।

इस प्रकार हम देखते हैं कि दीन-ए-इलाही में मानवाधिकार से जुड़े वैसे तमाम मुद्दे समाहित थे, जो मनुष्य के समाज में सहज विकास के लिए आवश्यक माने जाते हैं। एक मुस्लिम शासक होने के बावजूद सम्राट अकबर द्वारा सूत्रपात किया गया, दीन-ए-इलाही धर्म मानवाधिकार के संरक्षण की दिशा में एक महत्त्वपूर्ण कदम था।

इस प्रकार मध्ययुगीन भारत में मानव हित के सम्पोषकों की एक लम्बी शृंखला दृष्टिगोचर होती है। हिन्दू, मुसलमान, सिक्ख, विद्वानों, सन्तों, फकीरों और चिन्तकों ने मानव के मूल अधिकारों का व्यापक समर्थन किया था जो आज के समय में भी अत्यन्त प्रासंगिक एवं उपयोगी सिद्ध हो रहा है।

सन्दर्भ ग्रन्थ

1. सन्दर्भ 1, दोहाकोश, राहुल सांकृत्यायन, पृ. 2-4
2. सन्दर्भ 1-1, रमैनी–30-60–बीजक–कबीर वाणी प्रकाशन, पृ. 115
3. सन्दर्भ 2-2, बीजक : साखी, पृ. 152
4. सन्दर्भ 1, दोहाकोश, राहुल सांकृत्यायन, पृ. 19-20
5. सन्दर्भ 2, गोरख बानी, पृ. 118-120
6. सन्दर्भ 3, परशुराम चतुर्वेदी, उत्तरी भारत की सन्त परम्परा, पृ. 60
7. सन्दर्भ 1, गोरख बानी, पृ. 256
8. सन्दर्भ 2, वही

चतुर्थ अध्याय

भारत में पुनर्जागरण के समय एवं तदोपरान्त मानवाधिकारों की परिचर्चा

आधुनिक भारत में मानवाधिकार

आधुनिक काल में भारतवर्ष में समाज को दृढ़ आधार प्रदान करने हेतु सुव्यवस्थित और सुप्रभावी रूप से मानवाधिकार को यथार्थ रूप में नागरिकों को उपलब्ध कराने हेतु सार्थक प्रयास किए गए। हालाँकि मानवाधिकार हमारे भारतीय जनमानस का आरम्भ काल से ही एक अटूट अंग रहा है किन्तु इसका रूप शुरुआत में समाज में कर्तव्य रूप में विद्यमान था। भारतीय दर्शन एवं भारतीय सोच में मानवाधिकार सम्बन्धी तत्त्व यथा–प्रेम, दया, करुणा, सहिष्णुता, अहिंसा, भ्रातृत्व आदि शुरुआत से ही विद्यमान रहा है फिर भी इसे एक कानूनी मान्यता प्रदान किए जाने की आवश्यकता थी ताकि समाज के सभी व्यक्तियों के मूलभूत अधिकार राज्य द्वारा संरक्षित एवं परिपालित हो सके। इस दृष्टि हेतु अनेक भारतीय मनीषियों ने अपने-अपने विचार एवं सिद्धान्तों का प्रतिपादन किया, जिसके फलस्वरूप आज भारत का संविधान मानवीय अधिकारों के संरक्षण की दिशा में विश्व के समक्ष एक अग्रणी राष्ट्र की भूमिका का निर्वहन कर रहा है।

राम, कृष्ण, महात्मा बुद्ध, महावीर स्वामी, कबीर, सूर, तुलसी से लेकर राष्ट्रपिता महात्मा गांधी और बाबा साहब भीमराव अम्बेडकर तक भारत के हर क्षेत्र, हर काल में एक से बढ़कर एक मानवता के रक्षक और मानवाधिकारों के संरक्षक पैदा होते रहें। महात्मा गांधी कहा करते थे कि "तुम दूसरों से सदा वही व्यवहार करो जिसकी अपेक्षा अपने लिए तुम अन्य से करते हो" उनका कहना था कि हमारी तपस्या, हमारा व्रत तब तक अधूरा है जब तक समाज का सबसे कमजोर व्यक्ति हमारे साथ चलने योग्य न हो जाए, इसके लक्ष्य की प्राप्ति हेतु उन्होंने अनेक साधना, अनेक प्रयोग किए। कभी मौन रहकर तो कभी व्रत रखकर। वे हमेशा कहते थे कि मैं हिन्दू, मुस्लिम, सिक्ख, ईसाई बाद में हूँ, पहले मानव हूँ।

ईसाई धर्म में मानवाधिकारों का स्वरूप

यद्यपि प्रभु ईशा मसीह का आविर्भाव लगभग 2000 वर्ष पहले जेरूशलम में हुआ था एवं उनके तथा उनके शिष्यों के द्वारा विश्व में मानवतावाद एवं भाईचारे का सन्देश प्रचारित-प्रसारित किया गया था किन्तु भारतीय संस्कृति में ईसाई धर्म में निहित मानवाधिकार की अवधारणाएँ भारत में ईस्ट इंडिया कम्पनी एवं अन्य विदेशियों के व्यापार हेतु आगमन के बाद ही आत्मसात हुआ है—यह कहना विशेष गलत नहीं होगा। 17वीं सदी के समय ही पाश्चात्य संस्कृति एवं चिन्तन का प्रभाव भारत में विशेष रूप से परिदृष्ट हुआ है।

मध्य युग में यह माना गया है कि प्राकृतिक कानून मानवीय कानून से श्रेष्ठ है। यह चर्च के पादरियों जिन्होंने प्रभु के कानून में विश्वास व्यक्त किया द्वारा किए गए कार्यों से स्पष्ट है। सेंट आगस्टाइन, एम्ब्रोज और ग्रिगोरी ने यह सिद्ध किया है कि दैविक कानून अन्य कानून से श्रेष्ठ है क्योंकि दैविक कानून ही दैविक विवेक को निर्धारित करते हैं। कैथोलिक चर्च में कानूनी दर्शन एवं नैतिकता तथा अन्य क्षेत्रों में स्तम्भ माने जानेवाले विचारक सेंट थामस एक्यूनास थे, उनका मानना था कि समाज के नियमों को कानून माना जा सकता है। उनका मानना था कि कानून उस दैविक कानून पर आधारित होने चाहिए जिसका आधार 'टेन कमांडमेंट्स है जिसमें पवित्र ग्रन्थ का निचोड़ निहित है। मानवीय कानून के सिद्धान्त हैं : सम्मान से जीना, किसी को चोट न पहुँचाना, प्रत्येक मनुष्य को उसका हिस्सा देना।

ईसाई धर्म ने जिस प्राकृतिक कानून को स्वीकार किया है। वह इस सिद्धान्त पर आधारित है कि प्राकृतिक कानून, धार्मिक और अध्यात्मिक दोनों ही व्यक्ति को कुछ विशेष अधिकार देते हैं। यह अधिकार दैवीय शक्ति और पूर्ण आध्यात्मिकता से प्राप्त होते हैं। प्राकृतिक कानून सर्वोपरि कानून है, जिसके द्वारा प्रत्येक सकारात्मक कानून, राष्ट्रीय अथवा अन्तर्राष्ट्रीय को परखा जा सकता है। राज्य यदि इन कानूनों के विपरीत निर्णय लेते हैं तो वे सत्ता का दुरुपयोग करते हैं।

चर्च के दर्शन में बार-बार ईसाई धर्म द्वारा मानवीय व्यक्तित्व को दी गई महत्ता पर बल दिया गया है। मनुष्य को सांसारिक क्रियाओं का केन्द्रबिन्दु ग्रीक दार्शनिकों ने बनाया। इन्हीं सिद्धान्तों को चर्च के विद्वानों ने स्वीकार किया और यह माना कि मनुष्य भगवान का ही स्वरूप है और इसलिए ब्रह्मांड के सभी श्रेष्ठ गुणों का प्रतिनिधित्व करता है। आधुनिक मानवाधिकार के दर्शन की रूपरेखा ईसाई धर्म से प्रभावित है, जो बाद में चलकर 'मानव अधिकरण पत्र' में परिवर्तित हो गया। इसकी रूपरेखा को रैवरेंड कैनन सिडनी हाल इवान्स ने संक्षेप में इस प्रकार कहा है "ईसाई धर्म के अनुयायी सार्वभौमिक रूप से यह आभास कर सकते हैं कि उनके धर्म और मानवीय प्रतिष्ठा से सम्बन्धित वक्तव्यों का गहरा सम्बन्ध है, जिन्हें मानवाधिकार के सार्वभौमिक

घोषणा-पत्र में सम्मिलित किया गया और जिसे संयुक्त राष्ट्र ने पेरिस में 10 दिसम्बर, 1948 को स्वीकार किया।"

पाश्चात्य सभ्यता में अलग-अलग स्रोतों से मानवाधिकार के विचार आए हैं। मानवाधिकार का सार्वभौम घोषणा-पत्र ईसाई दर्शन के मानवाधिकार से मेल खाता है किन्तु वह इस युग की सभ्यता के विकास का ही अंग है जिस कारण व्यक्ति के प्रतिष्ठा को उच्च स्थान दिया गया है।

19वीं सदी में भारत में पुनर्जागरण (रेनेशॉ)

19वीं सदी के पूर्वार्द्ध से मानवाधिकार के क्षेत्र में सुगबुगाहट शुरू होती है। यूरोप के स्वतन्त्रता, तार्किकता एवं मानवीयता के विचारों के सहवर्ती प्रभाव ने भारतीय मानव पर एक खुलापन प्रारम्भ किया और परिणामस्वरूप सुधारों के अभियान प्रारम्भ हुए।[1]

भारत में ब्रिटिश राज्य के समीक्षकों ने तत्कालीन भारतीय सामाजिक एवं बौद्धिक स्तर के विकास की उपेक्षा के साथ-साथ अपनी सांस्कृतिक श्रेष्ठता प्रमाणित करने के लिए समाज में व्याप्त कुरीतियों की कटु आलोचना की थी। अंग्रेजों द्वारा भारत पर उनकी नैतिक और सांस्कृतिक महत्ता को स्थापित करने के लिए भारतीय समाज को सामाजिक, सांस्कृतिक दृष्टि से पिछड़ा हुआ स्वीकार किया गया तथा यह वर्णन किया गया कि यह एक पतनोन्मुख समाज था।[2]

स्वाभाविक रूप से इस सांस्कृतिक सन्दर्भ और समाज में स्त्रियों की आलोचना के फलस्वरूप भारतीय बुद्धजीवियों में गहरी प्रतिक्रिया हुई तथा इन प्रहारों के विरुद्ध भारत में सामाजिक-सांस्कृतिक संजीवन प्रारम्भ हुआ जिसे भारतीय पुनर्जागरण की संज्ञा दी जाती है। इस प्रयास के दो उद्देश्य थे, राष्ट्र की सांस्कृतिक अस्मिता को पुर्नस्थापित करना एवं उपनिवेशवादियों की तथाकथित सांस्कृतिक उच्चता को अस्वीकार कर चुनौती देना।[3] पुनर्जागरण के समय भारत के ऐतिहासिक अतीत के प्रति चेतना जागृत हुई और उन्होंने आदर्श स्त्री के प्रतिमान को भारतीय सांस्कृतिक इतिहास के पटल में देखने का सिफारिश किया। राजा राम मोहन राय अपने संस्था ब्रह्म समाज के माध्यम से तत्कालिक कुरीतियों का विरोध करते हुए मानव मात्र के कल्याण की अवधारणा को जन्म देते हैं, जिसका निर्वाह आचार्य केशवचन्द्र सेन, स्वामी दयानन्द सरस्वती, महादेव गोविन्द रानाडे, दादाभाई नौरोजी, सर सैय्यद अहमद खान, मोहम्मद लतीफ खाँ, रवीन्द्रनाथ ठाकुर, स्वामी विवेकानन्द, रामकृष्ण परमहंस, एनी बीसेंट, पेरीयार, साहूजी महाराज, बहरामजी मालावारी आदि ने पुरातन-व्यवस्था को ध्वस्त करते हुए मानवाधिकार के लिए सतत् प्रयास किया। स्वामी विवेकानन्द ने कहा था कि "यदि एक कुत्ते के कल्याण के लिए मुझे हजार बार मनुष्य योनी में जन्म लेना पड़े तो मैं अपने-आपको को धन्य समझूँगा।" इन्हीं सब विचारकों तथा सुधारकों के फलस्वरूप

ब्रिटिश शासन द्वारा मानवाधिकार को कानूनी जामा पहनाना शुरू हुआ। 1827 में सती प्रथा आन्दोलन, 1843 में दास प्रथा की समाप्ति, 1872 में ब्रह्म विवाह आन्दोलन, 1893 में हिन्दू विवाह आन्दोलन, 1927 शारदा अधिनियम, 1873 में रेग्यूलेटिंग एक्ट, 1813 तथा 1833 के एक्ट, 1893 का इंडिया एक्ट, 1908 का भारतीय अधिनियम, 1917 का मार्ले मिन्टो सुधार, 1935 का भारतीय अधिनियम आदि ऐसे प्रतिफल थे, जिन्होंने भारतीय संस्कृति में मानवाधिकार के महत्ता को समृद्ध किया।

यद्यपि भारतीय समाज और संस्कृति में तथा भारत के आधुनिक संविधान में मानवाधिकारों की समुचित व्यवस्था की गई थी, परन्तु अधिकार के पदों पर बैठे कुछ व्यक्तियों द्वारा अपने निहित स्वार्थ के उद्‌देश्य से इसकी अवहेलना की जाती थी। इसके लिए भारत के न्यायालयों में अपील करने की व्यवस्था और न्यायालयों द्वारा उनको लागू करने की व्यवस्था भी करायी गई थी। यहाँ तक कि इन मौलिक अधिकारों को हटाने या सीमित करने की शक्ति विधायिका को भी नहीं दी गई थी और विधायिका द्वारा ऐसा करने पर सर्वोच्च न्यायालय उस विधान को उस सीमा तक शून्य घोषित करने की व्यवस्था संविधान में पहले से ही कर दी गई थी, इस हेतु सर्वोच्च न्यायालय के निर्देश समय-समय पर अनेकानेक वादों में आते रहें, जिसके आधार पर भारत की कार्यपालिका को अपने कार्यों का संचालन करना था।[4]

इसके बाद में जनता और मानव के अधिकारों को ध्यान में रखते हुए हमारे देश में 1993 में मानवाधिकार एक्ट लाया गया, जिसके आधार पर 1995 में मानवाधिकार आयोग की स्थापना की गई। यह आयोग मानव के अधिकारों के संरक्षण और समृद्धि के लिए सतत रूप से प्रयासशील है और इसके प्रयासों के परिणाम भी सामने आ रहे हैं।

इस प्रकार आधुनिक भारत में मानव के अधिकारों का सतत् संरक्षक भारत का संविधान है तथा उसके जागरूक प्रहरी मानवाधिकार आयोग इस पर अपनी जागरूक दृष्टि बनाए हुए हैं ताकि वह व्यक्ति जो समाज की प्रत्येक व्यवस्था द्वारा निराश हो चुका हो उसको सहायता पहुँचाई जा सके।

राजा राममोहन राय की मानवाधिकार सम्बन्धी अवधारणा

राजा राममोहन राय का जन्म (1774-1833) बंगाल के एक ब्राह्मण परिवार में हुआ था। बचपन से ही उनकी बुद्धि तेज थी और वे स्वभाव से विद्रोही थे। अपने विचारों के कारण उन्हें अपने कट्टरपन्थी परिवार से बाहर निकाल दिया गया। कुछ समय तक वे इधर-उधर भटकते रहे। परन्तु इस बीच उन्होंने विभिन्न भाषाओं का अध्ययन किया और अरबी, फारसी तथा संस्कृत के अच्छे ज्ञाता बन गए। उन्होंने अंग्रेजी, फ्रेंच, ग्रीक, लैटिन, जर्मन और हिब्रू भाषाएँ भी सीखीं। भारतीय भाषाओं के माध्यम से उन्होंने

भारतीय धर्म एवं परम्पराओं का अध्ययन किया और विदेशी भाषाओं द्वारा इस्लाम, ईसाई एवं विश्व के अन्य धर्मों का अध्ययन किया। इससे वे विश्व के अन्य भागों, विशेषकर यूरोप की सभ्यता-संस्कृति तथा आधुनिक ज्ञान के सम्पर्क में आए। राम मोहन का जन्म भारत के उस भाग में हुआ था जो उस समय आर्थिक, सामाजिक तथा सांस्कृतिक दृष्टि से बड़ी दयनीय स्थिति में था। संयोगवश यही प्रदेश सबसे पहले अंग्रेजों के सीधे सम्पर्क में आया। इस प्रकार अज्ञान, आडम्बर और रूढ़िवादिता तथा पश्चिम के आधुनिक विचारों के बीच शीघ्र ही प्रतिक्रिया शुरू हो गई। राम मोहन राय इस प्रतिक्रिया के प्रतीक थे। उन्हें अपने देश और देशवासियों से अपार प्रेम था, अतः जिन्दगी भर वे उनके सामाजिक, सांस्कृतिक तथा राजनैतिक पुनरुद्धार के लिए प्रयत्नशील रहे। एक तरफ तो उन्होंने अपने धर्म एवं समाज की बुराइयों को खोज निकाला, तो दूसरी ओर विश्व के अन्य धर्मों और आधुनिक पाश्चात्य ज्ञान एवं विचारों के महत्त्व को भी समझा। उन्हें पूर्व की परम्परागत दार्शनिक पद्धति और हिन्दू धर्म के मौलिक सिद्धान्तों में श्रद्धा थी। वे चाहते थे कि अपने पुनरुद्धार के लिए उनके देशवासी पश्चिम के युक्तिसंगत वैज्ञानिक दृष्टिकोण, मानव गरिमा तथा सामाजिक एकता के सिद्धान्त को स्वीकार करें। इस प्रकार उन्होंने पश्चिम के आधुनिक ज्ञान, विचार और दृष्टिकोण का समर्थन किया और उन्हें जानने के लिए अंग्रेजी शिक्षा की जबरदस्त वकालत की। 1814 से राम मोहन राय कलकत्ता में रहने लगे, जहाँ अपने युवा समर्थकों के सहयोग से उन्होंने 'आत्मीय सभा' की स्थापना की। तत्पश्चात् वे आजीवन धर्म और समाज की बुराइयों को दूर करने में लगे रहे। अपने विशद ज्ञान और वैज्ञानिक एवं प्रगतिशील दृष्टिकोण की पृष्ठभूमि में राम मोहन राय ने हिन्दू धर्म में उत्पन्न कुरीतियों एवं आडम्बरों पर गम्भीर प्रहार किया।

उन्होंने मूर्तिपूजा की आलोचना की और सप्रमाण यह विचार व्यक्त किया कि हिन्दुओं के सभी प्राचीन मौलिक धर्मग्रन्थों ने एक ब्रह्म का उपदेश दिया है। इस दावे के समर्थन में उन्होंने वेदों और पाँच मुख्य उपनिषदों का बांग्ला भाषा में अनुवाद प्रकाशित किया। उन्होंने निरर्थक धार्मिक अनुष्ठानों का विरोध किया और पंडित-पुरोहितों पर तीखा प्रहार किया, क्योंकि वे इन्हीं को इन आडम्बरों के लिए जिम्मेदार मानते थे।

राम मोहन राय का प्राचीन ग्रन्थों एवं दर्शनों में विश्वास था, परन्तु अन्तिम रूप से वे मानव विवेक और तर्क-शक्ति पर ही निर्भर रहते थे। उनके अनुसार किसी भी सिद्धान्त–पाश्चात्य या प्राच्य–की सत्यता की अन्तिम कसौटी मानव-विवेक ही है। उनका विश्वास था कि वेदान्त दर्शन भी इसी तर्क शक्ति पर आधारित है। उनके अनुसार यदि कोई भी दर्शन, परम्परा आदि तर्क पर खरे न उतरें और वे समाज के लिए उपयोगी न हों तो मनुष्य को उन्हें त्यागने से नहीं हिचकना चाहिए।

1820 में उन्होंने 'प्रीसेप्ट्स ऑफ जीसस' नामक पुस्तक प्रकाशित की, जिसमें उन्होंने 'न्यू टेस्टामेंट' के नैतिक एवं दार्शनिक सन्देश को उसकी चमत्कारी कहानियों से अलग करने की कोशिश की। वे ईसा के नैतिक सन्देशों के प्रशंसक थे और चाहते थे कि उन्हें हिन्दू धर्म में समाहित कर लिया जाए। इसको लेकर उनके बारे में हिन्दू और ईसाइयों दोनों में भ्रम फैला और उनकी आलोचना भी हुई। राम मोहन राय, संसार के सभी धर्मों की मौलिक एकता को स्वीकार करते थे। उनकी इच्छा थी कि ईसाई और इस्लाम धर्म की अच्छाइयों को हिन्दू धर्म में सम्मिलित कर तथा पश्चिम एवं पूरब की संस्कृतियों के श्रेष्ठ तत्त्वों को मिलाकर एक उत्तम एवं महान संश्लेषण प्रस्तुत किया जाए। उन्होंने कहा कि संसार के सभी धर्मों का मौलिक उद्देश्य एक ही है और सभी धर्मावलम्बी भाई-भाई हैं।

राम मोहन राय में एक महान सुधारक का अदम्य उत्साह और शक्ति थी। वे बाधाओं से डरे नहीं। 1829 में उन्होंने 'ब्रह्म सभा' के नाम से एक नए समाज की स्थापना की जिसे आगे चलकर 'ब्रह्म समाज' के नाम से जाना गया। इस सभा का उद्देश्य था राम मोहन की मान्यताओं के अनुरूप हिन्दू धर्म में सुधार लाना। समाज ने मूर्तिपूजा का विरोध किया और एक ब्रह्म की पूजा का उपदेश दिया। इसके कार्यक्रम में हिन्दू, मुस्लिम और ईसाई तीनों धर्मों के गुणों का समावेश किया गया था। इसने एकेश्वरवाद का समर्थन किया और कहा कि "जीवात्मा अमर है, उसमें उन्नति करने की असीम क्षमता है और वह अपने कार्यों के लिए भगवान के सामने उत्तरदायी है।"

राम मोहन राय के चिन्तन एवं गतिविधि का क्षेत्र केवल धर्म ही नहीं था। भारत के राष्ट्रीय जीवन के अन्य क्षेत्रों पर भी उन्होंने गहरी छाप छोड़ी। उन्होंने सामाजिक क्षेत्र में भी सुधारों की नींव रखी। भारतीय समाज की बहुत सारी कुरीतियों को धार्मिक मान्यता प्राप्त थी। उदाहरण के लिए हम बाल विवाह, कन्या वध, पर्दा प्रथा, जाति प्रथा, सती और विधवा प्रथा को ले सकते हैं। उन्होंने 'शास्त्रार्थ' नामक पुस्तक में सती प्रथा की बुराइयों पर कई निबन्ध लिखे और इसके माध्यम से जनमत को जागृत करने का प्रयास किया।[5] इस प्रथा को बन्द करने के लिए उन्होंने प्राचीन धार्मिक ग्रन्थों के हवाले से यह साबित !करने का कोशिश की कि मौलिक हिन्दू धर्म इस प्रथा के खिलाफ था। उन्होंने यह भी कहा कि मानव विवेक और करुणा ऐसी किसी भी प्रथा का समर्थन नहीं कर सकती थी। इस प्रथा को समाप्त करने के लिए उन्होंने अंग्रेजी सरकार की भी सहायता ली। अन्ततः तत्कालीन गवर्नर जनरल लार्ड बैंटिक की सती-प्रथा को समाप्त करने की कटिबद्धता तथा राजाराम मोहन राय के अथक प्रयास के फलस्वरूप ही 1829 में सती-प्रथा पर वैधानिक दृष्टि से प्रतिबन्ध लगा दिया गया एवं इसे अपराध घोषित कर दिया गया।[6]

राजा राममोहन राय ने महिलाओं के उत्तराधिकार का भी समर्थन किया तथा अपने प्रसिद्ध लेख, 'महिलाओं के सम्पत्ति के अधिकार' में कहा कि महिलाओं के उत्तराधिकार के विषय को उठाना आवश्यक है तथा ऋषियों की बातों का उदाहरण देकर महिलाओं को उत्तराधिकार से वंचित करने पर करारा प्रहार किया और कहा कि सिर्फ धार्मिक पूर्वाग्रहों एवं पूर्व संस्कारों की वजह से ही नहीं अपितु विधवा स्त्रियों की जिन्दगी की दुर्दशा एवं उनके द्वारा प्रतिदिन सहे जानेवाले अपमान और लांछन को देखकर वे स्वयं ही पति की चिता के साथ सती हो जाती है। राम मोहन राय ने कहा कि पति की मृत्यु के पश्चात स्त्रियों के लिए सिर्फ तीन रास्ते रह जाते हैं, प्रथम, सम्पूर्ण जीवन पूरी तरह दूसरों की गुलामी में बिताएँ। द्वितीय, अपनी जीविका और स्वतन्त्रता के लिए गलत रास्ते पर चली जाएँ। तृतीय, पति की चिता में जलकर मृत्यु का वरण कर लें जिसमें पड़ोसियों की प्रशंसा और सम्मान का बोझ भी लदा होता है।[7] ईश्वर चन्द्र विद्यासागर ने विधवा विवाह के पक्ष में तथा बहुविवाह के विरुद्ध अत्यधिक संघर्ष किया। समाज में सती-प्रथा के अत्यधिक प्रचलन के कारण स्त्रियों की स्थिति अत्यन्त दयनीय थी फलस्वरूप सती-प्रथा की समाप्ति के पश्चात समाज सुधारकों का ध्यान विधवा-स्त्री की दयनीय स्थिति विधवा-पुनर्विवाह पर लगे प्रतिबन्ध पर गया, जिसमें विद्यासागर अग्रणी थे जिन्होंने विधवा-पुनर्विवाह के पक्ष में शास्त्रों का आधार लिया।[8] विद्यासागर के अथक प्रयत्नों के फलस्वरूप सन् 1856 ई. में विधवा-पुनर्विवाह विधेयक पारित हुआ। विद्यासागर ने अन्य सामाजिक कुरीतियों को भी समाप्त करने का प्रयत्न किया। बाल-विवाह तथा बहुविवाह का विरोध किया। महिला तथा पुरुष के समान शिक्षा के महत्त्व पर बल दिया। महिला शिक्षा पर उनके द्वारा लिखे एक लेख "The utility female education" को स्वर्ण पदक प्राप्त हुआ। इन्होंने वायसराय की कौंसिल के एक सदस्य बेथने के सामने महिला शिक्षा के सम्बन्ध में अपने विचार रखे तथा दोनों के संयुक्त प्रयत्नों के फलस्वरूप 1849 में महिलाओं हेतु एक विद्यालय खुला जो बेथने महाविद्यालय कहलाया।[9]

स्वामी दयानन्द सरस्वती का मानवाधिकार सम्बन्धी चिन्तन

उन्नीसवीं सदी के प्रथामार्द्ध में स्वामी दयानन्द सरस्वती ने भारतीय समाज के रुढ़िवाद पर कुठाराघात किया। हिन्दू समाज में प्रचलित सामाजिक कुरीतियों को दूर करके समाज के अव्यवस्थित ढाँचे को बदलने के लिए उन्होंने वेदों का यथार्थ एवं तर्कसंगत विश्लेषण किया। संस्कृत के प्रकांड विद्वान होने के कारण उनके द्वारा वेदों का भाष्य प्रस्तुत किया गया। स्त्रियों को वेदों के पढ़ने के योग्य बताया। स्वामी दयानन्द सनातन हिन्दू धर्म को एक मानवीय नैतिक आवरण के रूप में प्रस्तुत किए तथा मानवीय अधिकार संरक्षित करने पर बल दिया। दयानन्द ने शिक्षा के अधिकार को सार्वभौमिक

रूप में स्वीकार किया है। उनके द्वारा मानव के अधिकारों की पृथक् व्यवस्था न करके उसे वर्णाश्रम एवं पुरुषार्थ धर्म में निहित माना है। उनका वर्णाश्रम धर्म जन्म प्रधान न होकर कर्म प्रधान था।

स्वामी दयानन्द ने अधिकारों की रक्षा के लिए शक्ति पृथक्करण का सिद्धान्त प्रस्तुत नहीं किया है किन्तु शक्ति के विकेन्द्रीकरण को ग्राम पंचायत, सभा एवं समितियों के माध्यम से अवश्य मान्यता दी है। दयानन्द के विचार में जाति-भेद नहीं था और न ही अस्पृश्यता का भेदभाव था। उनके चिन्तन पर पाश्यात्य दर्शन का भी प्रभाव निहित है।

आर्य समाज की प्रमुख मान्यताएँ

(1) एक ईश्वर की पूजा।
(2) वेदों की पुनः प्रतिष्ठा।
(3) वेदों की अपौरुषेयता।
(4) मुक्ति से पुनरावर्तन होता है।
(5) जन्मना जातिवाद का विरोध।
(6) दलितोद्धार।
(7) समाज सेवा।
(8) अपने उद्योग से प्रत्येक को अधिक से अधिक ऊँचा उठाने की मान्यता।
(9) भारत भारतीयों का है राष्ट्र-प्रेम की भावना प्रत्येक में होनी चाहिए।
(10) राम और कृष्ण के उदात्त चरित्रों का पोषण।
(11) आहार शुद्धि से विचार शुद्धि होती है।

ऋषि दयानन्द की एक बड़ी विशेषता यह थी कि वे प्रत्येक व्यक्ति और समाज की सर्वतोमुखी उन्नति चाहते थे। वे चाहते थे कि व्यक्ति और समष्टि तथा समष्टि के शरीर, मन और आत्मा सब स्वस्थ हों। उन्होंने स्वयं इस बात पर बल दिया और बाद में आर्य समाज ने भी इस बात का ध्यान रखा। इसलिए आर्य समाज ने धार्मिक, सामाजिक, राजनैतिक, आर्थिक, नैतिक सभी प्रकार के सुधारों को करने का प्रयत्न किया।

आर्य समाज का आधार शिला वेद है। ऋषि ने 'वेदों की ओर लौट चलो' का बिगुल बजाया था। हिन्दू जाति वेदों की भक्त थी, उन्हें ईश्वरकृत मानती थी, पर वेद है क्या? और उसमें है क्या? यह न जानती थी। एक विशेष वर्ग के अतिरिक्त न तो उन्हें कोई भी देख सकता था, न सुन सकता था और न छू ही सकता था, पढ़ने की बात अलग रही। स्त्री जाति वेद, यज्ञ आदि के पास भी न जा सकती थी। ऋषि को वेद बाहर से माँगने पड़े, उन्होंने उनका भाष्य किया और उनका द्वार जनसाधारण के

लिए खोल दिया। आर्य समाज के प्रचार के कारण आज किसी भी वर्ग का कोई भी व्यक्ति वेद पढ़ सकता है, यज्ञोपवीत पहन सकता है और यज्ञ कर सकता है। आर्य समाज के तीसरे नियम में ऋषि ने वेद का पढ़ना-पढ़ाना, सुनना-सुनाना आर्यों का परम धर्म बताया है।

सामाजिक क्षेत्र में आर्य समाज मनुष्य मात्र की समता में विश्वास करता है। उनकी दृष्टि में कोई किसी से ऊँचा या नीचा नहीं। प्रत्येक को उन्नति करने का अधिकार है। वर्ण-व्यवस्था जन्म से नहीं होती, गुण-कर्म से होती है। स्त्रियों को शिक्षा प्राप्त कर उन्नति करने का पुरुषों के समान ही अधिकार है। शूद्र अथवा अछूत भी औरों के समान उन्नति करने का अधिकार रखते हैं। स्त्रियों, अनाथों, अछूतों की उन्नति में आर्य समाज ने अत्यन्त प्रशंसनीय कार्य किया है। बाल-विवाह, अनमेल-विवाह आदि सामाजिक बुराइयों को दूर करने का आर्य समाज ने भरसक प्रयत्न किया है।

राजनैतिक क्षेत्र में आर्य समाज 'स्वराज्य' का पक्षपाती है। वह ऋषि के इस कथन में विश्वास करता है–"कोई कितना ही करे परन्तु जो स्वदेशी राज्य होता है वह सर्वोपरि उत्तम होता है।[10]

ऋषि की यह उक्ति थी कि 'अत्याचार करनेवाले की अपेक्षा अत्याचार सहनेवाला अधिक पापी होता है, इसी ओर संकेत करती है। स्वामी दयानन्द राज्य शासन में व्यक्ति की भागीदारी सुनिश्चित करने के लिए गणतन्त्रीय शासन प्रणाली के समर्थक थे।[11] दयानन्द ने शिक्षा के अधिकार को सार्वभौमिक करने के लिए सुझाया है। वे दलितों को भी विभिन्न हिन्दू संस्कार से दीक्षित कराने और वेद शिक्षा दिलाने के समर्थक थे।[12]

स्वामी विवेकानन्द के मानवाधिकार सम्बन्धी विचार

विवेकानन्द (1862-1902) का पहला नाम नरेन्द दत्त था और वे कलकत्ता विश्वविद्यालय के स्नातक थे। 1893 में वे शिकागो (अमरीका) गए, जहाँ उन्होंने 'पार्लियामेंट ऑफ रिलीजन' में अपना सुप्रसिद्ध भाषण दिया। इस भाषण से उन्होंने पश्चिमी संसार के सामने पहली बार भारत की संस्कृति की महत्ता को प्रभावकारी तरीके से प्रस्तुत किया। वहाँ बड़ी संख्या में लोग उनकी ओर आकृष्ट हुए। इसके पश्चात् उन्होंने अमरीका और इंग्लैंड में भ्रमण किया और हिन्दू धर्म का प्रचार किया।

स्वदेश लौटने पर उन्होंने 1897 में रामकृष्ण मिशन की स्थापना की। रामकृष्ण मिशन के सिद्धान्तों का आधार वेदान्त दर्शन है। अद्वैत वेदान्त दर्शन के व्यावहारिक पक्ष को प्रस्तुत करके विवेकानन्द ने उसे मानवाधिकार से सम्बन्धित करने का अभिनव एवं मौलिक प्रयत्न किया।

मिशन मनुष्य (विशेषकर गरीब, अपंग, कमजोर) की सेवा को ईश्वर की सेवा मानता है, क्योंकि मनुष्य की आत्मा में परमात्मा का अंश है। इसी वजह से मिशन समाज सेवा और परोपकार को काफी महत्त्व देता है।

उन्होंने हिन्दुओं के कर्मकांड एवं जातीय भेद-भाव की भर्त्सना की और स्वतन्त्रता, समानता एवं स्वतन्त्र चिन्तन का उपदेश दिया। धार्मिक सौहार्द के बारे में 1898 में "हमारी अपनी मातृभूमि के लिए दो महान प्रणालियों हिन्दू धर्म और इस्लाम का संगम ही एकमात्र आशा है" शीर्षक लेख में उन्होंने भारतीयों की उस बात के लिए भी आलोचना की कि वे बाकी संसार से सम्पर्क खो चुके हैं और गतिहीन और जड़ हो गए हैं।

विवेकानन्द अपने गुरु की ही तरह एक महान मानवतावादी थे जो भारत के पिछड़ेपन, पतन एवं उसकी गरीबी से अत्यन्त दुखी थे। प्रबल मानवतावादी भावनाओं से ही अभिभूत होकर उन्होंने लिखा–"एकमात्र भगवान जिसमें मैं विश्वास करता हूँ वह है सभी आत्माओं का कुल योग और सबसे पहले मेरे भगवान सभी जातियों के कुष्ठपीड़ित, दरिद्र हैं। इसी सन्दर्भ में शिक्षित भारतीयों को सम्बोधित करते हुए उन्होंने कहा–"जब तक करोड़ों लोग भूख और अज्ञान से पीड़ित हैं तब तक मैं उस हर व्यक्ति को देशद्रोही समझूँगा जो उनके खर्च से शिक्षित बनकर उनके प्रति तनिक भी ध्यान नहीं देता।" यही कारण है कि उनके मिशन के कार्यों का मानवतावादी पक्ष काफी महत्त्वपूर्ण रहा है। मिशन की शाखाएँ आज भी देश के अन्दर और बाहर समाज सेवा एवं परोपकार में निरन्तर लगी हुई है। मिशन विद्यालयों, अस्पतालों, अनाथालयों और पुस्तकालयों आदि का भी संचालन करता है। प्राकृतिक विपत्तियों के समय सहायता कार्य एक प्रशंसनीय विशेषता रही है।

स्वामी विवेकानन्द मानवता के एक विशिष्ट प्रचारक थे। उन्होंने प्राचीन भारतीय संस्कृति में मानवतावादी चिन्तन को नई पाश्चात्य सभ्यताओं की मानवाधिकार के अनुरूप आकलन किया था। विवेकानन्द के चिन्तन में प्रत्येक व्यक्ति अपनी प्रकृति, पृष्ठभूमि एवं अपनी विशेष संस्कृति के कारण विशिष्ट होता है। प्रत्येक व्यक्ति को अपने विकास और कार्य करने का स्वतन्त्र अधिकार होता है। यह विकास क्रमशः व्यक्ति में ज्ञान और सन्तुष्टि के रूप में प्रदर्शित होता है। इस लक्ष्य प्राप्ति के लिए आत्मा एवं बुद्धि दोनों का समन्वय होना आवश्यक है। पश्चिम के चिन्तन में व्यक्तिवाद श्रेष्ठ है किन्तु भारतीय संस्कृति में व्यक्ति पूर्णतः समाज पर आधारित है। भारतीय चिन्तन में व्यक्ति के सीमित इच्छाओं की प्रधानता होती है, सामाजिक प्रगति तभी प्राप्त किया जा सकता है, जब प्रत्येक व्यक्ति को समाज में पूर्ण विकास का अवसर मिले। विवेकानन्द के अनुसार "समस्त ब्रह्मांड को गतिशील रखने में स्वतन्त्रता की प्रमुख भूमिका है। ब्रह्मांड का सृजन, प्रगति, स्वतन्त्रता की इच्छा पर ही आश्रित

होती है। इस ब्रह्मांड का अन्तिम लक्ष्य और उद्देश्य स्वतन्त्र होना है, यही उसका अभिप्रेरण और उद्देश्य है।" उनके अनुसार व्यक्ति यदि अध्यात्मिक स्वतन्त्रता प्राप्त कर ले तो उसे सामाजिक और राजनीतिक स्वतन्त्रता प्राप्त हो सकती है। स्वतन्त्र रहना प्राकृतिक नियम है एवं व्यक्ति का जन्मसिद्ध अधिकार है। समाज व्यक्तियों की समाप्ति है। समाज जहाँ सत्य, अहिंसा और अध्यात्म का समागम होता है, वहाँ व्यक्ति का विकास सुगम होता है। राज्य प्रत्येक व्यक्ति में निहित गुणों का विकास करने के लिए उत्तरदायी है। राज्य के सभी सदस्यों को सम्पत्ति, शिक्षा या ज्ञानअर्जन का समान अवसर होना चाहिए।[13]

स्वामी विवेकानन्द इसे 'कूटस्थ मनुष्यता' की संज्ञा देते हुए विश्व व्यापक धर्म का आधार बतलाते हैं–"धर्म का कोई विश्व व्यापक रूप दिखलाई पड़ना कठिन है। पर फिर भी हम यह जानते हैं कि वह है।... हम सब मनुष्य हैं पर कोई पुरुष है, कोई स्त्री है। यह एक काला मनुष्य है, वह एक गोरा है। पर सब मनुष्य मानव जाति के हैं। हमारे चेहरे में भेद है। मैं देखता हूँ कि दो के रूप एक से नहीं, पर हैं सब मनुष्य ही। यह मनुष्यता क्या है? मैं देखता हूँ कि कोई स्त्री है तो कोई पुरुष, कोई काला तो कोई गोरा, पर मैं जानता हूँ कि इन सारे रूपों में एक कूटस्थ मनुष्यता है जो सब में व्याप्त है। यदि मैं उसे पकड़ना चाहूँ या उसे देखना चाहूँ या उससे साक्षात्कार करना चाहूँ तो सम्भव है कि वह मुझे न मिले पर मुझे निश्चय है कि वह है। यदि मुझे किसी वस्तु का निश्चय है तो इसी मनुष्यत्व का है जो सब में है। इसी सामान्य सत्ता के सहारे हम आप को स्त्री या पुरुष के रूप में देखते हैं। यही विश्वव्यापी धर्म है जो सारे धर्मों में ईश्वर के रूप में व्याप्त हो रहा है। यह अब तक है और अनन्तकाल तक बना रहेगा। मैं धागे के समान सारे मनको में हूँ और मन के यही धर्म या सम्प्रदाय है। यही सब मनके हैं और भगवान सूत्ररूप हैं जिनमें वे सब गुँथे हुए हैं।"[14]

सबके भीतर समान रूप में विद्यमान इस कूटस्थ मनुष्यता का साक्षात्कार ही मनुष्य की विवेक शक्ति का लक्षण एवं लक्ष्य है। यही सत्य की कसौटी है जैसा कि स्वामीजी निम्नलिखित पंक्तियों में बतलाते हैं–

"विवेकवान होकर अपने जीवन के प्रत्येक क्षण, बात-बात में सत्य-असत्य का विवेक करने से हमें सत्य की कसौटी मिल जाएगी। यही सत्य पवित्रता है, यही एकता है। जिससे एकता सम्पादन हो, वह सत्य है। प्रेम सत्य है और घृणा मिथ्या है। यही कारण है कि घृणा से भेद बढ़ता है। यह घृणा ही है जो मनुष्य-मनुष्य में भेद कराती है। अतः यह मिथ्या है। यह वियोजन शक्ति है, यह भेद उत्पन्न करनेवाली है।

प्रेम सबको मिलता और प्रेम उस एकता का सम्पादनकर्ता है। आप उससे एकता को प्राप्त करते हैं। माता सन्तान से, घर नगर से मिलते-मिलते सारे संसार के प्राणि एक हो जाते हैं क्योंकि प्रेम ही सत्ता है। वह साक्षात् ईश्वर है। जो कुछ है, सब उसी

एक प्रेम की अभिव्यंजना है। भेद केवल मात्रा का है। पर यह सब उसी प्रेम की अभिव्यक्ति मात्र है। अतः हमें अपने सब कर्मों में यह विचार रखना चाहिए कि वह एकता का सम्पादन करता है या अनेकता का। यदि अनेकता का सम्पादन होता है तो हमें उसे परित्याग कर देना चाहिए और यदि एकत्व का सम्पादन होता है तो वह निश्चय ही अच्छा है। यही दशा हमारे विचारों की है। हमें निश्चय कर लेना चाहिए कि उसका परिणाम भेद अनेकता है अथवा एकता है।"[15] विवेकानन्द की मानवतावाद आध्यात्मिकता के पृष्ठभूमि पर बनी भी।

बाल गंगाधर तिलक

लोकमान्य बाल गंगाधर तिलक ने सभी व्यक्तियों को समान मानते हुए उनके अधिकारों को ईश्वर की भेंट माना और उन्होंने कहा कि ब्रिटिश भारत में जनता अपने वास्तविक अधिकारों का प्रयोग नहीं कर पा रही इसलिए जनता का यह परम कर्त्तव्य हो जाता है कि वह अनुत्तरदायी शासक को पदच्युत कर दे। वैदिक परम्परा में स्वतन्त्रता को आत्मनियन्त्रण एवं आत्मनिर्धारण से सम्बन्धित माना गया था इसी प्रकार तिलक ने भी स्वतन्त्रता को आत्मा का जीवन माना और कहा कि आत्मा परमात्मा से सम्बन्धित है। इन्होंने मानव और राष्ट्र की स्वाधीनता के मध्य प्रत्यक्ष सम्बन्ध स्वीकार किया और मानव के सम्पूर्ण विकास व उन्नति हेतु राष्ट्र की स्वतन्त्रता को अपरिहार्य माना। "Swaraj is my birthright and I shall have it."[16]

गोपाल कृष्ण गोखले

गोपाल कृष्ण गोखले संवैधानिक सुधारों में विश्वास करते थे।[17] उनका मानना था कि भारत में गरीब किसान निवास करते हैं जो एक दिन के भोजन के लिए दिन-रात कठिन परिश्रम करते हैं, ऐसी जनता के अधिकारों की गूँज संसद में सुनाई नहीं दे सकती, इसलिए सरकार को चाहिए कि वह जनता के अधिकारों हेतु संवैधानिक कदम उठाएँ।

दादा भाई नौरोजी

1906 के कलकत्ता अधिवेशन में दादा भाई नौरोजी द्वारा भारतीयों हेतु तीन अधिकारों की माँग की गई, प्रथम–भारत पर अतिरिक्त खर्च का बोझ नहीं डालना चाहिए।[18] द्वितीय–भारत की आर्थिक स्थिति में सुधार हेतु सभी आवश्यक कदम उठाए जाने चाहिए।[19] और तृतीय–राजस्व का व्यय शाही विलासिताओं में नहीं वरन् जनता के सर्वांगीण विकास के पक्ष में हो।[20] इन्होंने भी यह माँग की कि भारतीय नागरिकों को भी वे समस्त अधिकार प्राप्त होने चाहिए जो ब्रिटिश नागरिकों को अपने देश में प्राप्त है।

मानवाधिकार 'रवीन्द्रनाथ टैगोर की दृष्टि में'

एक दैदीप्यमान नक्षत्र के रूप में श्री रवीन्द्रनाथ टैगोर का जन्म 7 मई, 1861 को बंगाल के जोरासॉको नामक क्षेत्र में हुआ था। उनके पिता महर्षि देवेन्द्रनाथ टैगोर परम धार्मिक व्यक्ति थे।

रवीन्द्रनाथ टैगोर के जीवन का अविस्मरणीय क्षण तब आया जब 1913 में कविताओं के संग्रह के रूप में उनकी कृति "गीतांजलि" को साहित्य के नोबेल पुरस्कार से सम्मानित किया गया।

डॉ. राधाकृष्णन के शब्दों में, "गुरु रवीन्द्रनाथ ठाकुर आधुनिक पुनर्जागरण के महानतम प्रणेता थे। उनके स्तर का काव्य-हृदय व्यक्तित्व आनेवाली पीढ़ी को शायद ही पुनः नसीब हो। उनका महान व्यक्तित्व वाल्मीकि और कालीदास के समतुल्य था।

मानवाधिकार सम्बन्धी उनके विचार

यूँ तो कविवर रवीन्द्रनाथ ठाकुर के चिन्तन में अलग से मानवाधिकार पर कोई लेख उपलब्ध नहीं है, किन्तु उनका सम्पूर्ण कृतित्व मूलतः मानवता के प्रति प्रेम, स्वतन्त्रता और उनके अधिकारों के संरक्षण तथा समतामूलक समाज को इंगित करके ही लिखा गया था।

उनका विश्वास था कि मानवता की सेवा में ही ईश्वरीय आनन्द समाविष्ट है। उनका मानस महात्मा बुद्ध एवं उपनिषदों के चिन्तन से बहुत प्रभावित था।

उनका मानना था कि बाह्य जगत से धीरे-धीरे हम अपने अन्तर्जगत की ओर मुड़ते हैं और तब हमें अपनी निजी स्वतन्त्रता का एहसास और प्रगाढ़ रूप से होता है।

उनकी सोच थी कि राजनैतिक राज्यों के उदय होने से उग्र राष्ट्रवाद की भावनाएँ पनपती हैं। उग्र राष्ट्रवाद अन्ततः साम्राज्यवादी को प्रश्रय देता है। साम्राज्यवाद में राज्यों का विस्तार होता जाता है और दूसरी ओर मानवता का शोषण प्रारम्भ हो जाता है। मनुष्य के निजी नैसर्गिक अधिकारों का लोप हो जाता है। मनुष्य की स्वतन्त्रता एवं समानता पर राज्यों की सम्प्रभुता हावी हो जाती है।

इसलिए गुरु रवीन्द्रनाथ ठाकुर ने राष्ट्रों की अस्मिता को ही नकार दिया तथा मनुष्यता के उत्थान एवं उनके अधिकारों के और बेहतर विस्तार के लिए अन्तर्राष्ट्रीयवाद की परिकल्पना की। उन्होंने सम्पूर्ण मनुष्यता को एक ही इकाई का रूप दिया, जो राष्ट्रों की सीमाओं एवं सम्प्रभुता के बन्धन से सर्वथा मुक्त होकर सिर्फ मानवता के कल्याण की अवधारणा से अस्तित्व में कायम रहेगा।

उनका मानना था कि संकीर्णतापूर्ण दृष्टिकोण रखकर हम मानवता को उसके सम्पूर्ण अर्थवत्ता के साथ नहीं समझ सकते। उनके विचार में मनुष्य को दूसरे मनुष्य से अलग करनेवाले कारक यथा–जाति, धर्म और भाषा समाज में कट्टरता को ही

प्रश्रय देते हैं और जब तक हम अपनी आत्मा के प्रकाश को उस परम चेतना के प्रकाश के साथ एकीकृत रूप में नहीं देखते हैं तब तक अखंड मानव समाज की अवधारणा नहीं की जा सकती है।

मानवता के कल्याण हेतु निहित उस समाज में ही मनुष्य के प्राकृतिक अधिकारों का संरक्षण स्वाभाविक रूप से होगा। उसके क्रियान्वयन हेतु किसी न्यायालय के विधिक संस्था की बाध्यता नहीं होगी।

उनका मानना था कि मनुष्य आज अपने ही बुने जाल में फँसकर पीड़ा व दुख पा रहा है। जब तक हम अपने को सम्पूर्ण जगत में एवं सम्पूर्ण जगत में अपने को नहीं देखते तब हम संकीर्णता में दुख पाते रहेंगे।

'मानवाधिकार' सम्बन्धी सिद्धान्त का भी यही सूत्र वाक्य है कि जब तक समाज का प्रत्येक व्यक्ति ठीक वैसे ही संवेदनशील हो जैसा वह अपने अधिकारों एवं स्वतन्त्रता के प्रति होता है तो मानव के अधिकारों का संरक्षण स्वाभाविक रूप से समाज में होता रहता है।

उनका सम्पूर्ण प्रयास पूरब एवं पश्चिम के विचारकों के बीच बढ़ रही खाई को पाटना था, जो कि राजनेताओं की वजह से राजनैतिक कट्टरवाद की ओर अग्रसर हो रहा था।

कविवर श्री टैगोर के शब्दों में प्रत्येक राष्ट्र सम्पूर्ण मानवता के परिवार का ही एक सदस्य है, अतः उसे हर परिस्थिति में मानव-मात्र के उत्थान एवं उनके मूलभूत अधिकारों के संरक्षण की दिशा में ही प्रयासरत रहना चाहिए। उनका मानना था कि आज जब कि सम्पूर्ण पश्चिमी सभ्यता भौतिकता और विकास के रूप में साम्राज्यवाद के क्रूर हाथों, संघर्ष में मानवता का चिथड़ा उड़ाती जा रही है, उसे भारत के विश्व बन्धुत्व, सहिष्णुता एवं विश्व प्रेम के सन्देश की ओर दृष्टिपात करना ही होगा, तभी मानवता का अस्तित्व कायम रहेगा।

रवीन्द्रनाथ टैगोर ने संकीर्ण राष्ट्रवाद की भावना को अस्वीकार कर दिया। उनके अनुसार पश्चिम का राष्ट्रवाद भारतीय राष्ट्रवाद की भावना की तुलना में अत्यन्त संकीर्ण है। उनका विश्वास था कि मानवीय सत्य, मानव कल्याण और मानवाधिकारों का संरक्षण किसी राष्ट्र की अस्मिता से सर्वोपरि है। टैगोर ने एक जगह लिखा भी है, "हम भारत के लोग;" 'राष्ट्रवाद' की पूजा एक परम अच्छाई के रूप में नहीं करते"– और यही हमारा राष्ट्रवाद है।

उनके दृष्टिकोण में विश्व के प्रत्येक व्यक्ति को यह अवसर मिलना चाहिए कि वह दूसरे राष्ट्र के व्यक्ति से मिले, उनकी भावनाओं से अवगत हो और इस तरह दोस्ती एवं विश्वास का परिवेश कायम हो। वे सदा कहा करते थे कि आपसी संघर्ष के दावानल में जल रहे विश्व को आज भारतीय प्रेम और विश्व-बन्धुत्व के सन्देश की

आवश्यकता है। इसी भावना से अभिभूत होकर वे सदैव दूसरे राष्ट्रों का दौरा करने को उद्यत रहते थे।

वे सामाजिक सहयोग, अन्तर्राष्ट्रीय, अन्तः-क्रियाकलापों एवं आध्यात्मिक, आदर्शवाद, प्रेम, सहिष्णुता तथा विश्व-बन्धुत्व की भावना के द्वारा विश्व पटल से शोषण, अत्याचार, मानवाधिकार का हनन एवं साम्राज्यवाद की उग्रता को मिटाना चाहते थे। पूरे मानव जाति की सेवा में उनकी अटूट आस्था थी।

उनकी दृष्टि में आज के परिवेश में समाज में व्याप्त अत्याचार, शोषण व मानव के मूलभूत अधिकारों का दमन वस्तुतः पश्चिमी साम्राज्यवादी व उपनिवेशवादी सोच का प्रतिफल है। भारतीय चिन्तन में इन सभी चीजों का कोई स्थान नहीं है, क्योंकि भारत में प्राचीन काल से ही मनुष्य के आपसी प्रेम, सद्भाव, करुणा और विश्वबन्धुता जैसे महान गुणों को प्रश्रय दिया जाता रहा है।

इस तरह कविवर रवीन्द्रनाथ ठाकुर ने मानवाधिकार के मूल्यों का संरक्षण भारतीय जीवन एवं उसके चिन्तन का प्रतिफल माना है, क्योंकि इस विराट सभ्यतावाले देश में मानवाधिकारों का संरक्षण सहज एवं स्वाभाविक रूप में होता पाया गया है। उसे कार्य रूप में लाने के लिए किसी संस्थागत प्रयासों की आवश्यकता कदापि नहीं रही है। इसी तरह वे मानवाधिकारों के संरक्षण के अग्रदूत थे यह कहना अतिशयोक्ति नहीं होगी।

सन्दर्भ ग्रन्थ

1. Ref. Panikkar, K. N. : Culture, Ideology, Hagemony, Intellectual and Social Consciousness in Colonial Indian. Tulika New Delhi, 1995. P-4.
2. Sabat S.N., Concepts of human rights in Indian Culture; The International Journal Human Rights, No.
3. व्यास शिप्रा : भारतीय पुनर्जागरण विशेष सन्दर्भ : पंडिता रमाबाई, उदुत जैन प्रतिभा : शर्मा संगीता (संपा.) भारतीय स्त्री : सांस्कृतिक सन्दर्भ, रावत पब्लिकेशंस, जयपुर, 1998, पृ. 214.
4. Ref. Panikkar, K.N. : OPCH. P-18-84
5. डॉ. के. बसु प्रकरण, सर्वोच्च न्यायालय सन्दर्भ...
6. सन्दर्भ : नागोरी, डॉ. एस.एल : प्राचीन भारतीय चिन्तन का इतिहास, नेशनल पब्लिशिंग हाउस, जयपुर, प्रथम संस्करण 1999, पृ. 255
7. Ref. Altekar, A.S. : The Position of Women in Hindu Civilization, Motilal Banarasidas, New Delhi, P.141.
8. Ref. : Selected Works of Raja Rammohan Rai, Publication Div., Govt. of India, 1977, PP. 170-171.
9. Ref. : Joshi, V. C. : Rammohan Rai and Process of Modernisation in India, Vikas Publishing House, New Delhi 1976, P.176.
10. आप्टे, डॉ. प्रभा : भारतीय समाज में नारी, क्लासिक पब्लिशिंग हाउस, जयपुर, प्रथम संस्करण, 1996, पृ. 37-38
11. सत्यार्थ प्रकाश, अष्टम समुल्लास, पृ. 271

12. सन्दर्भ : पूर्वोक्त पृ. 253-255
13. सन्दर्भ : सत्यार्थ प्रकाश में ऋग्वेद के तृतीय मंडल में सूक्त 38 की व्याख्या, पृ. 247, 253-255
14. Ref. Swami Vivekananda, The Complete Works, Vol. IV, Advaita Ashrama, Calcutta 1966, P.150 & Vol. No. I, 1965, P.373, Vol. VI, 1968 P. 381-382, Vol.III, 1970, P.193.
15. सन्दर्भ : स्वामी विवेकानन्द : ज्ञानयोग, दूसरा खंड पृष्ठ 140-141
16. स्वामी विवेकानन्द : ज्ञानयोग, दूसरा खंड, पृष्ठ 24-25
17. Ref. : B.G.: A Biography by Ram Gopal, Asia Publishing House, New York. 1956, P. 282.
18. 71. N Proceeding of 30 Dec. 1895, 11th Session in Poona queoted in Gokhale a Political Biography, A study of His Services and Political Ideas, Bombay, Manaktala, 1966. P. 334.
19. 4. Indian National Congress, G.A. Nateson & Co. Madras 1971, P.841.
20. 5. Ibid, P. 842.
21. 6. Ibid, P. 834

पंचम अध्याय

महात्मा गांधी के समसामयिक काल में मानवाधिकार का विचार

महात्मा गांधी एवं मानवाधिकार

गांधी के विचार एवं सिद्धान्त भारतीय संस्कृति के आदर्श एवं मूल्यों पर आधारित रहे हैं। गांधीजी का विचार मानवतावादी मूल्यों से परिपूर्ण था। उन्होंने अपने जीवन में भारतीय संस्कृति के कुछ परम्परागत मूल्यों एवं मान्यताओं को न सिर्फ प्रयोग में लाया बल्कि आधुनिक भौतिकवादी युग में भी उनकी प्रासंगिकता को प्रमाणित कर दिखाया।

गांधीजी के व्यक्तित्व का विश्लेषण करना अत्यन्त ही दुरूह एवं कठिन है। एक मानवतावादी के रूप में उनके द्वारा व्यक्तिवादी मूल्यों को सन्तुलित एवं समन्वित रखने पर बल दिया गया, उनके विचार में व्यक्ति को अपने जीवन मूल्यों के प्रति सजग रहना चाहिए एवं मानवता के प्रति नए दृष्टिकोण अपनाना चाहिए। प्रत्येक व्यक्ति को मानवीय मूल्यों से युक्त एक नए समाज का निर्माण करने के लिए हर समय प्रयत्नशील रहना चाहिए, जिससे मानवता में उसकी निष्ठा बनी रहे। गांधीजी का दृष्टिकोण व्यक्ति के अधिकार एवं विचार के सम्बन्ध में स्पष्ट था। गांधीजी के मानवाधिकार चिन्तन का परिशीलन करने पर हमें उनके द्वारा प्रतिपादित विभिन्न पहलुओं को आत्मसात् करने व उस पर अमल करने का अवसर प्राप्त होता है।

मानवाधिकार के निम्न स्वरूप की अवधारणा हमें गांधीजी की शिक्षा से प्राप्त होती है :

1. मानवाधिकार का आर्थिक स्वरूप—मार्क्स/उपनिवेशीय दासत्व से मुक्ति।
2. मानवाधिकार का राजनैतिक पहलू (आधार)।
3. सामाजिक/शिक्षागत अधिकार।

4. मानवीय मूल्यों की स्थापना एवं व्यक्तित्व का विकास मानवाधिकार का सर्वश्रेष्ठ उपाय।
5. विभिन्न धर्मों के बीच समन्वय।
6. विश्ववादी दृष्टिकोण।

महात्मा गांधी के चिन्तन में मानवाधिकार का आर्थिक स्वरूप

गांधीजी की दृष्टि में विश्व एक असमान समूहों का समुच्चय है। समाज के निर्धन वर्ग के उत्थान के लिए उन्होंने हमेशा बल दिया। गांधीजी ने जीवन में मार्क्सवाद के उत्तम मूल्यों को अपनाने की आवश्यकता बताई तथा शान्ति, सुख एवं समृद्धि के अवधारणात्मक अर्थबोध के सम्बन्ध में मार्क्सवाद से वैचारिक साम्य था, किन्तु गांधीजी मार्क्सवादियों की तरह यह विश्वास नहीं करते थे कि समाज की समस्त बुराइयों की जड़ के पीछे आर्थिक कारण है। मार्क्स की यह भी धारणा उनकी दृष्टि में उचित नहीं थी कि विश्व के समस्त युद्ध आर्थिक कारणों से हुए हैं।

महात्मा गांधी प्रत्येक गाँव को आर्थिक रूप से स्वावलम्बी बनाना चाहते थे ताकि देश का आर्थिक विकास सम्भव हो सके। उनके द्वारा ग्रामीण एवं कुटीर उद्योगों को अधिक महत्त्व दिया गया था, उनके चिन्तन में चरखा व खादी या अन्य कुटीर उद्योग स्वतन्त्रता एवं सामूहिकता के चरित्र के लिए अधिक महत्त्वपूर्ण थे। इस प्रकार उनके द्वारा व्यक्ति एवं समूह की स्वार्थ रक्षा की आवश्यकता को भी अपने अर्थव्यवस्था का अभिन्न अंग माना गया था।

स्वदेशी गांधीजी का एक आन्दोलन भी था। विदेशी वस्तुओं को त्यागकर अपने देश में निर्मित वस्तुओं का प्रयोग करना सिर्फ एक राजनैतिक विचार ही नहीं था अपितु एक प्रासंगिक दर्शन भी था। आर्थिक स्वतन्त्रता भी मानव जाति के लिए एक अहम आवश्यकता है यह उनका विचार था।

जहाँ पर मार्क्सवादी चिन्तन में वर्ग संघर्ष द्वारा सर्वहारा वर्ग को अपना अधिकार प्राप्त करने की बात कही गई है, वहीं गांधीजी के चिन्तन में सहयोग एवं भाईचारे पर आधारित सहअस्तित्व की बात कही गई है।

राजनैतिक दृष्टिकोण से मानवाधिकार की समीक्षा

महात्मा गांधी ने अपने मानवाधिकार सम्बन्धी चिन्तन में प्राचीन भारतीय संस्कृति के सम्पूर्ण तथ्यों को समविष्ट किया था। गांधीजी ने अपने सम्पूर्ण जीवनकाल में सत्य और अहिंसा के व्यावहारिक पक्ष के मूल्यांकन में जुटे रहे। ब्रिटिश शासन के विरुद्ध स्वतन्त्रता संग्राम के पुरोधा होते हुए भी उन्होंने मानवीय मूल्यों को अपनी स्वतन्त्रता की लड़ाई के दौरान कभी भी परित्याग नहीं किया। उन्होंने चौरी-चौरा में हुई

हिंसात्मक घटना के परिप्रेक्ष्य में अहिंसात्मक आन्दोलन को तत्काल बन्द करने का निर्णय लेकर देशवासियों को स्तब्ध कर दिया था। मानवीय मूल्यों को महात्मा गांधी ने सर्वोपरि रखा।

मनुष्य मात्र में गहरी रुचि होने के कारण ही वे राजनीति में बढ़े। उन्हीं के शब्दों में वे धार्मिक पुरुष का बाना पहने हुए राजनीतिज्ञ नहीं थे, बल्कि वे एक धार्मिक पुरुष थे, जिसने राजनीति में केवल इसलिए प्रवेश किया था कि उन्हें मनुष्य मात्र की गहरी चिन्ता थी। उन्होंने अपने कार्यक्रम में स्वराज्य को सबसे आगे रखा और उसे पाने में उन्होंने कुछ सिद्धान्तों पर अमल किया, जिन्हें दूसरे लोगों ने एक राजनीतिक विचारधारा का रूप दिया।

गांधीजी की नैतिक और राजनीतिक विचारधारा पर चीन के लाओत्से और कन्फ्यूशियस की प्राचीन शिक्षाओं का भी कुछ प्रभाव पड़ा था।

महात्मा गांधी ने कन्फ्यूशियस से वह सिद्धान्त सीखा जिसके अनुसार मनुष्य को दूसरे के प्रति वैसा व्यवहार नहीं करना चाहिए जैसा व्यवहार वे स्वयं दूसरों के द्वारा अपने प्रति न चाहते हों।

जनता के कल्याण की चिन्ता ने ही उन्हें राजनीति में ढकेल दिया अन्यथा वे एक धार्मिक व्यक्ति थे। उनके जीवन में ऐसे भी अवसर आए जब उनका राजनीतिक आन्दोलन जोरों से चल रहा था और तब उन्होंने रचनात्मक कार्यों—छूआछूत मिटाने, मद्य-निषेध, ग्रामीण उद्योग को जनप्रिय बनाने और हिन्दू-मुस्लिम एकता कायम करने तथा इसी तरह के दूसरे काम करने के लिए अपना राजनीतिक आन्दोलन बन्द कर दिया। इन्हीं सब बातों के कारण आचार्य कृपलानी गांधीजी को मूलतः एक समाज-सुधारक मानते हैं। पर हमारी राय में कृपलानीजी का यह विचार संकुचित और एकपक्षीय है जो महात्मा गांधी के बहुपक्षीय स्वरूप के प्रति पूर्ण न्याय नहीं करता है।

उन्होंने 1920 में ही लिखा था 'जिस प्रकार हिंसा पशुओं का नियम है उसी प्रकार अहिंसा मानव-जाति का नियम है। अहिंसा एक पूर्णता की अवस्था है।

गांधीजी के अहिंसा का अर्थ चुपचाप जुल्म बर्दाश्त करना नहीं है। इसका अर्थ यह नहीं है कि खतरा या बुराई के सामने हाथ रखकर बैठा रहा जाए।

व्यक्ति को वे समाज का अभिन्न अंग मानते थे। उन्होंने व्यक्ति प्रधान समाज, अहिंसा, प्रेम, सत्याग्रह एवं सरल जीवन का महत्त्व दिया तथा मानव जीवन के आधारभूत मूल्यों एवं सत्यता को प्रतिष्ठापित कर उनके मूल्यों के माध्यम से मानवीय प्रकृति की अच्छाइयों को स्थायी शक्ति के रूप में विकसित एवं प्रस्फुटित करने के लिए सतत प्रयास किया। साधन एवं साध्य के बीच सन्तुलन बनाए रखने की साधना एवं जीवन में सरलता तथा निराडम्बरता को अपनाया।

विभिन्न धर्मों की समानता एवं समन्वय

महात्मा गांधी धर्मनिरपेक्षता के प्रचारक थे। उन्होंने अपने जीवन में सर्वधर्म समन्वय तथा उनके चिरन्तन मूल्यों को अपनाने की बात कही है। उनकी दृष्टि में राम और रहीम, कृष्ण और करीम सभी एक थे। राम का मर्यादा पुरुषोत्तम रूप उनका आदर्श था। वे एक ऐसे समाज की स्थापना करना चाहते थे, जो रामराज्य के अनुरूप हो, जिसमें प्रत्येक मनुष्य को अपने जीवन का विकास एवं अपने अधिकारों एवं कर्तव्यों को सम्पादित करने का सुअवसर प्राप्त हो। जाति-पाति के आधार पर समाज में हो रहे शोषण एवं अत्याचार के वे सर्वथा खिलाफ थे। अस्पृश्यता का उनके जीवन में कोई स्थान नहीं था। इसी हेतु शूद्र जातियों को जो समाज में निम्न दृष्टि से देखे जाते थे, उन्हें हरिजन की संज्ञा दी और स्वयं अपने हाथों से उनकी सेवा करके सेवा भावना को ईश्वर की सेवा से जोड़कर समाज के समक्ष एक आदर्श प्रस्तुत किया। गरीब, मजदूरों, किसानों एवं शोषित वर्गों के लिए उनके हृदय में सदैव करुणा झलकती रहती थी और उनके जीवन स्तर को उठाने के लिए उन्होंने आन्दोलन की भी शुरुआत की।

विश्ववादी दृष्टिकोण

गांधीजी सम्पूर्ण मानव समाज के उत्थान की बात करते थे। उनका विचार था कि सम्पूर्ण मानव समाज एक है और उनके कल्याण से ही पूरे विश्व में समरसता पैदा हो सकती है। उनके अनुसार मानव जाति के तीन मुख्य आधार थे, सत्य, अहिंसा एवं निडरता तथा राष्ट्रों के बीच समानता तथा सहयोग की भावना को विकसित करना।

आधुनिक विश्व में विज्ञान के प्रभाव को कम करके नहीं आँका जा सकता फिर भी जीवन में सरलता एवं सीमित आवश्यकता अपनाना परिस्थिति एवं परिवेश के अनुरूप होना चाहिए। गांधीजी की विश्व दृष्टि वस्तुतः मानवतावादी मूल्यों पर आधारित है। नई विश्व-व्यवस्था की आवश्यकता, प्रत्येक राष्ट्र के प्रत्येक व्यक्ति के अधिकारों की रक्षा तथा प्रत्येक व्यक्ति में समस्त मानवीय गुणों का विकास एवं प्रस्फुटन से ही एक उन्नत एवं सभ्य समाज की परिकल्पना साकार हो सकती है। इस धारणा को गांधीजी ने समसामयिक काल में दृष्टिभूत किया।

महात्मा गांधी का सम्पूर्ण जीवन उपनिवेशीय दासता से मुक्ति प्रदान करने के लिए समर्पित था। समानता स्थापित करने के लिए दक्षिण अफ्रीका में उनके द्वारा सत्याग्रह किया गया। भारत को उपनिवेशवाद से स्वाधीनता दिलाने के लिए उन्होंने अपने सम्पूर्ण जीवन का उत्सर्ग कर दिया।

महात्मा गांधी का कहना था कि हमारी तपस्या, हमारा व्रत तब तक अधूरा है जब तक समाज का सबसे कमजोर व्यक्ति हमारे साथ चलने योग्य न हो जाए, इस लक्ष्य की प्राप्ति हेतु उन्होंने अनेक साधना अनेक प्रयोग किए कभी मौन रहकर तो कभी व्रत रखकर। वे हमेशा कहा करते थे कि मैं हिन्दू, मुस्लिम, सिक्ख, ईसाई बाद में हूँ, पहले मानव हूँ।

महात्मा गांधी के अनुसार समाज का प्रत्येक सदस्य सार्वभौमिक रूप से पूर्ण मानव है तथा यही मानवाधिकार का आधार है। मानव स्वतन्त्रता को गांधीजी ने सर्वाधिक महत्त्वपूर्ण माना। उनके दृष्टि से प्रत्येक मानव का विकास तभी सम्भव है जब उसको आवश्यक सामाजिक अंकुश के साथ पूर्ण व्यक्तिगत स्वतन्त्रता दी जाए। सर्वोच्च कोटि की स्वतन्त्रता सर्वोच्च कोटि का अनुशासन और विनय आवश्यक है। अनुशासन और विनय से प्राप्त होनेवाली स्वतन्त्रता को कोई नहीं छीन सकता।[1]

गांधी के अनुसार प्रत्येक मानव के अधिकार के साथ कर्तव्य की भावना जुड़ी है तथा कर्तव्य पूर्ण करने पर ही अधिकारों का संरक्षण प्राप्त होगा। इस प्रकार वास्तविक अधिकार कर्तव्य पालन की भावना में निहित है।[2]

गांधीजी ने राज्य की शक्ति वृद्धि का नीतिगत रूप से विरोध किया था उनके अनुसार "राज्य की शक्ति मानव जाति के लिए सबसे अधिक नुकसानदेह है, जो कि समस्त प्रगति की जड़ है।[3]

गांधीजी के विचार से वही राज्य सर्वश्रेष्ठ जो कम-से-कम शासन करता है।[4]

सर्वोदय के माध्यम से महात्मा गांधी ने एक ऐसे राज्य की कल्पना की जिसका उद्‌देश्य राजनीति को शुद्ध करना, मानवता पर विश्वास जागृत करना, मानव स्वतन्त्रता को सुरक्षित करने और मानव गरिमा को पुनर्स्थापित करना है।[5]

यंग इंडिया[6] में गांधीजी ने यह भी कहा कि ऐसे भारत के लिए प्रयास किया जाएगा जिसमें न तो किसी का शोषण होगा न ही ऊँच-नीच का भेद-भाव होगा। सभी सम्प्रदाय में पूरा मेल-जोल होगा, महिला एवं पुरुषों का दर्जा बराबर का होगा।

श्री अरविन्द घोष के चिन्तन में मानवाधिकार

भारत भूमि की यह विशेषता रही है कि जब-जब मानव जाति संक्रमण काल में दिग्भ्रमित हुई है, तब-तब यहाँ पर प्रखर ज्ञान-रश्मियों से युक्त महामानवों का पदार्पण हुआ है। इसी कड़ी में महर्षि अरविन्द घोष एक दैदीप्यमान नक्षत्र के रूप में भारतीय पटल पर अवतरित हुए।

एक व्यक्तित्व के आकलन की दृष्टि में वे विवेकानन्द, रामकृष्ण परमहंस, महात्मा गांधी और जवाहर लाल नेहरू से कहीं अधिक प्रखर और मुखर थे। गुरु रवीन्द्रनाथ ठाकुर ने उन्हें "भारतीय संस्कृति के मसीहा" की संज्ञा दी।

श्री अरविन्द की दृष्टि में स्वतन्त्रता और समरसता दोनों ही प्रवृत्तियाँ नैसर्गिक और दोनों को साथ-साथ चलना चाहिए किन्तु कृत्रिम एवं यान्त्रिक ढंग से उनके बीच सामंजस्य नहीं लाया जा सकता–

"स्वतन्त्रता और समस्वरता दोनों विभिन्नता तथा एकता के दो आवश्यक तत्वों को अभिव्यक्त करती है–स्वतन्त्रता व्यक्ति, समुदाय और जाति की और समस्वरता जो कि सहयोजित हों, व्यक्ति की शक्तियों की, समुदाय में सब व्यक्तियों, जातिगत समुदायों तथा मानव जाति के अन्दर की सब जातियों के प्रयत्नों की–ये दो स्वस्थ प्रगति एवं सफलता प्राप्ति के लिए आवश्यक परिस्थितियाँ हैं, इन्हें सिद्ध करने और मिला देने के लिए मानव जाति ने अपने समस्त इतिहास में अज्ञान के साथ अथवा अधूरे ज्ञान के साथ सदा प्रयत्न किया है। यह कार्य वस्तुतः बहुत कठिन एवं सर्वथा अधूरे तरीके पर समझा गया है और बुद्धि और इच्छाओं में कुछ इस प्रकार बिलकुल ही भद्दे और यान्त्रिक ढंग से इसका अनुष्ठान किया है कि सन्तोषप्रद रीति से इसकी तब तक कोई सिद्धी नहीं हो सकती जब तक मनुष्य आत्म ज्ञान तथा आत्म प्रभुत्व के द्वारा अपने साथी मनुष्यों के साथ आध्यात्मिक एवं अन्तरात्मिक एकता को प्राप्त कर लेने की अवस्था तक प्रगति नहीं कर लेता।"[7]

स्वतन्त्रता और समरसता दोनों ही अपेक्षाएँ तात्विक हैं तथा इनमें से किसी को इनकार नहीं किया जा सकता है। भावात्मक एकता के नाम पर व्यक्ति की स्वतन्त्रता का दमन नहीं किया जा सकता। समरसता का यह अर्थ कदापि नहीं है कि ऊपर से काट-छाँटकर वाह्य संरचना को एक समान दिखलाने का प्रयास किया जाए। क्योंकि इस तरह के प्रयास आरोपित होने के कारण क्षणिक एवं प्रभावहीन सिद्ध होंगे इसलिए सही अर्थों में एकता भावात्मक ही होती है और उसे एक सहज आन्तरिक प्रक्रिया के अन्तर्गत फलीभूत होना चाहिए। इसीलिए पाल ब्रंटन कहते हैं..."यदि आध्यात्मिक एकता हमारा लक्ष्य है तो इसे एक आन्तरिक प्रक्रिया के तहत होना चाहिए, बाह्य आरोपण नहीं। एकता हो तो भीतर से हो, अन्यथा न हो।...इसकी अनुभूति व्यक्तिगत विशिष्टताओं के बावजूद व्यक्तियों के बीच की जा सकती है। वास्तविक एकता तभी स्थापित हो सकती है जब कि हमें अनुभव हो कि अनेकता हमारे कष्टों तथा परेशानियों का कारण तथा हमारी आध्यात्मिक अज्ञानता का सूचक है।"[8]

मानवीय मूल्यों के प्रति उनके दृष्टिकोण

श्री अरविन्द का मानना था कि राज्य मानव की इच्छाओं का एक समुच्चय है, जिसे जनता के विश्वास द्वारा प्राप्त करना है। यदि राजनेता उत्तम चरित्र एवं नैतिक मूल्यों के प्रति आस्थावान है, तब तो वह जनहित में कार्य करेगा, अन्यथा वह अपने निहित स्वार्थ सिद्धि हेतु प्रयासरत रहेगा। उनकी दृष्टि में आधुनिक युग के राजनेता चारित्रिक

रूप से पतित, स्वार्थी और कायर हो गए हैं। इसी वजह से आज सर्वत्र अराजकता, शोषण एवं अत्याचार दिखाई पड़ रहा है। इस रूप में वे कभी भी राज्य को असीमित और सार्वभौम शक्ति देने के पक्ष में नहीं थे।

उन्होंने समाजवादी विचारकों के उस सिद्धान्त का भी खंडन किया है, जिसमें राज्य को व्यक्ति की इच्छाओं का प्रतिनिधि बताया गया है।

उनकी सोच थी कि राज्य का आदर्श व्यवहार यह होना चाहिए कि वह मनुष्य के विकास के मार्ग से अवरोधों को दूर कर प्रगति का मार्ग प्रशस्त करे ताकि समाज के प्रत्येक व्यक्ति की उसकी स्वतन्त्रता और अन्य मानवाधिकारों का संरक्षण प्राप्त हो सके और उनका सर्वांगीण विकास हो।

इस तरह उन्होंने मानवाधिकारों के संरक्षण की दिशा में राज्य की अस्मिता को भी अल्प महत्त्व दिया।

स्वतन्त्रता के सम्बन्ध में उनके विचार थे कि स्वतन्त्रता व्यक्ति की आत्मिक चेतना से विकसित होनी चाहिए, ताकि प्रत्येक व्यक्ति दूसरों की स्वतन्त्रता और अधिकार के सम्बन्ध में भी संवेदनशील हो और समाज में एक सामंजस्य और सौहार्दपूर्ण वातावरण का निर्माण हो सके। इससे स्पष्ट रूप से अरविन्द की चिन्तन में मानवाधिकार परिभाषित है।

विनोवा भावे

महात्मा गांधी के समान ही विनोवा भावे ने भी सर्वोदय का मन्त्र दिया, सर्वोदय का दर्शन 'सर्वभूत हितेरताः' की भावना में निहित है अर्थात् 'मैं सर्व हूँ, सर्व मुझमें है' यही सर्वोदय का अर्थ है। सर्वोदय का मूलपाठ है–प्रत्येक व्यक्ति द्वारा समाज को अपनी सेवा अर्पित करना और समाज द्वारा प्रत्येक को विकास का समान अवसर तथा संरक्षण प्राप्त होना।[9] सर्वोदय की बुनियाद अहिंसा पर है और अहिंसा का दर्शन आत्मा की एकता में है। सर्वोदय में 'मानव' केन्द्रबिन्दु है और मानव समाज का नियामक है तथा समाज में प्रत्येक व्यक्ति का समान महत्त्व होता है, इस प्रकार सर्वोदय की विचारधारा समन्वयात्मक है और यही मानवतावादी दर्शन है अतः यह सभी के समान अधिकार में विश्वास करता है।[10]

मानवेन्द्रनाथ राय

मानवेन्द्रनाथ राय ने सामाजिक सुधार के लिए सामाजिक स्वतन्त्रता को आवश्यक माना। इसके अभाव में मानव अपना सामाजिक गौरव खो देता है। फलतः उसके विवेक शक्ति का विकास रुक जाता है। मनुष्य अपना नैतिक सन्तुलन खोकर मूर्ख बन जाता है। मानव के साथ-साथ समाज का भी विकास रुक जाता है। समाज अवनति

की ओर अग्रसर होने लगता है। अतः समाज को उन्नतशील बनाने के लिए आवश्यक है कि इसे विवेकशील बनाया जाए।[11]

डॉ. भीमराव अम्बेडकर एवं मानवाधिकार सम्बन्धी चिन्तन

समाज वैज्ञानिक एवं मानवशास्त्री अस्पृश्यता की उत्पत्ति के सम्बन्ध में भिन्न-भिन्न कारकों को उत्तरदायी मानते हैं। मनु के अनुसार जन्म, मृत्यु, मासिक-स्राव तथा तत्सम्बन्धी कुछ कार्यों को अपवित्रता का उद्गम माना गया है, जो व्यक्ति इन घटनाओं अथवा तथ्यों से सम्बन्धित कार्यों को दूसरों के लिए निरन्तर करते हैं उन्हें अस्पृश्य कहा जाता है। मनु के पूर्व शूद्रों को केवल अपवित्र माना जाता था, अस्पृश्य नहीं। अस्पृश्यों की सामाजिक, आर्थिक, धार्मिक और राजनीतिक निर्योग्यताएँ रही हैं। अतः अस्पृश्यता के दुष्परिणामों से समाज को बचाने के लिए तथा मानवाधिकार की रक्षा के निमित्त समय-समय पर अनेक प्रयास किए जाते रहे हैं।

भारतीय स्वतन्त्रता-प्राप्ति के पूर्व ब्रह्म समाज, आर्य समाज, प्रार्थना समाज तथा रामकृष्ण मिशन आदि संस्थाओं ने अस्पृश्यता-निवारण व मानवाधिकार की रक्षा के लिए राजाराम मोहन राय, केशवचन्द्र सेन, दयानन्द सरस्वती, स्वामी रामकृष्ण परमहंस, एनी बेसेंट, विवेकानन्द आदि को जन्म दिया। गत शताब्दी में नारायण गुरु (1854-1928), महात्मा गांधी (1869-1948) तथा भीमराव अम्बेडकर (1891-1956) ने इस दिशा में सराहनीय योगदान किए। 1917 से 1956 तक वे अनुसूचित जातियों के सामाजिक उत्थान तथा मानवाधिकार की रक्षा के लिए सतत् प्रयत्नशील रहे। अम्बेडकर ने महाराष्ट्र के महारों को पशु-मांस खाने, शराब पीने एवं भीख माँगना छोड़ने के लिए प्रेरित किया एवं उन्हें शिक्षित होने के लिए प्रोत्साहन दिया। उन्होंने 1920 में ''मूकनायक'' पत्रिका का सम्पादन प्रारम्भ किया, जिसमें अस्पृश्यों की समस्याओं तथा उनके निराकरण पर लेख निरन्तर प्रकाशित होते रहे।

1920 में अम्बेडकर के ही प्रयासों से 'अखिल भारतीय दलित संघ' एवं 'अखिल भारतीय दलित वर्ग फेडरेशन' की स्थापना हुई। इन संस्थाओं के माध्यम से उन्होंने अस्पृश्यता निवारण एवं मानवाधिकार रक्षण में अविस्मरणीय योगदान दिया।

1930 में डॉ. भीमराव ने नासिक के कालाराम मन्दिर में अस्पृश्यों के प्रदेश के लिए बृहद् स्तर पर सत्याग्रह आरम्भ किया और सफलता अर्जित की। मानवाधिकारों की रक्षा के लिए डॉ. अम्बेडकर ने हिन्दू धर्मग्रन्थों का गहन अध्ययन करके प्रामाणिक पुस्तकों की रचना की तथा बहुत-सी भ्रामक धारणाओं का खंडन भी किया। तात्कालिक परिस्थितियों ने उन्हें इतना प्रभावित किया कि उन्हें हिन्दू धर्म से वस्तुतः अरुचि हो गई और अपनी मृत्यु के कुछ समय पूर्व उन्होंने कई हजार महारों के साथ

बौद्ध धर्म स्वीकार कर लिया। निष्कर्षतः अनुसूचित जातियों को राजनीतिक, सामाजिक, संवैधानिक अधिकार दिलाने के लिए भारतीय संविधान में सम्मिलित व गृहीत धाराएँ उनके नाम को अजर-अमर कर चुकी हैं।

पूना एक्ट, 1932–मदन मोहन मालवीय एवं अन्य नेताओं के प्रयास से महात्मा गांधी और डॉ. अम्बेडकर में समझौता कराया गया, जो पूना पैक्ट (1932) के नाम से प्रसिद्ध है। डॉ. अम्बेडकर पहले अनुसूचित लोगों के लिए पृथक् निर्वाचन पद्धति चाहते थे। गांधीजी ने इस पृथक् निर्वाचन पद्धति का विरोध किया और जेल में आमरण अनशन आरम्भ कर दिया। गांधीजी की मान्यता थी कि यदि देश की चौथाई आबादी समाज में नारकीय जीवन व्यतीत करती रही और उसे राष्ट्रीय जीवन-धारा के साथ जोड़ने का प्रयास नहीं किया गया, तो भारतीय समाज विशृंखलित हो जाएगा। अतएव उन्होंने हरिजनों के लिए पृथक् निर्वाचन पद्धति का विरोध किया। समझौता के फलस्वरूप डॉ. अम्बेडकर ने संयुक्त निर्वाचन क्षेत्र का आधार स्वीकार कर लिया।

मानवाधिकार प्रदान किए जाने के सम्बन्ध में गांधी और अम्बेडकर के विचार तो मेल खाते थे किन्तु उनके मार्ग भिन्न थे। गांधी के प्रयास में राजनीति की गन्ध थी तो अम्बेडकर के प्रयास विशुद्ध सामाजिक परिवेश में पल्लवित हुए। अम्बेडकर की देखा-देखी गांधी ने 1933 में हरिजन सेवक संघ की स्थापना उसी तर्ज पर की। गांधी को राजनीति से प्रेरित होकर अस्पृश्यता निवारण में जुट जाना पड़ा। गांधी ने घोषणा की "मैं ऐसे भारत का निर्माण करना चाहता हूँ, जिसमें न कोई उच्च होगा, न कोई नीचा; ऐसा भारत जिसमें सभी सम्प्रदाय पूरी तरह घुल-मिलकर रहेंगे परन्तु डॉ. अम्बेडकर ने मानवाधिकार का जो पक्ष लिया वह राजनीति से कदापि प्रेरित नहीं रहा प्रत्युत् विशुद्ध समानता के आधार पर टिका था।

भारतीय संविधान की प्राप्ति के पश्चात् मानवाधिकार पोषण का अभियान द्रुतगति से चला। संविधान के अनुच्छेद 15(1), 17, 19, 29, 46, 335 में घोषणा की गई है। अस्पृश्यता (अपराध) अधिनियम 1955 ने मानवाधिकार की रक्षा की है। हर वर्ष (2 अक्टूबर) को अस्पृश्यता निवारण दिवस के रूप में मनाया जाता है।

स्वतन्त्रता के बाद देश में अन्य कई अधिनियम जैसे अनुसूचित जाति, जनजाति अत्याचार (निवारण) अधिनियम, 1989 आदि पारित होकर समाज के शोषित, दलित वर्ग को न केवल एक सुरक्षा कवच उपलब्ध कराया परन्तु समाज के अन्य वर्गों को उनके प्रति अच्छा व्यवहार प्रदर्शन करने के लिए भी बाध्य किया। डॉ. भीमराव अम्बेडकर संविधान के ड्राफ्ट समिति के अध्यक्ष भी रहे, उनके नेतृत्व में भारत वर्ष में संविधान, मानवाधिकार के रक्षक के रूप में एक 'मॉडल' प्रस्तुत किया।

सन्दर्भ ग्रन्थ

1. सन्दर्भ : गांधी, यंग इंडिया, 3-4-1926, मेरे सपनों का भारत, पृ. 17
2. Ref. Gandhi : Harijan, Ahemadabad, May 27, 1939, P. 143
3. Ref. : Bose Nirmal Kumar, An interview with Gandhi in Modern Review, Oct. 1935, P. 413
4. गांधी, सर्वोदय, पृ. 83
5. सन्दर्भ : सर्वोदय का सिद्धान्त, जनजीवन प्रकाशन, अहमदाबाद, 1951, पृ. 3-4
6. पृ. 83
7. सन्दर्भ-1, श्री अरविन्द : मानव चक्र : पृ.71-72
8. सन्दर्भ-2, पाल ब्रंटन : द स्पिरिचुअल क्राइसिस ऑफ मैन, राइटर एंड कम्पनी, लन्दन 1952, पृ. 154
9. विनोवा साहित्य 16, तीसरे शक्ति परधाम, प्रकाशन परवार वर्धा, लक्ष्मीनारायण देव स्थान, वर्धा 1996, पृ. 7-8.
10. विनोवा साहित्य उपरोक्तानुसार, पृ. 10-12
11. 23. Roi, M.N. : In Man's Own Image, Penaissance Publishers, 1948, PP. 60-63.

षष्ठ अध्याय

विश्व स्तर पर मानवाधिकार संरक्षण

(क) मार्क्सवाद और मानवाधिकार

मार्क्सवाद के अनुसार मानवाधिकार भौतिक द्वन्द्ववाद की सार्वभौम परिणति है। मार्क्स के अनुसार मानवाधिकारों को प्राकृतिक दर्शन की पृष्ठभूमि में देखना यथार्थवादी, ऐतिहासिक अथवा तर्कसंगत नहीं है। उनका मत था कि जब तक पूँजीपति उत्पादन के साधनों पर नियन्त्रण रखते हैं तब तक व्यक्तिगत अधिकार का कोई मतलब नहीं है।

आधुनिक साम्यवाद के मूल स्रोत कार्ल मार्क्स हैं। मार्क्स सन् 1818 से 1883 तक रहे। मार्क्स बुरे दिन देख चुके थे और लगता है कि इन बुरे दिनों का सामाजिक प्रश्नों से सम्बन्धित उनके विचारों पर गहरा असर पड़ा। अपने क्रान्तिकारी नामों के कारण मार्क्स को अपने जीवन के अनेक वर्ष एक राजनीतिक प्रवासी के रूप में जर्मनी, नीदरलैंड और फ्रांस से बाहर बिताने पड़े। उन्होंने ऐंगेल्स के साथ सन् 1848 में कम्युनिस्ट पार्टी का घोषणा-पत्र प्रकाशित किया। उनका महान् ऐतिहासिक ग्रन्थ 'दास कैपिटल' 1867 में प्रकाशित हुआ था।

मार्क्स ने हीगेल से द्वन्द्ववाद का विचार लिया। द्वन्द्ववाद का मतलब है कि दो विरोधी तत्वों की अन्तःक्रिया के परिणामस्वरूप प्रगति होती है। हीगेल का कहना था कि इतिहास द्वन्द्वात्मक मार्ग से अपने पूर्व निश्चित लक्ष्य की ओर बढ़ता है। हीगेल ने द्वन्द्ववाद की शिक्षा विचारों के क्षेत्र में दी थी, पर मार्क्स ने उनका उपयोग भौतिक क्षेत्र में किया।

सामन्तशाही के बाद वैज्ञानिक और औद्योगिक क्रान्ति के द्वारा पूँजीपति वर्ग बड़े-बड़े कारखानों का मालिक बन बैठा। उसने मजदूरों के श्रम का उचित मूल्य न देकर अपने मुनाफे कमाए और इस प्रकार उनके मानवाधिकार हनन कर एक नए वर्ग-संघर्ष की शुरुआत की।

मानव शोषण का विश्लेषण

मार्क्स का कहना है कि पूँजीवाद के परिणामस्वरूप आवश्यकता से अधिक पूँजी और माल का उत्पादन हो जाता है। मजदूर वर्ग की थोड़ी आय होने के कारण

उनकी क्रय शक्ति कम हो जाती है, इसलिए देश के बाजारों में माल की बिक्री कम हो जाती है। फलतः विदेशों में बाजार ढूँढ़े जाते हैं और इसका परिणाम साम्राज्यवाद और युद्ध होता है।

मार्क्स का विश्वास था कि दिन-प्रतिदिन धनी लोग अधिकाधिक धनी और गरीब लोग अधिकाधिक गरीब होते जा रहे हैं। अन्त में एक ऐसा समय आएगा कि गरीब लोग, जिनका समाज में बहुत ज्यादा बहुमत है, धनी लोगों को हटाकर एक नया समाज बनाएँगे। मार्क्स ने सर्वहारा (भूमिहीन, सम्पत्तिहीन वर्ग) की वर्ग-चेतना पर और मध्य वर्ग के लोप हो जाने पर अधिक जोर दिया था। उनका विश्वास था कि सर्वहारा वर्ग अधिकाधिक लड़ाकू होता जाएगा, जिसके परिणामस्वरूप एक अन्तिम क्रान्ति होगी। क्रान्ति के कारण पूँजीपति समाप्त हो जाएँगे, और वर्गविहीन समाज कायम होगा। स्वयं मार्क्स के ही जोरदार शब्दों में 'पूँजीवादी उत्पादन, प्रकृति के अजेय नियम के अनुसार स्वयं ही अपने विनाश का कारण बनता है।'

साम्यवादी अपने विचारों व लक्ष्यों को छिपाने से घृणा करता है। वे खुलेआम घोषणा करते हैं कि वर्तमान सामाजिक ढाँचे को बलात् हटाकर ही उनके लक्ष्य पूरे हो सकते हैं। शासक वर्ग साम्यवादी क्रान्ति से काँपता है तो काँपे, सर्वहारा वर्ग को अपनी जंजीरों के अलावा और कुछ नहीं खोना है और पाना है सारा संसार।

मानवीय अधिकारों को समाज में प्रतिष्ठित करने हेतु मार्क्स ने निम्न सुझाव व सिद्धान्त दिए :

1. हर प्रकार की जमींदारी का उन्मूलन और भूमि से मिलने या होनेवाले समूचे राजस्व का सार्वजनिक लाभ के कामों पर खर्च किया जाए।
2. आय के साथ तेजी से बढ़नेवाला आयकर।
3. सब प्रकार के उत्तराधिकार का अन्त।
4. देश छोड़कर अन्य देशों में बसनेवालों की और विद्रोहियों की सम्पत्ति की जब्ती।
5. संचार और परिवहन के साधनों का राज्य द्वारा अधिग्रहण।
6. राज्य-स्वामित्ववाले कारखानों और उत्पादन के साधनों का विस्तार; एक सामान्य योजना के अनुसार बंजर भूमि को खेती के योग्य बनाना और जमीन को अधिक उपजाऊ बनाने का उपाय करना।
7. काम करने का सब पर एक-सा दायित्व।
8. खेती का उद्योग से सम्मिलन और आबादी का नगरों तथा गाँवों में अधिक न्यायपूर्ण वितरण।
9. निःशुल्क सार्वजनिक स्कूली शिक्षा की व्यवस्था और बच्चों से मजदूरी कराने पर रोक।

पूँजीपति समाज में उत्पादन पर कुछ लोगों का नियन्त्रण होता है और इसलिए वह समाज व्यक्ति को सन्तुष्ट नहीं कर सकता बल्कि सच तो यह है कि व्यक्ति की स्वतन्त्रता और अधिकार समाज के आर्थिक, समाजिक पहलू, परिस्थितियों पर निर्भर करते हैं। इस मार्क्सवादी दृष्टिकोण के अनुसार सामाजिक प्रक्रिया यह निरन्तर संघर्ष है, जो कुछ लोगों के उत्पादन के साधनों पर नियन्त्रण और अधिकार के कारण नियन्त्रण होता है। एक ऐसा समाज जिसमें उत्पादन के साधनों पर एक वर्ग का एकाधिकार हो वहाँ कदाचित् मानवाधिकार एक छलावा ही होते हैं। इसलिए मार्क्स का दावा है कि मानवाधिकार उसी समाज में मूर्तरूप ले सकते हैं, जहाँ उत्पादन के साधन समाज के पास एक समान रूप में हो।

मार्क्सवादी सिद्धान्त का सबसे महत्त्वपूर्ण और स्थायी योगदान यह है कि उसमें मनुष्य की प्रतिष्ठा को महत्त्वपूर्ण स्थान दिया गया है। 19वीं सदी में जिस सिद्धान्त का विकास हुआ वह एक ऐसे समाज का प्रत्युत्तर था, जो शोषण और उद्योग पर ही आधारित होने के कारण अन्याय को जन्म दे रहा था। मार्क्सवाद ने मजदूर वर्ग को मानवाधिकार देने का प्रयास किया जिन्हें अभी तक यह प्राप्त न था। मार्क्स के अनुसार किसी भी मनुष्य को कौन से अधिकार और कौन सी स्वतन्त्रता दी जानी चाहिए, इस पर निर्भर करता है प्रमुख वर्ग अपना हित उस विषय पर क्या चाहता है। संक्षेप में मानवाधिकार और स्वतन्त्रता वर्ग पर आधारित है। लेनिन ने लिखा था कि लोग हमेशा तब तक धोखे के शिकार होते हैं और राजनीति में स्वयं को धोखा देते हैं जब तक उन वर्गों के हितों को देख और पहचान न लें?

भारतीय परिदृश्य में मार्क्स की सिद्धान्त तथा मानवाधिकार

मार्क्स के सिद्धान्त ने सम्पूर्ण विश्व में क्रान्ति का विगुल बजा दिया। यह मार्क्स के सिद्धान्तों का ही प्रतिफल था कि सोवियत रूस में वर्षों से जारी जारशाही का निरंकुश शासन समाप्त हुआ एवं 1917 ई. के बोल्सेविक क्रान्ति के उपरान्त कम्युनिस्ट पार्टी की सरकार बनी।

निःसन्देह मार्क्स का सिद्धान्त मजदूर और किसान वर्ग के हितों की बात करता था और इसके लिए मार्क्स ने वर्ग संघर्ष आदि का विचार भी प्रस्तुत किया किन्तु भारतीय परिवेश में मार्क्स के सिद्धान्त उपयुक्त नहीं बन सके, क्योंकि भारतीय संस्कृति आरम्भ से ही अहिंसा की पृष्ठभूमि पर आधारित है। अधिकार प्राप्ति हेतु खूनी संघर्ष करना किसी भी रूप में भारतीय सभ्यता के अनुरूप नहीं था। इसके बावजूद भी मार्क्स के सिद्धान्तों का प्रभाव भारतीय राजनीति और सामाजिक स्थिति पर पड़ा और अनेक वामपन्थी दलों का उदय भारतीय पटल पर हुआ, जो मजदूर वर्ग, किसान एवं समाज के अन्य शोषित वर्गों के उत्थान व उनको अधिकार प्रदान कराने हेतु आज भी अपनी अहम भूमिका निभा रहा है।

आधुनिक काल में भारतवर्ष में समाज को दृढ़ता प्रदान करने हेतु सुव्यवस्थित और पहले से भी अधिक विकसित शासन और न्याय प्रणालियों को लागू किया गया। हालाँकि अन्य देशों से आए हुए विजेता और आक्रान्ताओं द्वारा सर्वदा इसका प्रयास किया गया कि जनता और समाज के सार्वभौम प्रदत्त अधिकार भी हथिया लिए जाएँ परन्तु कहीं गहरे में सामान्य जनता के सार्वभौम अधिकारों का हनन करने में इनके मन में भी सदा भय बना रहा कि कहीं जनता का विरोध विद्रोह के रूप में शासन के विरुद्ध न फूट पड़े।

राम, कृष्ण, महात्मा बुद्ध, महावीर स्वामी, कबीर, सूर, तुलसी से लेकर राष्ट्रपिता महात्मा गांधी और बाबा साहब भीमराव अम्बेडकर तक भारत के हर क्षेत्र, हर काल में एक से बढ़कर एक मानवता के रक्षक और मानवाधिकारों के संरक्षक पैदा होते रहे हैं।

(ख) संयुक्त राष्ट्र द्वारा विभिन्न घोषणा-पत्र एवं प्रसंविदाओं के माध्यम से विश्वपटल पर प्रयास

1. मानवाधिकारों का सार्वभौमिक घोषण-पत्र, 1948

प्रसिद्ध फ्रांसीसी दार्शनिक तथा लेखक जीन जैक्स रूसो ने आज से 200 वर्ष पहले लिखा था, ''मनुष्य स्वतन्त्र पैदा होता है, पर हर जगह जंजीरों में जकड़ा हुआ है।'' अपनी इस सूक्ति में रूसो ने शोषण तथा असमानता के बन्धनों में जकड़े हुए जनसाधारण की स्वतन्त्र होने की ओर स्वाधीनता, आजादी तथा समानता का बेहतर जीवन प्राप्त करने की आकांक्षा को व्यक्त किया था। वास्तव में अनेक सामाजिक विचारक तथा राजनीतिक आन्दोलन बहुत समय से मनुष्य को उन जंजीरों से मुक्त कराने का, जिनमें वह जकड़ा रहा है, उन्हें उन अधिकारों का उपभोग करते हुए देखने का प्रयत्न करते रहे हैं जिन्हें रूसो स्वाभाविक, अभिन्न तथा अविभाज्य समझते थे।

अधिकार सामाजिक जीवन की अनिवार्य आवश्यकताएँ हैं जिनके बिना न तो व्यक्ति अपने व्यक्तित्व का विकास कर सकता है और न ही समाज के लिए उपयोगी कार्य कर सकता है। अधिकारों के बिना मानव जीवन के अस्तित्व की कल्पना ही नहीं की जा सकती है। राज्य का सर्वोच्च लक्ष्य व्यक्ति के व्यक्तित्व का पूर्ण विकास है। इस कारण राज्य के द्वारा व्यक्ति को कतिपय सुविधाएँ प्रदान की जाती हैं और राज्य के द्वारा व्यक्ति को प्रदान की जानेवाली इन बाहरी सुविधाओं का नाम ही अधिकार है।

अमरीकी तथा फ्रांसीसी क्रान्तियों के पश्चात् मानवाधिकारों की जो घोषणा हुई उसके द्वारा मानव के महत्त्वपूर्ण अधिकारों को स्वीकार किया गया। सन् 1941 में अमरीकी कांग्रेस को दिए गए सन्देश में अमरीका के राष्ट्रपति रूजबेल्ट ने चार

स्वतन्त्रताओं पर बल दिया था–भाषण तथा विचार अभिव्यक्ति की स्वतन्त्रता, धर्म तथा विश्वास की स्वतन्त्रता, अभाव से स्वतन्त्रता तथा भय से स्वतन्त्रता। ये सभी अधिकार विश्व में हर स्थान पर सभी को प्राप्त होने चाहिए। अटलांटिक चार्टर से लेकर द्वितीय महायुद्ध समाप्त होने के पूर्व अनेक सम्मेलनों में मित्र-राष्ट्रों के द्वारा मानवीय अधिकारों तथा आधारभूत स्वतन्त्रताओं पर बार-बार बल दिया गया।

विश्व शान्ति तथा सुरक्षा को बनाए रखने के लिए एक अन्तर्राष्ट्रीय संगठन बनाने के प्राथमिक सुझाव 1944 में डंबर्टन ओक्स सम्मेलन में स्वीकार किए गए थे। उस समय यह कल्पना नहीं की गई थी कि मानवाधिकारों तथा मूलभूत स्वतन्त्रताओं के सम्मान को बढ़ावा तथा प्रोत्साहन देने को इस प्रस्तावित संगठन का एक बुनियादी उद्देश्य निर्धारित किया जाए, लेकिन जब दूसरे महायुद्ध के बाद 1945 में संयुक्त राष्ट्रसंघ का घोषणा-पत्र तैयार करने के लिए सेनफ्रांसिस्को सम्मेलन हुआ तो सोवियत संघ के प्रतिनिधिमंडल की पहलकदमी पर ही घोषणा-पत्र तैयार करनेवालों ने मानवाधिकारों तथा मूलभूत स्वतन्त्रताओं के सम्मान से सम्बन्धित प्रावधानों को उसमें शामिल करने की आवश्यकता को स्वीकार किया था।

संयुक्त राष्ट्र संघ तथा मानवाधिकार
(United Nations and Human Rights)

संयुक्त राष्ट्र संघ के चार्टर में मानवाधिकार सम्बन्धी पृथक घोषणा तो नहीं शामिल हैं, लेकिन चार्टर में अनेक स्थानों पर मानवाधिकारों का स्पष्ट उल्लेख किया गया है। मानवाधिकारों को राज्यों के बीच सम्बन्धित सहयोग स्थापित करने तथा संयुक्त राष्ट्र संघ के चार्टर उद्देश्यों को क्रियान्वित करने के लिए आवश्यक समझा गया। संयुक्त राष्ट्र संघ के चार्टर में मानवाधिकारों के सम्बन्ध में निम्नलिखित सन्दर्भ मिलता है :

(1) चार्टर की प्रस्तावना में "मानव के मौलिक अधिकारों, मानव व्यक्ति के गौरव तथा महत्त्व में तथा पुरुषों एवं स्त्रियों के समान अधिकारों" में विश्वास प्रकट किया गया है।

(2) अनुच्छेद 1 के अन्तर्गत चार्टर के उद्देश्य का वर्णन इस प्रकार किया गया है। मानवाधिकारों के प्रति सम्मान को बढ़ावा देना तथा जाति, लिंग, भाषा या धर्म के बिना भेदभाव के मूलभूत अधिकारों को बढ़ावा देना तथा प्रोत्साहित करना।

(3) अनुच्छेद 13 में महासभा के द्वारा जाति, लिंग, भाषा या धर्म के भेदभाव के बिना सभी को मानवाधिकार तथा मौलिक स्वतन्त्रताओं की प्राप्ति में सहायता देने की व्यवस्था है।

(4) अनुच्छेद 55 में यह प्रावधान है कि संयुक्त राष्ट्र संघ जाति, लिंग, भाषा

अथवा धर्म के भेदभाव के बिना सभी के लिए मानवाधिकारों तथा मौलिक स्वतन्त्रताओं को बढ़ावा देगा।

(5) अनुच्छेद 56 में उपलब्ध है कि सभी सदस्य राज्य मानवाधिकारों तथा मानव स्वतन्त्रताओं की प्राप्ति के लिए संयुक्त राष्ट्र संघ को अपना सहयोग प्रदान करेंगे।

(6) अनुच्छेद 62 के अन्तर्गत आर्थिक और सामाजिक परिषद के द्वारा ''सभी के लिए मानवाधिकारों तथा मौलिक स्वतन्त्रताओं के प्रति सम्मान की भावना बढ़ाने तथा उनके पालन के सम्बन्ध में सिफारिश करने'' की व्यवस्था है।

संयुक्ट राष्ट्र संघ के चार्टर में पहली बार मानवाधिकारों तथा मौलिक स्वतन्त्रताओं की सुरक्षा पर बल दिया गया है। चार्टर के अन्तर्गत संयुक्त राष्ट्र संघ को मानवाधिकारों के सम्बन्ध में केवल प्रोत्साहन देने का ही अधिकार है, कोई कार्यवाही करने का अधिकार नहीं है। चार्टर के अन्तर्गत मानवाधिकारों तथा मौलिक स्वतन्त्रताओं का केवल उल्लेख है, परन्तु इनकी कोई व्याख्या नहीं की गई है। वास्तव में चार्टर इस सम्बन्ध में राष्ट्रों के मध्य सहयोग को अधिक आवश्यक मानता है। संयुक्त राष्ट्र संघ कार्यक्रमों का उद्देश्य जाति, लिंग, भाषा अथवा धर्म के भेदभाव के बिना सब लोगों के मानवाधिकारों तथा मूल स्वतन्त्रताओं में वृद्धि करना तथा उनके प्रति सम्मान का भाव जगाना है।

मानवाधिकारों की विश्वव्यापी घोषणा
(Universal Declaration of Human Rights)

संयुक्त राष्ट्र के चार्टर में मानवाधिकारों के आदर्श को स्वीकार करने के पश्चात् संयुक्त राष्ट्र के 'मानवाधिकार आयोग' (U.N. Commission on Human Rights)) को मानवाधिकार के मूलभूत सिद्धान्तों का मसविदा तैयार करने का कार्य सौंपा गया। लगभग तीन वर्षों के प्रयत्नों के बाद 'मानवाधिकार आयोग' ने 'मानवाधिकारों की विश्वव्यापी घोषणा' (Universal Declaration of Human Rights) का मसविदा तैयार किया। इस मसविदे को महासभा ने कुछ संशोधन के साथ 10 दिसम्बर, 1948 को सर्वसम्मति से स्वीकार कर लिया। मानवाधिकार घोषणा-पत्र में प्रस्तावना सहित 30 अनुच्छेद हैं। इस घोषणा-पत्र में न केवल नागरिक तथा राजनीतिक अधिकारों का बल्कि सामाजिक तथा आर्थिक अधिकारों का भी पहली बार प्रतिपादन किया गया अर्थात् काम करने के और समान काम के लिए समान पारिश्रमिक पाने के अधिकार का, ट्रेड यूनियनों में संगठित होने के अधिकार का, विश्राम तथा सामाजिक भरण-पोषण के अधिकार का, शिक्षा के तथा सांस्कृतिक गतिविधियों में भाग लेने के अधिकार का, जीवन के अधिकार का, विचार, धर्म, शान्तिपूर्वक सभाएँ करने तथा संगठन बनाने की

स्वतन्त्रता, आदि का।

सारा संसार जानता है कि 30 धाराओंवाली यह घोषणा लोकतान्त्रिक तथा समाजवादी शक्तियों के बढ़े हुए प्रभाव के अन्तर्गत और मानवाधिकारों तथा लोकतन्त्र की रक्षा के लिए व्यापक जनसाधारण की सशक्त कार्यवाही के फलस्वरूप ही स्वीकार की गई थी।

इसकी प्रस्तावना में "मानव जाति की जन्मजात गरिमा और सम्मान तथा अधिकारों" पर बल दिया गया है। चूँकि यह घोषणा राष्ट्र की महासभा के प्रस्ताव के रूप में स्वीकार की गई थी, इसलिए इसका कानूनी रूप से बाध्य करनेवाला कोई स्वरूप नहीं है।

अनुच्छेद-1

सभी मनुष्य जन्म से स्वतन्त्र हैं और अधिकार और मर्यादा में समान हैं। उनमें विवेक और बुद्धि है, अतएव उन्हें एक-दूसरे के साथ भ्रातृभावयुक्त व्यवहार रखना चाहिए।

अनुच्छेद-2

प्रत्येक व्यक्ति बिना जाति, रंग, लिंग, भाषा, धर्म, राजनीतिक अथवा सामाजिक, उत्पत्ति, जन्म अथवा किसी दूसरे प्रकार के भेदभाव के इस घोषणा में व्यक्त किए हुए सभी अधिकारों और स्वतन्त्रताओं का पात्र है। इसके अलावा किसी स्थान अथवा देश के साथ, जिसका वह व्यक्ति नागरिक है, राजनीतिक परिस्थिति के आधार पर भेद नहीं किया जाएगा, चाहे वह स्वतन्त्र हो, संरक्षित हो अथवा स्वशासनाधिकार से विहीन हो अथवा अन्य प्रकार से अल्प-प्रभु हो।

अनुच्छेद-3

प्रत्येक व्यक्ति को जीवन, स्वाधीनता और सुरक्षा का अधिकार है।

अनुच्छेद-4

कोई व्यक्ति दासता या गुलामी में नहीं रखा जा सकेगा। दासता और दास व्यवहार सभी क्षेत्रों में सर्वथा निषिद्ध होगा।

अनुच्छेद-5

किसी व्यक्ति को क्रूर या अमानुषिक दंड नहीं दिया जाएगा और न उसके साथ अपमानजनक बर्ताव किया जाएगा।

अनुच्छेद-6

प्रत्येक व्यक्ति को अधिकार होगा कि वह सर्वत्र कानून के अधीन व्यक्ति माना जाए।

अनुच्छेद-7

कानून के सामने सभी समान है और किसी भेदभाव के बिना कानून की सुरक्षा का अधिकारी है। यदि इस घोषणा के विरुद्ध भेद-नीतिमूलक आचरण किया जाए या किसी को ऐसे आचरण करने की प्रेरणा दी जाए तो उस अवस्था में सब समान रूप से रक्षा के अधिकारी हैं।

अनुच्छेद-8

प्रत्येक व्यक्ति को संविधान या कानून द्वारा प्राप्त मौलिक अधिकारों को भंग करनेवाले कार्यों के विपरीत राष्ट्रीय न्यायालयों के समक्ष संरक्षण पाने का अधिकार होगा।

अनुच्छेद-9

किसी व्यक्ति की अविहित गिरफ्तारी, कैद अथवा निष्कासन न हो सकेगा।

अनुच्छेद-10

प्रत्येक व्यक्ति को स्वतन्त्र और निष्पक्ष न्यायालय द्वारा अपने अधिकारों और कर्तव्यों के तथा अपने विरुद्ध आरोपित किसी अपराध के निर्णय के लिए उचित और खुलेआम तरीके से सुने जाने का पूर्णतः समान अधिकार है।

अनुच्छेद-11

प्रत्येक व्यक्ति जिस पर दंडनीय अपराध का आरोप है, तब तक निर्दोष समझा जाएगा, जब तक उसे खुलेआम मुकदमे द्वारा, जिसमें उसे अपने को निर्दोष प्रमाणित करने के लिए उचित सुविधा प्राप्त रही हो, अपराधी सिद्ध नहीं किया जाता। जो अपराध, अपराध करने के समय किसी राष्ट्रीय अथवा अन्तर्राष्ट्रीय कानून के अनुसार दंडनीय नहीं था, उस (अपराध) के लिए अपराध के बाद बने हुए कानून द्वारा किसी व्यक्ति को दंडित नहीं किया जा सकता, जो सजा अपराध करने के समय कानून के अनुसार नहीं दी जा सकेगी।

अनुच्छेद-12

किसी की भी कौटुम्बिक, गार्हस्थिक और पत्र व्यवहार की गोपनीयता में मनमाना दखल नहीं दिया जाएगा और न उसके सम्मान और ख्याति पर आघात पहुँचाया जाएगा।

अनुच्छेद-13

प्रत्येक व्यक्ति को अपने राज्य की सीमा के भीतर आवागमन और निवास की स्वतन्त्रता का अधिकार होगा। प्रत्येक व्यक्ति को किसी भी देश को जिसमें उसका भी देश सम्मिलित है, छोड़ने का अधिकार है और अपने देश में लौट जाने का अधिकार है।

अनुच्छेद-14

प्रत्येक व्यक्ति को प्रताड़ना से बचने के लिए किसी भी देश में आश्रय लेने, सुख से रहने का अधिकार है। अराजनीतिक अपराध अथवा संयुक्त राष्ट्र के उद्देश्यों एवं सिद्धान्त के विरुद्ध होनेवाले कार्यों के फलस्वरूप मूलतः दंडित व्यक्ति अधिकार से वंचित रहेंगे।

अनुच्छेद-15

प्रत्येक व्यक्ति को राष्ट्रीयता का अधिकार है। कोई व्यक्ति अपनी राष्ट्रीयता से मनमाने ढंग से वंचित नहीं किया जा सकेगा और उसको न राष्ट्रीयता परिवर्तन करने के मान्य अधिकार से ही वंचित किया जाएगा।

अनुच्छेद-16

वयस्क अवस्थावाले पुरुष और स्त्री को जाति, राष्ट्रीयता अथवा धर्म की सीमा के बिना विवाह करने और परिवार स्थापित करने का अधिकार प्राप्त है। उन्हें विवाह करने, वैवाहिक जीवन बिताने और वैवाहिक सम्बन्ध-विच्छेद के समय समान अधिकार प्राप्त है।

विवाह के इच्छुक दम्पत्ति की पूर्ण स्वतन्त्रता और स्वीकृति पर विवाह सम्पन्न होगा।

परिवार समाज की नैसर्गिक एवं मौलिक सामूहिक इकाई है और उसे समाज और राज्य द्वारा संरक्षण प्राप्त करने का अधिकार है।

अनुच्छेद-17

प्रत्येक व्यक्ति को स्वयं या दूसरों के साथ सम्पत्ति रखने का अधिकार है।

कोई भी अपनी सम्पत्ति से मनमाने तौर पर वंचित नहीं किया जा सकता।

अनुच्छेद-18

प्रत्येक व्यक्ति को विचार, अनुभूति तथा धर्म की स्वतन्त्रता का अधिकार प्राप्त है। इस अधिकार के अन्तर्गत अपने धर्म या मत को परिवर्तन करने की स्वतन्त्रता और धर्म और मत का उपदेश, प्रयोग, पूजा और परिपालन सर्वसाधारण के सामने अथवा एकान्त में करने की स्वतन्त्रता सम्मिलित है।

अनुच्छेद-19

प्रत्येक व्यक्ति को मत और विचार व्यक्त करने की स्वतन्त्रता प्राप्त है। इसके अन्तर्गत स्वेच्छा से मत स्थिर करने और किसी भी भौगोलिक सीमा और माध्यम से विचार और सूचना माँगने, प्राप्त करने और देने की स्वतन्त्रता सम्मिलित है।

अनुच्छेद-20

प्रत्येक व्यक्ति को शान्तिपूर्ण ढंग से एकत्रित होने और सभा करने की स्वतन्त्रता है।

किसी व्याक्ति को किसी संस्था में सम्मिलित होने के लिए विवश नहीं किया जाएगा।

अनुच्छेद-21

प्रत्येक व्यक्ति को अपने देश के प्रशासन में स्वतन्त्रतापूर्वक निर्वाचित प्रतिनिधियों द्वारा भाग लेने का अधिकार है।

प्रत्येक व्यक्ति को अपने देश की सरकारी सेवा में पहुँचने की समान सुविधा का अधिकार है।

लोकमत ही प्रशासन के शासनाधिकार का आधार होगा। यह लोक मत निश्चित अवधि के बाद और सही तौर पर किए गए चुनावों द्वारा प्रकट होगा। ये चुनाव सर्वसाधारण के समान मताधिकार से और गुप्त मतदान द्वारा अथवा इसी प्रकार किसी स्वतन्त्र मतदान प्रक्रिया के द्वारा सम्पन्न होंगे।

अनुच्छेद-22

प्रत्येक व्यक्ति समाज का सदस्य होने के नाते सामाजिक सुरक्षा का अधिकार रखता है और राष्ट्रीय प्रयत्न और अन्तर्राष्ट्रीय सहयोग के द्वारा एवं प्रत्येक राज्य के संगठन और साधन के अनुसार आर्थिक, सामाजिक और सांस्कृतिक अधिकारों को, जो उनके गौरव और व्यक्तित्व के स्वतन्त्र विकास के लिए आवश्यक हैं, प्राप्त करने का अधिकार रखता है।

अनुच्छेद-23

प्रत्येक व्यक्ति को काम करने, जीविका के लिए पेशा चुनने, काम की उचित एवं अनुकूल परिस्थितियाँ प्राप्त करने और बेकारी से सुरक्षित रहने का अधिकार है।

प्रत्येक व्यक्ति को बिना भेदभाव के समान काम के लिए समान वेतन पाने का अधिकार है।

प्रत्येक व्यक्ति को अपने कार्य के लिए उचित और अनुकूल परिश्रमिक पाने का अधिकार है, ताकि अपनी और अपने परिवार की मानवीय प्रतिष्ठा के अनुकूल सत्ता

कायम रखना सुनिश्चित हो सके और साथ ही यदि आवश्यक हो तो सामाजिक संरक्षण के अन्य साधन भी प्राप्त हो सकें।

अनुच्छेद-24

प्रत्येक व्यक्ति को विश्राम और अवकाश का अधिकार है। साथ-ही-साथ काम के घंटों का समुचित निर्धारण और अवधि के अनुसार सवेतन छुट्टियों का अधिकार है।

अनुच्छेद-25

प्रत्येक व्यक्ति को ऐसा जीवन-स्तर कायम करने का अधिकार है जो उसके और उसके परिवार के स्वास्थ्य एवं सुख के लिए पर्याप्त हो। इसमें भोजन, वस्त्र, निवास स्थान, चिकित्सा की सुविधा तथा आवश्यक समाज सेवाओं की उपलब्धि और बेकारी, बीमारी, शारीरिक असमर्थता, वैधव्य, वृद्धावस्था या काबू के बाहर परिस्थितियों के कारण, जीविका के साथ-साथ उसका हस्र सम्मिलित है।

प्रत्येक माता तथा शिशु को मातृत्व और शिशु को विशेष देखभाल और सहायता प्राप्त करने का अधिकार है। सभी बच्चे, चाहे वे विवाहित दम्पत्ति की सन्तान हों अथवा जारज हों, समान रूप से सामाजिक संरक्षण का उपभोग करेंगे।

अनुच्छेद-26

प्रत्येक व्यक्ति को शिक्षा पाने का अधिकार है। शिक्षा कम-से-कम प्रारम्भिक और मौलिक अवस्था में निःशुल्क होगी। प्रारम्भिक शिक्षा अनिवार्य होगी। तकनीकी (टेक्नीकल) और व्यवसायिक (कॉमर्शियल) शिक्षा की सामान्य उपलब्धि की व्यवस्था की जाएगी और योग्यता के आधार पर उच्च शिक्षा सभी समान रूप से प्राप्त कर सकेंगे।

शिक्षा का लक्ष्य मानव व्यक्तित्व का पूर्ण विकास और मानवाधिकारों एवं मौलिक स्वतन्त्रताओं की प्रतिष्ठा बढ़ाना होगा। शिक्षा द्वारा सभी राष्ट्रों और जातियों एवं धार्मिक समूहों के सद्‌भाव, सहिष्णुता और मैत्री की अभिवृद्धि की जाएगी और शान्ति कायम रखने के लिए संयुक्त राष्ट्र संघ के कार्यों को शिक्षा द्वारा बढ़ाया जाएगा।

माता-पिता को अपनी सन्तान के लिए शिक्षा के प्रकार को चुनने का अधिकार है।

अनुच्छेद-27

प्रत्येक व्यक्ति को समाज के सांस्कृतिक जीवन में स्वतन्त्रतापूर्वक भाग लेने, व कलाओं का आनन्द लेने और वैधानिक विकास से लाभान्वित होने का अधिकार है।

प्रत्येक व्यक्ति को अपने किसी भी वैधानिक, साहित्यिक अथवा कलात्मक कृति के फलस्वरूप प्राप्त नैतिक एवं भौतिक हितों के संरक्षण का अधिकार है।

अनुच्छेद-28

प्रत्येक व्यक्ति ऐसी सामाजिक और अन्तर्राष्ट्रीय-व्यवस्था का अधिकारी है, जिससे इस घोषणा में निर्दिष्ट अधिकारों और स्वतन्त्रताओं की पूर्ण प्राप्ति हो सके।

अनुच्छेद-29

समाज के प्रति प्रत्येक व्यक्ति के कुछ ऐसे कर्तव्य हैं, जिनसे उसके व्यक्तित्व का स्वतन्त्र एवं पूर्ण विकास सम्भव है।

अपने अधिकारों और स्वतन्त्रताओं का उपभोग करने में प्रत्येक व्यक्ति को उन सीमाओं के भीतर रहना होगा, जो कानून द्वारा इस उद्देश्य से निर्धारित की गई है कि दूसरों के अधिकारों और स्वतन्त्रताओं का अपेक्षित सम्मान और प्रतिष्ठा हो सके और जनतान्त्रिक समाज में नैतिकता, सार्वजनिक शान्ति तथा जनकल्याण हेतु समुचित आवश्यकताओं की पूर्ति हो सके।

उन अधिकारों और स्वतन्त्रताओं का संयुक्त राष्ट्र संघ के उद्देश्यों एवं सिद्धान्तों के विरुद्ध किसी भी दशा में प्रयोग न किया जाए।

अनुच्छेद-30

इस घोषणा-पत्र में दिए गए किसी भी आदेश के ऐसे अर्थ न लगाए जाएँ जिससे किसी राज्य को समूह अथवा व्यक्ति को किसी ऐसे काम में लगाने या कराने का अधिकार मिले जिसका इस घोषणा-पत्र में वर्णित अधिकारों और स्वतन्त्रताओं में किसी को नष्ट करने का उद्देश्य हो।

इस घोषणा-पत्र को 'मानवतावाद का दमकल' कहा गया है। *चार्ल्स मलिक* के अनुसार 'सह घोषणा-पत्र केवल प्रस्ताव मात्र न होकर संयुक्त राष्ट्र संघ के चार्टर का अंग है।' *श्रीमती रूजवेल्ट* ने इस घोषणा-पत्र को समस्त मानव समाज के मैग्नाकार्टा (Magnacart) का नाम दिया। *पामर* एवं *पार्किन्स* के शब्दों में, "यह घोषणा केवल आदर्शों का प्रतिपादन है, कानूनी रूप से बाध्य करनेवाला कोई समझौता नहीं है परन्तु यह एक महत्त्वपूर्ण अन्तर्राष्ट्रीय दस्तावेज है।

मानवाधिकारों की घोषणा का कानूनी महत्त्व
(Legal Significance of the Declaration)

मानवाधिकारों की विश्वव्यापी घोषणा के कानूनी स्वरूप के विषय में विधिशास्त्रियों ने इसकी बड़ी आलोचना की है। उनके अनुसार न तो यह एक सन्धि है और न कोई अन्तर्राष्ट्रीय समझौता है, अतः इसके प्रावधान बन्धनकारी नही हैं। *लाटरपैक्ट* के अनुसार यह केवल एक घोषणा है। यह महासभा का प्रस्ताव भी नहीं है, अतः कानूनी दृष्टि से इसका महत्त्व बन्धनकारी नहीं है।

मानवाधिकारों की विश्वव्यापी घोषणा केवल व्यक्ति के अधिकारों की घोषणा करती है, परन्तु यह इस सम्बन्ध में राज्यों के कर्तव्यों को निर्धारित नहीं करती है। जब तक इस सम्बन्ध में राज्यों का कोई कर्तव्य या उत्तरदायित्व न हो, व्यक्तियों के मानवीय अधिकारों का कोई मूल नहीं है। आलोचकों का कहना है कि यह एक *घोषणा* है, महासभा के प्रस्ताव तथा घोषणा राज्यों पर बन्धनकारी नहीं होती। यह केवल संस्तुति होती है जिसको राज्य बहुधा मानते हैं।

इसके विपरीत कतिपय अन्य विधिशास्त्रियों का मत है कि क्योंकि इससे राज्यों की *सहमति* द्वारा पारित किया गया है तथा इसके द्वारा संयुक्त राष्ट्र संघ के उद्देश्य की पूर्ति होती है, यह कहना है कि इसका कोई महत्त्व नहीं है, उचित नहीं होगा। *स्टार्क* के अनुसार इस घोषणा की इस आधार पर आलोचना करना कि यह बन्धनकारी प्रभाव नहीं रखती, उचित नहीं होगा। इस घोषणा की सबसे बड़ी सफलता मानवीय अधिकारों का विस्तृत वर्णन करना है। इन अधिकारों को भी सभी राज्य किसी-न-किसी रूप में मानते हैं। वास्तव में घोषणा का *विधिक स्वरूप* न होकर इसके पीछे *नैतिक बल* है जो राष्ट्रों को अपने व्यक्तियों को मौलिक अधिकारों तथा स्वतन्त्रताओं को लागू करने में सदैव प्रेरणा देता रहता है।

जिस समय मानवाधिकारों की सार्वभौमिक घोषणा को महासभा द्वारा पारित किया जा रहा था तो कतिपय राज्यों के प्रतिनिधियों का विचार था कि सदस्य राज्यों ने संयुक्त राष्ट्र चार्टर में जो उत्तरदायित्व स्वीकार किए हैं, घोषणा उन्हीं का स्पष्ट रूप से वर्णन करती है। अतः इस घोषणा का उल्लंघन चार्टर के सिद्धान्तों का उल्लंघन होगा। मानवाधिकारों की सार्वभौमिक घोषणा को सर्वसम्मति (अर्थात् इसके पक्ष में 48 मत थे तथा विरोध में कोई भी मत नहीं था, परन्तु 8 राज्यों ने मतदान में भाग नहीं लिया था) से अपनाया गया था। अतः यह चार्टर का अधिकृत निर्वचन है तथा यह उसी प्रकार सदस्य राज्यों पर बन्धनकारी है जिस प्रकार उन पर चार्टर बन्धनकारी है। यदि कोई सदस्य राज्य इसकी अवहेलना करता है या इसके प्रावधानों का उल्लंघन करता है तो यह चार्टर के अनुच्छेद 55 तथा 56 का उल्लंघन होगा। अतः यह कहा जा सकता है कि 'मानवाधिकारों की सार्वभौमिक घोषणा का अधिक महत्त्व है तथा सदस्य-राज्यों पर इसके प्रावधान बन्धनकारी हैं। मार्च 1968 में मांट्रियल में मानवाधिकारों की अनौपचारिक सभा में यह मत प्रकट किया गया कि मानवाधिकारों की सार्वभौमिक घोषणा चार्टर का अधिकृत निर्वचन है तथा कालान्तर में यह प्रथा सम्बन्धी अन्तर्राष्ट्रीय कानून का एक भाग हो गया है।

1. "Consequently, the Declaration could not and did not purport to be more than a manifesto, a statement of ideals, a 'pathfinding' instrument. To that extent, it has achieved as much as could be expected. Its most important contribution lies in the pioneering fromulation of the principal human rights and fundamental

freedoms that ought to be recognised. To reproach that Declaration for the absence of provision of enforcement machinery or for the fact that it is not a binding legal instrument, is to misconstrue its original limited purpose-to provide a generally acceptable catalogue of man's inalienable rights."

(J. G. Stark, An Introduction to International Law, 1963, p. 301)

2. "Universal Declaration of human rights constitutes an authoritative interpretation of the Charter of the highest order, and has over the years become a pact of Customary International Law."

—See Journal of the International Commission of Jurists No. (1 June, 1968), pp. 94-45

मानवाधिकारों का अन्तर्राष्ट्रीय बिल
(International Bill of Human Rights)

संयुक्त राष्ट्र संघ की स्थापना के समय से ही मानवाधिकारों के अन्तर्राष्ट्रीय बिल के लिए कार्य प्रारम्भ हो गया था। इसी उद्देश्य से महासभा ने मानवाधिकार आयोग को दो प्रसंविदाएँ तैयार करने का काम सौंपा–एक, नागरिक तथा राजनीतिक अधिकारों के सम्बन्ध में, तथा दूसरा, आर्थिक, सामाजिक एवं सांस्कृतिक अधिकारों के सम्बन्ध में। इन प्रसंविदाओं का आशय मानवाधिकारों की और अधिक स्पष्ट व्याख्या करना तथा उनके पालन करवाने की व्यवस्था करना था। इन प्रसंविदाओं का उद्देश्य यह था कि महासभा की स्वीकृति के पश्चात् इन्हें सदस्य राज्यों के सम्मुख सन्धि-पत्र के रूप में पेश किया जाएगा तथा जो राज्य इस पर हस्ताक्षर कर देंगे उन पर ये बाध्यकारी रूप से लागू होंगे। हस्ताक्षर करने वाले राष्ट्रों को अपने-अपने देश में आवश्यक कानून बनाने तथा उन्हें लागू करने की व्यवस्था करनी होगी। 16 दिसम्बर, 1966 को अपने प्रस्ताव के द्वारा महासभा ने मानवाधिकार सम्बन्धी अन्तर्राष्ट्रीय प्रसंविदाओं को राज्यों के हस्ताक्षर तथा पुष्टि के लिए प्रस्तुत किया, जिसमें अनेक मानवाधिकारों तथा मूल स्वतन्त्रताओं की अन्तर्राष्ट्रीय सुरक्षा की व्यवस्था की गई है। इन अन्तर्राष्ट्रीय प्रसंविदाओं में दो प्रसंविदाएँ तथा एक ऐच्छिक प्रोटोकॉल है, जो इस प्रकार है :

(1) नागरिक तथा राजनीतिक अधिकार सम्बन्धी अन्तर्राष्ट्रीय प्रसंविदा (Internationl Convenant on Civil and Political Rights)।
(2) आर्थिक, सामाजिक तथा सांस्कृतिक अधिकार सम्बन्धी अन्तर्राष्ट्रीय प्रसंविदा (International Covenant on Economic, Social and Cultural Rights).
(3) राजनीतिक अधिकार सम्बन्धी प्रसंविदा की वैकल्पिक व्यवस्था (Optional Protocol to the International Covenant on Civil and Political Rights).

16 दिसम्बर, 1966 को महासभा ने सर्वसम्मति से इन प्रसंविदाओं को अपनाया। 19 दिसम्बर, 1966 को इन प्रसंविदाओं को हस्ताक्षर के लिए रखा गया था। प्रत्येक प्रसंविदा के लिए 35 राज्यों द्वारा अनुसमर्थन होना आवश्यक था। ऐच्छिक प्रोटोकॉल के लागू होने के लिए यह आवश्यक था कि नागरिक तथा राजनीतिक अधिकारों के प्रसंविदा के लागू होने के बाद 10 राज्यों द्वारा अनुसमर्थन किया जाए। इसे महासभा द्वारा 66 मतों में पारित किया गया, 12 राज्यों ने विरुद्ध मत दिया तथा 38 राज्यों ने मतदान में भाग नहीं लिया। 1983 तक आर्थिक, सामाजिक तथा सांस्कृतिक अधिकारों के प्रसंविदा का 79 राज्यों ने अनुसमर्थन कर दिया था, नागरिक तथा राजनीतिक अधिकारों के प्रसंविदा का 76 राज्यों ने अनुसमर्थन कर दिया था तथा 30 राज्यों ने एच्छिक प्रोटोकॉल का अनुसमर्थन कर दिया था।

30 वर्षों के पश्चात् 23 मार्च, 1976 को यह बिल वास्तव में अस्तित्व में आया। 23 मार्च, 1976 को '*नागरिक तथा राजनीतिक अधिकारों की अन्तर्राष्ट्रीय संविदा,* 1966' लागू हो गया क्योंकि उक्त तिथि को निर्धारित राज्यों की संख्या ने इसका अनुसमर्थन कर दिया। इसके पूर्व 3 जनवरी, 1976 को '*आर्थिक, सामाजिक तथा सांस्कृतिक अधिकारों की संविदा,* 1966' का निर्धारित राज्यों की संख्या ने अनुसमर्थन कर दिया था तथा यह उक्त तिथि को लागू हो गया था। ये दोनों प्रसंविदाएँ मानवाधिकारों की विश्वव्यापी घोषणा 1948 पर आधारित है। मानवीय अधिकारों की सार्वभौम घोषणा, उपयुक्त दोनों संविदाओं तथा ऐच्छिक प्रोटोकॉल (Optional Protocol) मिलकर '*मानवाधिकारों का अन्तर्राष्ट्रीय प्रतिज्ञा-पत्र*' कहलाते हैं। 31 दिसम्बर, 1994 तक 131 देश इसके पक्ष थे।

'*नागरिक तथा राजनीतिक अधिकारों के प्रसंविदा*' का सम्बन्ध घूमने-फिरने की आजादी, कानून के समक्ष समानता, निर्दोषिता की धारणा, विवेक तथा धर्म की आजादी, मत तथा अभिव्यक्ति, शान्तिपूर्वक संगठित होने की आजादी, संगति की आजादी, सार्वजनिक मामलों और निर्वाचनों में भाग लेना तथा अल्पसंख्यकों के अधिकार से है। यह स्वेच्छाचारिता से जीवन से वंचित करने, उत्पीड़न या क्रूर अथवा निम्नस्तरीय व्यवहार या दंड, दासता तथा बेगार, मनमानी गिरफ्तारी या नजरबन्दी और एकान्तिकता में मनमाना व्यवधान, युद्ध-प्रचार तथा भेदभाव या हिंसा को प्रोत्साहन देनेवाली जाति या धर्मगत घृणा को समर्थित करने का निषेध करता है।

प्रसंविदा ने 18 सदस्यीय मानवाधिकार समिति की स्थापना की जो प्रसंविदा के प्रावधानों को कार्यान्वित करने में किए गए उपायों के पक्षधर राज्यों द्वारा प्रस्तुत किए गए प्रतिवेदनों पर विचार करती है और ऐच्छिक प्रलेखान्तर्गत उल्लंघनों के आरोपों की सूचनाओं पर भी विचार करती है।

नागरिक और राजनीतिक अधिकारों का अन्तर्राष्ट्रीय प्रसंविदा का ऐच्छिक प्रलेख ऐसे व्यक्तियों से प्राप्त सूचनाओं पर विचार करने का प्रावधान करता है जो प्रतिज्ञा-पत्र में निर्धारित किन्हीं अधिकारों के भंग होने के शिकार होने का दावा करते हैं। केवल प्रलेख के पक्षकार राज्यों के विरुद्ध ही दावों पर विचार किया जा सकता है।

मानवाधिकारों की विश्वव्यापी घोषणा के बारे में बहुधा कहा जाता है कि यह महासभा द्वारा पारित घोषणा होने के कारण बन्धनकारी नहीं है। अतः अन्र्राष्ट्रीय समुदाय का बहुत समय से यह प्रयास रहा है कि मानवाधिकारों के विषय में कुछ अन्तर्राष्ट्रीय अभिसमय या सन्धि की जाए जिससे मानवाधिकारों को विधिवत् प्रोत्साहित तथा क्रियान्वित किया जा सके। अतः उपर्युक्त वर्णित प्रसंविदाओं का लागू होना एक महान उपलब्धि है। संयुक्त राष्ट्र चार्टर में वर्णित मानव अधिकारों को प्रोत्साहन देने की दिशा में यह एक महत्त्वपूर्ण कदम है।

मानव अधिकारों पर महत्त्वपूर्ण अभिसमय

मानव अधिकारों से सम्बन्धित कतिपय महत्त्वपूर्ण अभिसमय निम्नांकित हैं :

1. जनवध के अपराध को रोकने तथा दंडित करने पर अभिसमय, 1951।
2. सभी प्रकार के जातीय भेदभाव को समाप्त करने पर अन्तर्राष्ट्रीय अभिसमय, 1969।
3. महिलाओं के विरुद्ध सभी प्रकार के भेदभाव समाप्त करने पर अभिसमय, 1981।
4. यातना तथा अन्य निर्दयी तथा अमानवीय रूप से अपमानित करने के दंड के विरुद्ध अभिसमय, 1987।
5. बालक के अधिकारों पर अभिसमय, 1990।

आर्थिक, सामाजिक तथा सांस्कृतिक अधिकारों का अन्तर्राष्ट्रीय प्रसंविदा, 1966 उद्देशिका

इस प्रसंविदा के पक्षधर राज्य,

यह विचार करते हुए कि, संयुक्त राष्ट्र के अधिपत्य में घोषित सिद्धान्तों के अनुरूप, मानव परिवार के सभी सदस्यों की अन्तर्निहित गरिमा की तथा उनके समान एवं अदेय अधिकारों की मान्यता विश्व में स्वतन्त्रता, न्याय तथा शान्ति का आधार है।

यह मानते हुए कि, ये अधिकार मानव शरीर की अन्तर्निहित गरिमा से प्रसूत है।

यह मानते हुए कि, "मानवाधिकारों का सार्वदेशिक घोषणा-पत्र" के अनुरूप, उस आदर्श की सिद्धि जिसके अन्तर्गत मानव है तथा अभाव से मुक्ति का आनन्द ले सके, केवल तभी सम्भव है जब ऐसी परिस्थितियों का सृजन हो जिनके द्वारा मानव मात्र

अपने आर्थिक, सामाजिक तथा सांस्कृतिक अधिकारों एवं नागरिक तथा राजनीतिक अधिकारों का उपभोग कर सके।

मानवाधिकारों एवं स्वतन्त्रताओं के प्रति सर्वव्यापी आदत तथा उनके अनुरक्षण के लिए संयुक्त राष्ट्र के अधिपत्र के अन्तर्गत राज्यों के दायित्व पर विचार करते हुए।

यह अनुभव करते हुए कि, वर्तमान प्रसंविदा में मान्य अधिकारों के अनुपालन तथा प्रोत्साहन के लिए प्रयास हेतु अन्य व्यक्तियों तथा अपने समुदाय के प्रति कर्तव्यों से बँधे हुए प्रत्येक व्यक्ति के कुछ दायित्व हैं।

निम्नांकित अनुच्छेदों पर सहमत होते हैं :

भाग 1

अनुच्छेद-1

1. सभी जनों को आत्मनिर्णय का अधिकार है। इस अधिकार के अनुसार वे अपनी राजनीतिक स्थिति निर्धारित करते हैं और मुक्त रूप से आर्थिक, सामाजिक एवं सांस्कृतिक विकास की ओर अग्रसर होते हैं।
2. सभी जन, आपसी हित के सिद्धान्तों पर आधारित अन्तर्राष्ट्रीय आर्थिक सहयोग से उत्पन्न बाध्यताओं को क्षति पहुँचाए बिना, अपनी प्राकृतिक सम्पत्ति की अपने हित में व्यवस्था कर सकते हैं। अपने भरण-पोषण के साधनों से किसी जन को किसी भी अवस्था में वंचित नहीं किया जाएगा।
3. गैर-स्वशासी एवं न्याय क्षेत्रों के प्रशासन के लिए उत्तरदायी राज्यों समेत, वर्तमान प्रसंविदा के सभी पक्षकार राज्य आत्मनिर्णय के अधिकार की सिद्धि का अभिवर्णन करेंगे तथा संयुक्त राष्ट्र के अधिपत्र के प्रावधानों के सानुकूल, उस अधिकार का सममान करेंगे।

भाग 2

अनुच्छेद-2

1. इस प्रसंविदा के पक्षधर राज्य प्रतिबद्ध होते हैं कि वे, अपने उपलब्ध संसाधनों का अधिकतम उपयोग करते हुए व्यष्टितः एवं अन्तर्राष्ट्रीय सहायता और सहयोग विशेषतः आर्थिक एवं तकनीकी द्वारा वर्तमान प्रसंविदा द्वारा मान्य अधिकारों की सिद्धि की प्रगामी उपलब्धि हेतु सारे उपाय विशेषतः विधायी उपाय अपनाएँगे।
2. वर्तमान प्रसंविदा के पक्षधर राज्य, यह आश्वस्ति प्रदान करने के लिए प्रतिबद्ध होते हैं कि वर्तमान प्रसंविदा में विवृत अधिकारों का प्रयोग नस्ल, भाषा, धर्म, राजनीतिक या अन्य मतों, राष्ट्रीय या सामाजिक मूल, सम्पत्ति, जन्म अथवा अन्य स्थिति का भेद किए बिना किया जाएगा।

3. विकासशील देश मानवाधिकारों एवं अपनी राष्ट्रीय अर्थव्यवस्था का समुचित ध्यान रखते हुए, यह सुनिश्चित कर सकते हैं कि वर्तमान प्रसंविदा में मान्य अधिकारों की आश्वस्ति वे गैर-राष्ट्र को किस सीमा तक प्रदान करेंगे।

अनुच्छेद-3

इस प्रसंविदा के पक्षधर राज्य प्रतिबद्ध होते हैं कि वे इस प्रसंविदा में विवृत्त आर्थिक, सामाजिक तथा सांस्कृतिक अधिकारों का पुरुषों एवं महिलाओं द्वारा समान रूप से उपयोग सुनिश्चित करेंगे।

अनुच्छेद-4

इस प्रसंविदा के पक्षधर राज्य मानते हैं कि राज्य द्वारा वर्तमान प्रसंविदा के अनुरूप प्रदत्त उन अधिकारों के उपभोग की सीमा केवल कानून द्वारा निर्धारित होगी। जो इन अधिकारों की प्रवृत्ति के अनुकूल होंगे तथा जनतान्त्रिक समाज के सामान्य कल्याण की अभिवृद्धि मात्र के लिए बनाए गए होंगे।

अनुच्छेद-5

1. इस प्रसंविदा की किसी बात की व्याख्या इस प्रकार नहीं की जा सकती जिससे यह अर्थ निकले कि किसी राज्य, समूह या व्यक्ति को उसे ऐसे कार्यों में प्रवृत्त होने का अधिकार है जिनका उद्देश्य इसके द्वारा मान्य अधिकारों तथा स्वतन्त्रताओं को नष्ट करना हो अथवा इस प्रसंविदा द्वारा निर्धारित मर्यादा से बढ़कर उन्हें सीमित करना हो।
2. किसी देश में विधि, परम्परा, नियम या प्रथा द्वारा मान्य मूलभूत मानवाधिकारों का प्रतिबन्धन या अवमूल्यन इस बहाने नहीं किया जाएगा कि वर्तमान प्रसंविदा उन अधिकारों को मान्यता नहीं देती या कम अंशों में मान्यता देती है।

भाग 3

अनुच्छेद-6

1. इस प्रसंविदा के पक्षधर राज्य मानते हैं कि सभी को काम का अधिकार है जिसमें अपनी आजीविका के लिए मुक्त रूप से कोई भी काम चुनने या स्वीकार करने का अधिकार शामिल है तथा वे इस अधिकार के रक्षोपाय हेतु उपयुक्त कदम उठाएँगे।
2. इस प्रसंविदा के पक्षधर राज्यों द्वारा इस अधिकार की पूर्ण सिद्धि के लिए उठाए जाने वाले कदमों में तकनीकी तथा व्यावसायिक मार्गदर्शन एवं

कार्यक्रम तथा व्यक्ति की मूलभूत राजनीतिक एवं आर्थिक स्वतन्त्रताओं के रक्षोपाय सहित उसके सतत् आर्थिक, सामाजिक एवं सांस्कृतिक विकास तथा पूर्ण एवं उत्पादक रोजगार दिलाने हेतु नीतियाँ एवं तकनीकें शामिल होंगी।

अनुच्छेद-7

इस प्रसंविदा के पक्षधर राज्य मानते हैं कि सभी को काम की न्यायसंगत एवं अनुकूल शर्तों के उपभोग का अधिकार है जो सुनिश्चित करें, विशेष रूप से,

(क) सभी कर्मियों को ऐसे पारिश्रमिक जिससे मिल सके अन्ततः;

(i) समान मूल्य के काम के लिए समान मजदूरी, बिना किसी भेदभाव के, विशेष रूप से महिलाओं को इस आश्वस्ति के साथ कि उनके काम की शर्तें पुरुषों की तुलना में कदापि न्यूनतम नहीं होगी;

(ii) वर्तमान प्रसंविदा के प्रावधानों के अनुसार, उनको एवं उनके परिवारों को शालीन जीवनयापन;

(ख) काम करने की सुरक्षित एवं स्वास्थ्यकर स्थितियाँ;

(ग) सभी को अपने रोजगार में उपयुक्त स्तर तक प्रोन्नत होने का समान अवसर जिसके लिए वरिष्ठता तथा कार्यकुशलता के अतिरिक्त और किसी बात पर विचार न हो;

(घ) आराम, फुरसत तथा काम के घंटों की उचित सीमा तथा वेतन सहित आवधिक छुट्टियाँ और सार्वजनिक अवकाश के दिनों के लिए पारिश्रमिक।

अनुच्छेद-8

1. इस प्रसंविदा के पक्षधर राज्य प्रतिबद्ध होते हैं यह सुनिश्चित करने के लिए कि;

(क) अपने आर्थिक एवं सामाजिक हितों की अभिवृद्धि तथा संरक्षण के लिए सभी को ट्रेड संगठन गठित करने तथा उसका सदस्य बनाने का अधिकार हो जिसके लिए सम्बद्ध संगठन की नियमावली का पालन एकमात्र शर्त हो। इस अधिकार के उपयोग पर कोई प्रतिबन्ध नहीं होगा सिवा ऐसे प्रतिबन्धों के जो विधि द्वारा विहित हो या औरों के अधिकारों तथा स्वतन्त्रताओं के संरक्षण या राष्ट्रीय सुरक्षा या लोक-व्यवस्था के लिए आवश्यक हो;

(ख) ट्रेड संगठनों को राष्ट्रीय संघ या परिसंघ स्थापित करने का और ऐसे संघों या परिसंघों को अन्तर्राष्ट्रीय ट्रेड संगठनों की सदस्यता का अधिकार हो;

(ग) ट्रेड संगठनों को मुक्त रूप से कार्य करने का अधिकार हो जिसकी मर्यादा केवल ऐसी विधि द्वारा निर्धारित हो जो जनतान्त्रिक समाज में राष्ट्रीय सुरक्षा या लोक-व्यवस्था के हित में अथवा औरों के अधिकारों तथा स्वतन्त्रताओं के संरक्षण के लिए आवश्यक हो;

(घ) कर्मियों को हड़ताल पर जाने का अधिकार हो, बशर्ते कि वे देश-विदेश की विधियों द्वारा समर्थित हो।

2. सशस्त्र बलों, आरक्षी तथा राज्य प्रशासन के सदस्यों द्वारा इन अधिकारों के उपयोग पर विधिसम्मत प्रतिबन्ध लगाने में यह अनुच्छेद किसी प्रकार बाधक नहीं होगा।

3. संयोजन की स्वतन्त्रता एवं संगठन के अधिकार के संरक्षण विषयक 1948 के अन्तर्राष्ट्रीय श्रम संगठन अभिसमय के पक्षकार राज्यों को ऐसे विधायी उपाय अपनाए या विधि को इस प्रकार लागू करने के लिए यह अनुच्छेद कदापि प्राधिकृत नहीं करता जिससे इस प्रसंविदा में प्रदत्त आश्वस्तियों को क्षति पहुँचे।

अनुच्छेद-9

इस प्रसंविदा के पक्षधर राज्य सामाजिक बीमा समेत सामाजिक सुरक्षा के लिए सभी के अधिकारों को मान्यता प्रदान करते हैं।

अनुच्छेद-10

1. इस प्रसंविदा के पधकार राज्य मानते हैं कि परिवार को, जो समाज की स्वाभाविक तथा मूलभूत समूह इकाई है, व्यापकतम संरक्षण एवं सहायता प्रदान की जानी चाहिए, विशेषतः इसकी स्थापना के लिए और इसके द्वारा अपने आश्रित बच्चों की देखभाल तथा शिक्षा का दायित्व वहन करने के लिए विवाहेच्छुक युगलों की मुक्त सहमति से ही विवाह होने चाहिए।
2. प्रसव के पूर्व तथा प्रसव के बाद समुचित अवधि तक माताओं को विशेष संरक्षण दिया जाना चाहिए। कार्यरत महिलाओं को इस अवधि में वेतन सहित अवकाश तथा यथेष्ठ सामाजिक सुरक्षा हित लाभ दिया जाना चाहिए।
3. वंश या अन्य कारणों से भेदभाव किए बिना सभी बच्चों तथा अवयस्कों के संरक्षण तथा सहायता के लिए विशेष उपाय किए जाने चाहिए। बच्चों और अल्प वयस्कों को आर्थिक तथा सामाजिक शोषण से संरक्षण मिलना चाहिए। उन्हें ऐसे रोजगार में लगाना विधि द्वारा दंडनीय होना चाहिए जो उनकी नैतिकता या स्वास्थ्य के लिए हानिकारक या जीवन के लिए

खतरनाक हो या जिनसे उनके सामान्य विकास में बाधक होने की सम्भावना हो। राज्यों को ऐसी आयु-सीमा भी निर्धारित करनी चाहिए जिसके नीचे सवेतन बाल मजदूरी निषिद्ध और विधि द्वारा दंडनीय होनी चाहिए।

अनुच्छेद-11

1. इस प्रसंविदा के पक्षधर राज्य मानते हैं कि सभी को अपने और अपने परिवार के लिए यथेष्ठ जीवन-स्तर का अधिकार हो जिसमें यथेष्ठ भोजन, वस्त्र तथा आवास एवं जीवन-यापन की स्थितियों की अनवरत उन्नति शामिल है। पक्षधर राज्य इस अधिकार की सिद्धि सुनिश्चित करने के लिए इसके लिए मुक्त सहमति पर आधारित अन्तर्राष्ट्रीय सहयोग की अनिवार्य महत्ता को मान्यता देते हुए समुचित कदम उठाएँगे।
2. इस प्रसंविदा के पक्षधर राज्य, भुखमरी से मुक्ति के सभी के मूलभूत अधिकार को मान्यता देते हुए व्यष्टितः तथा अन्तर्राष्ट्रीय सहयोग द्वारा, विशिष्ट कार्यक्रमों समेत ऐसे आवश्यक उपाय अपनाएँगे जिनसे
   (क) पोषण के सिद्धान्तों का प्रसार और कृषिक पद्धतियों का विकास एवं सुधार करते हुए, तकनीकी तथा वैज्ञानिक ज्ञान के पूर्ण प्रयोग द्वारा प्राकृतिक संसाधनों का अधिकतम दक्षतापूर्ण विकास तथा उपयोग करते हुए खाद्य के उत्पादन, सम्भरण तथा वितरण के तरीकों में उन्नति हो सके;
   (ख) खाद्य आयातक एवं खाद्य निर्यातक दोनों प्रकार के देशों की समस्याओं का ध्यान रखते हुए सम्पूर्ण विश्व की खाद्य आपूर्तियों का समुचित वितरण सुनिश्चित हो सके।

अनुच्छेद-12

1. इस प्रसंविदा के पक्षधर राज्य शारीरिक एवं मानसिक स्वास्थ्य के उच्चतम प्राप्तव्य स्तर का लाभ उठाने के सभी के अधिकार को मान्यता देते हैं।
2. इस प्रसंविदा के पक्षधर राज्यों द्वारा इस अधिकार की पूर्ण सिद्धि के लिए उठाए जानेवाले कदमों में निम्नांकितों के लिए आवश्यक कदम शामिल होंगे;
   (क) मृत शिशु जन्मदर तथा शिशु मृत्युदर को घटाने एवं बच्चों के स्वस्थ विकास के लिए प्रावधान;
   (ख) पर्यावरण एवं औद्योगिक स्वच्छता के सभी पहलुओं की उन्नति;
   (ग) व्यापक, स्थानिक, व्यावसायिक एवं अन्य रोगों की रोकथाम, चिकित्सा तथा नियन्त्रण;
   (घ) रुग्णावस्था में सभी को चिकित्सीय सेवा एवं चिकित्सीय अवधान मिलने के प्रति आश्वस्त करनेवाली स्थितियों का निर्माण;

अनुच्छेद-13

1. इस प्रसंविदा के पक्षधर राज्य सभी की शिक्षा के अधिकार को मान्यता देते हैं। वे सहमत हैं कि शिक्षा मानव व्यक्तित्व एवं इसकी गरिमा की भावना के सम्पूर्ण विकास की दिशा में उन्मुख होगी और मानवाधिकार एवं मूलभूत स्वतन्त्रताओं के प्रति सम्मान को दृढ़ बनाएगी। वे सहमत हैं कि शिक्षा सभी व्यक्तियों को मुक्त समाज में प्रभावी सहभागिता उपलब्ध कराएगी तथा सभी राष्ट्रों, सभी नस्लों, प्रजातीय तथा धर्मी समूहों के बीच सम्प्रति, सहिष्णुता एवं मित्रता को प्रोत्साहित करेगी तथा शान्ति की रक्षा हेतु संयुक्त राष्ट्र के क्रियाकलापों को बढ़ावा देगी।
2. वर्तमान प्रसंविदा के पक्षधर राज्य मानते हैं कि इस अधिकार की पूर्ण सिद्धि के लिए;
   (क) प्राथमिक शिक्षा सभी के लिए अनिवार्य तथा निःशुल्क उपलब्ध होगी।
   (ख) तकनीकी एवं व्यावसायिक शिक्षा समेत विभिन्न प्रकार की माध्यमिक शिक्षा सभी उपयुक्त साधनों और विशेषतः निःशुल्क शिक्षा की प्रगामी व्यवस्था द्वारा सामान्य रूप से उपलब्ध और सभी की पहुँच के भीतर कराई जाएगी।
   (ग) उच्चतर शिक्षा, क्षमता के आधार पर समान रूप से सभी उपयुक्त साधनों विशेषतः निःशुल्क शिक्षा की प्रगामी-व्यवस्था द्वारा सभी की पहुँच के भीतर कराई जाएगी।
   (घ) उन व्यक्तियों के लिए जो प्राथमिक शिक्षा न पा सके हों या पूरी न कर सके हों, मूलभूत शिक्षा को यथा सम्भव प्रोत्साहित या संघनीकृत किया जाएगा।
   (ङ) सभी स्तरों के विद्यालयों की प्रणाली सक्रिय रूप से विकसित की जाएगी, वृत्तियों की यथेष्ट प्रणाली स्थापित की जाएगी तथा शिक्षकों की भौतिक स्थितियों में निरन्तर सुधार किया जाएगा।
3. इस प्रसंविदा के पक्षधर राज्य माता-पिता अथवा यथा योग्य विधिक अभिभावकों द्वारा अपने बच्चों के लिए सार्वजनिक प्राधिकारों द्वारा स्थापित शिक्षा संस्थानों के स्थान पर अपनी आस्था के अनुरूप अपने बच्चों की धर्मीय एवं नैतिक शिक्षा सुनिश्चित करने हेतु दूसरे ऐसे विद्यालयों को चुनने की स्वाधीनता का सम्मान करने के लिए वचनबद्ध होते हैं जो राज्य द्वारा निर्धारित अथवा अनुमोदित न्यूनतम स्तर के समनुरूप हो।
4. इस अनुच्छेद के किसी भाग का ऐसा अर्थ नहीं लगाया जाएगा जिससे व्यक्तियों या संगठनों द्वारा शिक्षण संस्थानों की स्थापना करने और उन्हें निर्देश देने की

स्वाधीनता में व्यवधान आए, बशर्ते कि इस अनुच्छेद की कंडिका 1 में वर्णित उस आवश्यकता का अनुपालन किया जाए कि ऐसे विद्यालयों में शिक्षा का स्तर राज्य द्वारा निर्धारित न्यूनतम स्तरों के समनुरूप होगा।

अनुच्छेद-14

इस प्रसंविदा के पक्षधर प्रत्येक राज्य जो इसका पक्षधर बनने के समय अपने मातृभौमिक क्षेत्र में तथा अपने क्षेत्राधिकार के अन्तर्गत अन्य क्षेत्रों में निःशुल्क प्राथमिक शिक्षा सुनिश्चित नहीं कर सकता है, वचनबद्ध होता है कि वह दो वर्ष के भीतर ऐसी विस्तृत कार्ययोजना बनाकर अंगीकृत करेगा जिसके अन्तर्गत एक उचित वर्षों की अवधि के भीतर सभी के लिए अनिवार्य निःशुल्क शिक्षा के सिद्धान्त प्रगामी कार्यान्वयन की व्यवस्था होगी।

अनुच्छेद-15

1. वर्तमान प्रसंविदा के पक्षधर राज्य मान्यता प्रदान करते हैं कि सभी को अधिकार;
   (क) सांस्कृतिक जीवन में भाग लेने का;
   (ख) वैज्ञानिक प्रगति एवं उसके अनुप्रयोगों से लाभान्वित होने का;
   (ग) स्वयं द्वारा रचित वैज्ञानिक, साहित्यिक एवं कलात्मक उत्पादनों से प्रसूत नैतिक एवं भौतिक हितों के संरक्षण से लाभान्वित होने का।
2. वर्तमान प्रसंविदा के पक्षधर राज्यों द्वारा इस अधिकार की पूर्ण सिद्धि के लिए उठाए जानेवाले कदमों में विज्ञान तथा संस्कृति के परिरक्षण विकास एवं सम्प्रसारण हेतु कदम शामिल होंगे।
3. वर्तमान प्रसंविदा के पक्षधर राज्य वैज्ञानिक अनुसन्धान एवं रचनात्मक कार्यों के लिए अपरिहार्य स्वतन्त्रता का सम्मान करने के लिए वचनबद्ध होते हैं।
4. वर्तमान प्रसंविदा के पक्षधर राज्य सांस्कृतिक क्षेत्रों में अन्तर्राष्ट्रीय सम्पर्कों एवं सहयोग के प्रोत्साहन तथा विकास से उत्पन्न लाभों को मान्यता प्रदान करते हैं।

भाग 4

अनुच्छेद-16

1. वर्तमान प्रसंविदा के पक्षधर राज्य प्रसंविदा के इस भाग के अनुसार वचनबद्ध होते हैं कि इसमे मान्य अधिकारों के अनुपालन के लिए अपनाए गए उपायों तथा उनकी उपलब्धि की दिशा में प्रगति के विषय में वे प्रतिवेदन प्रस्तुत करेंगे।

2. (क) सभी प्रतिवेदन संयुक्त राष्ट्र के महासचिव को प्रस्तुत किए जाएँगे जो उनकी प्रतियाँ *आर्थिक एवं सामाजिक परिषद* को इस प्रसंविदा के प्रावधानों के अनुसार विचार के लिए प्रेषित कर देंगे।

(ख) वर्तमान प्रसंविदा के पक्षधर राज्यों द्वारा प्रस्तुत प्रतिवेदनों या उनके सुसंगत अंशों की प्रतियाँ संयुक्त राष्ट्र के महासचिव उन विशिष्ट अभिकरणों को भी प्रेषित करेंगे जिनके वे राज्य सदस्य हों और उन प्रतिवेदनों या उनके अंशों का ऐसे विषयों से सम्बन्ध हो जिनके प्रति संवैधानिक प्रपत्रों के अनुसार उन अभिकरणों का दायित्व हो।

अनुच्छेद-17

1. वर्तमान प्रसंविदा के पक्षधर राज्य *आर्थिक एवं सामाजिक परिषद* द्वारा वर्तमान प्रसंविदा के प्रवर्तन की तिथि के एक वर्ष के भीतर पक्षधर राज्यों तथा विशिष्ट अभिकरणों से परामर्श के बाद स्थापित किए गए कार्यक्रम के अनुसार अपने प्रतिवेदन चरणबद्ध रूप से प्रस्तुत करेंगे।
2. वर्तमान प्रसंविदा की बाध्यताओं की पूर्ति के परिणाम को प्रभावित करनेवाले कारकों तथा कठिनाइयों का उल्लेख प्रतिवेदनों में होना चाहिए।
3. वर्तमान प्रसंविदा के पक्षधर किसी राज्य द्वारा कोई सम्बद्ध सूचना संयुक्त राष्ट्र या किसी विशिष्ट अभिकरण को यदि पहले दी जा चुकी हो तो उसे दुबारा प्रस्तुत करना आवश्यक नहीं होगा वरन् तत्सम्बन्धी सन्दर्भ का प्रमित उल्लेख यथेष्ठ होगा।

अनुच्छेद-18

मानवाधिकारों एवं मूलभूत स्वतन्त्रताओं के क्षेत्र में संयुक्त राष्ट्र के अधिपत्र के अन्तर्गत उत्तरदायित्वों के निर्वहन स्वरूप *आर्थिक एवं सामाजिक परिषद* विशिष्ट अभिकरणों के साथ ऐसे प्रबन्ध करेगी जिनसे वे अपनी गतिविधियों की परिधि में आनेवाले वर्तमान प्रसंविदा के प्रावधानों के अनुपालन की उपलब्धि में हुई प्रगति का प्रतिवेदन उसे प्रस्तुत करें। ऐसे कार्यान्वयन पर उनके समक्ष अंगों द्वारा गृहित किए गए निर्णयों एवं संस्तुतियों की विशिष्टताएँ तीन प्रतिवेदनों में शामिल की जा सकती हैं।

अनुच्छेद-19

आर्थिक एवं सामाजिक परिषद राज्यों द्वारा अनुच्छेद 16 और 17 क अन्तर्गत तथा विशिष्ट अभिकरणों द्वारा अनुच्छेद 18 के अन्तर्गत प्रस्तुत मानवाधिकार सम्बन्धी प्रतिवेदन अध्ययन या साधारण संस्तुतियों के लिए जैसा उचित हो, *मानवाधिकार आयोग* को प्रेषित कर देगी।

अनुच्छेद-20

वर्तमान प्रसंविदा के पक्षधर राज्य तथा सम्बद्ध विशिष्ट अभिकरण अनुच्छेद 19 के अन्तर्गत दी गई किसी साधारण संस्तुति पर अथवा *मानवाधिकार आयोग* के किसी प्रतिवेदन या उसमें उक्त किसी अभिलेख में सन्दर्भित साधारण संस्तुति पर अपनी टिप्पणियाँ *आर्थिक एवं सामाजिक परिषद* को प्रस्तुत कर सकते हैं।

अनुच्छेद-21

आर्थिक एवं सामाजिक परिषद वर्तमान प्रसंविदा में मान्य अधिकारों के अनुपालन में उपलब्धि के लिए अपनाए गए उपायों तथा उनकी प्रगति के सम्बन्ध में सामान्य प्रकृति की संस्तुतियों सहित अपने प्रतिवेदन तथा इस प्रसंविदा के पक्षधर राज्यों और विशिष्ट अभिकरणों से प्राप्त सूचनाओं का सारांश समय-समय पर महासभा को प्रस्तुत करेंगे।

अनुच्छेद-22

आर्थिक एवं सामाजिक परिषद वर्तमान प्रसंविदा के इस भाग में उल्लिखित प्रतिवेदनों से उद्भूत बातें संयुक्त राष्ट्र के दूसरे अंगों और उनके विशिष्ट अभिकरणों के ध्यान में ला सकती हैं जिससे उन संगठनों को अपनी क्षमता के क्षेत्र में आनेवाले विषयों के अन्तर्गत ऐसे अन्तर्राष्ट्रीय उपायों की उपयुक्तता निर्धारित करने में सहायता मिल सके जो वर्तमान प्रसंविदा के प्रभावी प्रगामी कार्यान्वयन में योगदान कर सके।

अनुच्छेद-23

वर्तमान प्रसंविदा के पक्षधर राज्य सहमत हैं कि इस प्रसंविदा द्वारा मान्य अधिकारों की उपलब्धि के लिए अन्तर्राष्ट्रीय कार्यवाही में अभिसमयों का निर्धारण, संस्तुतियों का ग्रहण, तकनीकी सहायता प्रदान और विचार विमर्श एवं अध्ययन के लिए सम्बद्ध शासनों के साथ मिलकर क्षेत्रीय बैठकों और तकनीकी बैठकों का आयोजन जैसे तरीके समाविष्ट हैं।

अनुच्छेद-24

वर्तमान इस प्रसंविदा की व्याख्या कदापि इस प्रकार नहीं की जाएगी जिससे संयुक्त राष्ट्र के अधिपत्र तथा संयुक्त राष्ट्र के विभिन्न अंगों के दायित्वों को परिभाषित करनेवाले विशिष्ट अभिकरणों के संविधानों को तथा वर्तमान प्रसंविदा में वर्णित विषयों से सम्बद्ध विशिष्ट अभिकरणों से संविधानों के प्राविधान दुर्लभ होते हैं।

अनुच्छेद-25

वर्तमान प्रसंविदा व्याख्या कदापि इस प्रकार नहीं की जाएगी जिससे सभी लोगों द्वारा मुक्त रूप से अपनी प्राकृतिक सम्पदा एवं संसाधनों के उपयोग तथा उपभोग का अन्तर्निहित अधिकार दुर्लभ होता हो।

भाग 5

अनुच्छेद-26

1. वर्तमान प्रसंविदा संयुक्त राष्ट्र या उसके किसी विशिष्ट अभिकरण के सदस्यों द्वारा अन्तर्राष्ट्रीय न्यायाधिकरण के संविधान के किसी भी पक्षधर राज्य द्वारा तथा इस प्रसंविदा का पक्षधर बनने हेतु महासभा द्वारा आमन्त्रित किसी भी अन्य राज्य द्वारा हस्ताक्षर हेतु खुली है।
2. वर्तमान प्रसंविदा सम्पुष्टिकरण के अधीन है। सम्पुष्टिकरण प्रपत्र संयुक्त राष्ट्र के महासचिव के पास जमा कर दिए जाएँगे।
3. वर्तमान प्रसंविदा इस अनुच्छेद की कुंडिका 1 में निर्दिष्ट किसी भी राज्य द्वारा अंगीकरण हेतु खुली रहेगी।
4. संयुक्त राष्ट्र के महासचिव के पास अंगीकरण का प्रपत्र जमा होने से अंगीकरण प्रभावी होगा।
5. वर्तमान प्रसंविदा पर हस्ताक्षर या उसका अंगीकरण करनेवाले सभी राज्यों को सम्पुष्टिकरण या अंगीकरण का प्रत्येक प्रपत्र जमा होने की सूचना महासचिव दे देंगे।

अनुच्छेद-27

1. वर्तमान प्रसंविदा का प्रवर्तन संयुक्त राष्ट्र के महासचिव के पास सम्पुष्टिकरण या अंगीकरण का 35वाँ प्रपत्र जमा होने की तिथि से तीन महीने बाद होगा।
2. ऐसे प्रत्येक राज्य के लिए जो सम्पुष्टिकरण या अंगीकरण का 35वाँ प्रपत्र जमा होने के बाद वर्तमान प्रसंविदा का सम्पुष्टिकरण या अंगीकरण करता है, अंगीकरण का या सम्पुष्टिकरण का उसका अपना प्रपत्र जमा करने के तीन महीने बाद इस प्रसंविदा का प्रवर्तन होगा।

अनुच्छेद-28

वर्तमान प्रसंविदा के प्रावधानों का विस्तार संघीय राज्यों के सभी भागों में बिना किसी परिसीमा या अपवाद के होगा।

अनुच्छेद-29

1. वर्तमान प्रसंविदा का पक्षधर कोई भी राज्य इसमें संशोधन का प्रस्ताव कर संयुक्त राष्ट्र के महासचिव के पास दाखिल कर सकता है। ऐसा होने पर महासचिव वर्तमान प्रसंविदा के सभी पक्षधर राज्यों को प्रस्तावित संशोधन की सूचना इस अनुरोध के साथ भेज देंगे कि वे उन्हें ज्ञापित करें कि क्या वे इस प्रस्तावों पर विचार तथा मतदान के प्रयोजन हेतु पक्षधर

राज्यों का सम्मेलन कराने के पक्ष में हैं। इस पक्षधर राज्यों के कम-से-कम एक तिहाई राज्यों द्वारा ऐसे सम्मेलन का समर्थन करने की अवस्था में महासचिव संयुक्त राष्ट्र के तत्वावधान में सम्मेलन का संयोजन करेंगे। सम्मेलन में उपस्थित तथा मतदाता पक्षधर राज्यों के बहुमत से गृहित संशोधन संयुक्त राष्ट्र की महासभा के समक्ष अनुमोदन के लिए प्रस्तुत किया जाएगा।

2. ये संशोधन संयुक्त राष्ट्र की महासभा द्वारा अनुमोदन तथा वर्तमान प्रसंविदा के पक्षधर कम-से-कम दो तिहाई राज्यों द्वारा अपने-अपने संविधानों के अनुसार स्वीकृति के बाद लागू होंगे।
3. संशोधनों के लागू होने पर उन पक्षधर राज्यों के लिए वे बाध्यकारी होंगे जिन्होंने उनको स्वीकार किया है। जबकि अन्य पक्षधर राज्य वर्तमान प्रसंविदा के प्रावधानों तथा उनके द्वारा पहले से स्वीकृत संशोधनों से फिर से आबद्ध रहेंगे।

अनुच्छेद-30

अनुच्छेद 26, कंडिका 5 के अन्तर्गत जारी ज्ञापनों का विचार किए बिना संयुक्त राष्ट्र के महासचिव उस अनुच्छेद की कंडिका 1 में उल्लिखित सभी राज्यों को निम्नांकित विशिष्टियों की सूचना देंगे।

(क) अनुच्छेद 26 के अन्तर्गत किए गए हस्ताक्षर सम्पुष्टिकरण तथा अंगीकरण;
(ख) अनुच्छेद 27 के अन्तर्गत वर्तमान प्रसंविदा के प्रवर्तन की तिथि अनुच्छेद 29 के अन्तर्गत संशोधनों के प्रवर्तनों की स्थिति।

अनुच्छेद-31

1. वर्तमान प्रसंविदा जिसके चीनी, अंग्रेजी, फ्रांसीसी, रूसी तथा स्पेनी पाठ समान रूप से प्रमाणित हैं। संयुक्त राष्ट्र के अभिलेखागार में जमा रहेंगी।
2. संयुक्त राष्ट्र के महासचिव अनुच्छेद 26 में उल्लिखित सभी राज्यों को वर्तमान प्रसंविदा की प्रमाणित प्रतिलिपियाँ प्रेषित कर देंगे।

नागरिक एवं राजनीतिक अधिकारों की प्रसंविदा दिसम्बर 1966

उद्देशिका :

वर्तमान प्रसंविदा के पक्षधर राज्य,

संयुक्त राष्ट्र के अधिपत्र में घोषित सिद्धान्तों के अनुसार, यह विचार करते हुए कि, मानव परिवार के समस्त सदस्यों की जन्मजात गरिमा की तथा उनके सम्मान एवं अधिकारों की मान्यता, विश्व में स्वतन्त्रता, न्याय तथा शान्ति का आधार है,

यह मानते हुए कि 'मानवाधिकारों का सार्वदेशिक घोषणापत्र' के अनुसार, मनुष्यों द्वारा नागरिक एवं राजनीतिक स्वतन्त्रताओं का उपभोग तथा भय एवं अभाव से मुक्ति केवल तभी प्राप्त की जा सकती है जब ऐसी परिस्थितियों का सृजन हो जिनमें सब लोग नागरिक एवं राजनीतिक अधिकारों के साथ ही आर्थिक, सामाजिक एवं सांस्कृतिक अधिकारों का उपभोग कर सकें,

संयुक्त राष्ट्र के अधिपत्र के अन्तर्गत मानवाधिकारों एवं स्वतन्त्रताओं के प्रति सार्वभौम सम्मान तथा उनके अनुपालन के लिए राज्यों की बाध्यता का विचार करते हुए,

यह अनुभव करते हुए कि, अन्य व्यक्तियों एवं अपने समुदाय के प्रति कर्त्तव्यनिष्ठ होते हुए प्रत्येक व्यक्ति वर्तमान प्रसंविदा में मान्य अधिकारों की स्थापना एवं उनके अनुपालन हेतु प्रयत्न करने का दायित्व वहन करता है,

निम्नांकित अनुच्छेदों पर सहमत है :

भाग 1

अनुच्छेद-1

1. सभी जनों को आत्मनिर्णय का अधिकार है। उस अधिकार के अन्तर्गत वे मुक्त रूप से अपनी राजनीतिक स्थिति निर्धारित करते हैं और अपने आर्थिक, सामाजिक एवं सांस्कृतिक विकास का निष्पादन करते हैं।
2. सभी जन, अन्तर्राष्ट्रीय आर्थिक सहयोग से उत्पन्न बाध्यताओं को क्षति पहुँचाए बिना पारस्परिक तथा अन्तर्राष्ट्रीय विधि के सिद्धान्तों के आधार पर अपनी प्राकृतिक सम्पदा एवं संसाधनों की मुक्त रूप से अपने हित में व्यवस्था कर सकते हैं।
3. अस्वशासी एवं न्यास क्षेत्रों के प्रशासन के लिए उत्तरदायी राज्यों समेत वर्तमान प्रसंविदा के पक्षकार राज्य आत्मनिर्णय के अधिकार के सिद्धि को प्रोत्साहित करेंगे तथा संयुक्त राष्ट्र के अधिपत्र के प्रावधानों के अनुकूल उस अधिकार का सम्मान करेंगे।

भाग 2

अनुच्छेद-2

1. वर्तमान प्रसंविदा का प्रत्येक पक्षधर राज्य प्रतिबद्ध होता है कि वह किसी प्रकार के जैसे–नस्ल, रंग, लिंग, भाषा, धर्म, राजनीतिक या अन्य मतवाद, राष्ट्रीय या सामाजिक मूल, सम्पत्ति, जन्म अथवा अन्य स्थिति के आधार पर भेदभाव के बिना अपने क्षेत्र के तथा अपने क्षेत्राधिकार में आनेवाले प्रत्येक व्यक्ति के अधिकारों का जो इस प्रसंविदा द्वारा मान्य है, समादर करेगा तथा उन्हें सुनिश्चित करेगा।

2. वर्तमान प्रसंविदा का प्रत्येक पक्षधर राज्य प्रतिबद्ध होता है कि वह व्यष्टितः तथा अन्तर्राष्ट्रीय सहायता एवं सहयोग, विशेष रूप से आर्थिक एवं तकनीकी द्वारा उपलब्ध अपने संसाधनों की अधिकतम सीमा तक वर्तमान प्रसंविदा में मान्य अधिकारों की प्रगामी सिद्धि हेतु जहाँ तद्विषयक वैज्ञानिक या अन्य उपाय वर्तमान नहीं है, कदम उठाएगा।

अनुच्छेद-3

वर्तमान प्रसंविदा के पक्षधर राज्य प्रतिबद्ध होते हैं कि वे इस प्रसंविदा में वर्णित सभी आर्थिक, सामाजिक एवं सांस्कृतिक अधिकारों का पुरुषों एवं महिलाओं द्वारा समान उपभोग करना सुनिश्चित करेंगे।

अनुच्छेद-4

वर्तमान प्रसंविदा के पक्षधर राज्य मानते हैं कि उन अधिकारों के उपभोग का जो इस प्रसंविदा के अनुरूप राज्य द्वारा प्रदत्त है, परिसीमन केवल ऐसी विधि द्वारा किया जाएगा जो इन अधिकारों की प्रकृति के अनुकूल हो और जिनका प्रयोजन केवल जनतान्त्रिक समाज में कल्याण की स्थापना मात्र हो।

अनुच्छेद-5

1. इस प्रसंविदा की व्याख्या कदापि इस प्रकार नहीं की जा सकेगी जिससे किसी राज्य, समूह या व्यक्ति को ऐसे कार्यों में प्रवृत्त होने का अधिकार मिलता हो जो इसमें मान्य अधिकारों या स्वतन्त्रताओं का हनन करते हैं अथवा वर्तमान प्रसंविदा में निर्दिष्ट सीमा से अधिक हद तक उनका परिसीमन करते हों।
2. किसी देश में विधि, परम्परा विनिमय या प्रथा द्वारा मान्य किसी भी मानवाधिकार का प्रतिबन्धन या अल्पीकरण इस बहाने से नहीं किया जाएगा कि वर्तमान प्रसंविदा उसे मान्यता नहीं देती या कम परिणाम में मान्य करती है।

भाग 3

अनुच्छेद-6

1. मानव मात्र को जीवन का जन्मसिद्ध अधिकार है। यह अधिकार विधि द्वारा संरक्षित होगा। कोई भी मनमाने ढंग से जीवन से वंचित नहीं किया जाएगा।
2. उन देशों में जहाँ मृत्यु दंड समाप्त नहीं किया गया है, मृत्यु दंड का आदेश केवल जघन्यतम अपराधों के लिए दिया जा सकेगा जो अपराध करने के समय प्रवर्तमान विधि के अनुसार तथा इस प्रसंविदा के तथा जाति विनाश के निरोध एवं दंड विषयक प्रसंविदा के प्रावधानों के विपरीत नहीं होगा। यह दंड सक्षम न्यायालय के अन्तिम निर्णय के अनुसरण में ही दिया जा सकेगा।

3. यह मनस्त किया जा रहा है कि यदि जीवन से वंचित करना जातिविनाश का स्वरूप ले ले तो यह प्रसंविदा इसके किसी भी पक्षकार राज्य को जातिविनाश के निरोध एवं दंड विषयक प्रसंविदा के प्रावधानों द्वारा कल्पित बाध्यताओं को कम करने के लिए प्राधिकृत नहीं करती।
4. मृत्यु दंड का आदेश पानेवाले व्यक्ति को क्षमा तथा दंडादेश के लघुकरण की याचना का अधिकार होगा। सर्वक्षमा, क्षमा तथा दंडादेश का लघुकरण सभी मामलों में देय होगा।
5. 18 वर्ष से कम आयुवाले व्यक्ति द्वारा किए गए अपराधों के लिए मृत्यु दंड का आदेश नहीं दिया जाएगा तथा गर्भवती महिलाओं पर इसका पालन नहीं किया जाएगा।
6. वर्तमान प्रसंविदा के किसी भी पक्षधर राज्य द्वारा मृत्यु दंड निषेध करने में विलम्ब या रोक के लिए इस अनुच्छेद का किसी प्रकार अवलम्ब नहीं लिया जाएगा।

अनुच्छेद-7

किसी को भी याचना और क्रूर, अमानवीय या अपमानजनक व्यवहार या दंड का भागी नहीं बनाया जाएगा। विशेषकर किसी को भी उसकी मुक्त सहमति के बिना चिकित्सीय या वैज्ञानिक प्रयोग का पात्र नहीं बनाया जाएगा।

अनुच्छेद-8

1. किसी को भी दासता के बन्धन में नहीं रखा जाएगा; सभी प्रकार की दासता तथा दास व्यापार निषिद्ध होंगे।
2. कोई भी दासत्व के बन्धन में नहीं रहेगा?
3. (क) किसी को भी बलात् या अनिवार्य श्रम के लिए बाध्य नहीं किया जाएगा।
   (ख) उन देशों में जहाँ सश्रम कारावास का दंड विधि मान्य है, ऐसे दंडादेश के अनुसरण में कराए जानेवाले कठिन श्रम का प्रवारण कंडिका 3(क) द्वारा नहीं होगा।
   (ग) इस कंडिका के प्रयोजनार्थ 'बलात् या अनिवार्य श्रम' पद में ये समाविष्ट नहीं होंगे :
      (i) ऐसे काम या सेवाएँ जो कंडिका 'ख' में उल्लिखित नहीं हैं, जिनका किसी न्यायालय के विधि सम्मत आदेश के अनुसरण में निरुद्ध व्यक्ति द्वारा करना सामान्यतः आवश्यक होता हो;
      (ii) सैन्य प्रकृति की सेवाएँ तथा ऐसे देशों में जहाँ अन्तःकरणीय विरोध मान्य है अन्तःकरणीय विरोधियों द्वारा विधिमान्य राष्ट्रीय सेवाएँ;

(iii) आपातकाल या जीवन या जनकल्याण के लिए संकटकारी विपत्तियों के समय ली जानेवाली सेवा;
(iv) कोई काम या सेवा जो सामान्य नागरिक बाध्यताओं का अंग हो।

अनुच्छेद-9

1. सभी को शारीरिक स्वतन्त्रता तथा सुरक्षा का अधिकार है। कोई भी मनमाने ढंग से गिरफ्तार या निरुद्ध नहीं किया जाएगा। विधिसम्मत आधारों तथा तद्नुवर्ती प्रक्रिया के अनुसरण के सिवा किसी प्रकार से किसी को भी उसकी स्वतन्त्रता से वंचित नहीं किया जाएगा।
2. किसी भी व्यक्ति को जिसे गिरफ्तार किया जाता है, उसकी गिरफ्तारी के समय, उसकी गिरफ्तारी के कारण बता दिए जाएँगे और उसके विरुद्ध अभियोगों की सूचना उसे तत्परता से दी जाएगी।
3. किसी आपराधिक आरोप में गिरफ्तार या निरुद्ध व्यक्ति को तत्परतापूर्वक न्यायाधीश अथवा अन्य ऐसे अधिकारी के समक्ष पेश किया जाएगा जो विधि द्वारा न्यायिक शक्ति के प्रयोग के लिए प्राधिकृत हो।
4. कोई भी व्यक्ति जिसे गिरफ्तारी या निरोध द्वारा स्वतन्त्रता से वंचित किया गया हो न्यायालय के समक्ष कार्यवाही करने का अधिकारी होगा जिससे कि वह न्यायालय बिना किसी विलम्ब के उसके निरोध की वैधता का निर्णय कर सके और यदि निरोध वैध न हो तो उसे मुक्त करने का आदेश दे सके।
5. अवैध गिरफ्तारी या निरोध के शिकार व्यक्ति को क्षतिपूर्ति पाने का प्रवर्तन योग्य अधिकार होगा।

अनुच्छेद-10

1. स्वतन्त्रता से वंचित प्रत्येक व्यक्ति के साथ मानवतापूर्ण तथा मानव शरीर की जन्मजात गरिमा का सम्मान करनेवाला व्यवहार किया जाएगा।
2. (क) आरोपी व्यक्ति को असामान्य परिस्थितियों के अतिरिक्त दोषसिद्ध व्यक्तियों से अलग रखा जाएगा तथा उनके साथ अदोषसिद्ध व्यक्तियों की स्थिति के अनुरूप अलग तरह का व्यवहार किया जाएगा।
   (ख) बाल आरोपियों को वयस्कों से अलग रखा जाएगा तथा यथाशीघ्र न्यायिक निर्णय के लिए पेश किया जाएगा।

अनुच्छेद-11

केवल सांविदिक बाध्यताओं की पूर्ति में असमर्थ होने के आधार पर किसी को कारावद्ध नहीं किया जाएगा।

अनुच्छेद-12

1. सभी को राज्य विशेष के क्षेत्र में उस राज्य में विधितः मुक्त रूप से विचरण तथा अपना निवास चुनने का अधिकार होगा।
2. सभी को स्वदेश समेत कोई भी देश छोड़ने का अधिकार होगा।
3. ऐसे प्रतिबन्धों के सिवा जो राष्ट्रीय सुरक्षा, लोक-व्यवस्था, लोक स्वास्थ्य या नैतिकता और अन्य लोगों के अधिकारों एवं स्वतन्त्रताओं के संरक्षण की आवश्यकता पूर्ति हेतु विधि द्वारा निर्दिष्ट हो और कोई प्रतिबन्ध उपर्युक्त अधिकारों पर लागू नहीं होंगे।
4. कोई भी व्यक्ति स्वदेश में प्रवेश करने के अधिकार से मनमाने ढंग से वंचित नहीं किया जाएगा।

अनुच्छेद-13

वर्तमान प्रसंविदा के किसी भी पक्षधर राज्य के क्षेत्र में विधिसम्मत रूप से मौजूद कोई भी विदेशी व्यक्ति विधि द्वारा आयत निर्णय के अनुसरण के अतिरिक्त वहाँ से निष्कासित नहीं किया जाएगा और सिवा उस अवस्था में जब राष्ट्रीय सुरक्षा के कारणों से विवशता हो उसे अपने निष्कासन के विरुद्ध कारणों को प्रस्तुत करने एवं सक्षम प्राधिकरण या व्यक्ति द्वारा विशेष रूप से पदस्थापित व्यक्तियों द्वारा अपने मामले की समीक्षा कराने की अनुमति दी जाएगी।

अनुच्छेद-14

1. न्यायालयों एवं न्यायाधिकरणों के समक्ष सभी व्यक्ति समान होंगे। सभी को अपने विरुद्ध आपराधिक आरोप निश्चित करने या किसी कानूनी वाद में अपने अधिकारों एवं बाध्यताओं के निश्चित करने के लिए व्यक्तियों को विधि द्वारा स्थापित सक्षम, स्वतन्त्र एवं निष्पक्ष न्यायाधिकरणों में उचित एवं सार्वजनिक सुनवाई का अधिकार होगा। नैतिकता, लोक-व्यवस्था या जनतान्त्रिक समाज में राष्ट्रीय सुरक्षा के कारणों से, अथवा जहाँ पक्षधरों के निजी जीवन की ऐसी अपेक्षा हो, या जब न्यायालय के मत में ऐसी परिस्थितियाँ हो जिनमें प्रचार से न्याय का अहित होता हो, तब अत्यावश्यक सीमा तक, प्रेस या जनता की उपस्थिति पर विचारण के समय पूरी या आंशिक रोक लगाई जा सकती है। किन्तु आपराधिक मामलों को छोड़कर ताकि कानूनी वादों के निर्णयों को जनता में जाहिर किया जाएगा सिवा उन मामलों के जिनमें बालकों के हित अन्यथा अपेक्षा रखते हों अथवा कार्यवाहियाँ मातृपरक विवादों या बच्चों के अभिभावकत्व के सम्बन्ध में हो।

2. दंडनीय अपराधों के आरोपी तब तक दोषहीन माने जाएँगे जब तक वे विधि के अनुसार दोषी सिद्ध नहीं हो जाते।
3. आपराधिक आरोपों के निर्धारण में प्रत्येक व्यक्ति को निम्नांकित आश्वस्तियाँ पूर्ण समानता से प्राप्त होंगी :
   (क) अपने विरुद्ध लगाए गए आरोपों की प्रकृति एवं कारणों की तत्परता तथा विस्तार से ऐसी भाषा में, जिसे वह समझता हो, सूचना प्राप्त करना;
   (ख) अपने बचाव के लिए पर्याप्त समय एवं सुविधाएँ प्राप्त करना ताकि अपनी पसन्द के वकील से संवाद स्थापित कर सकना;
   (ग) अनपेक्षित विलम्ब के बिना विचारण होना;
   (घ) अपनी उपस्थिति में विचारण होना और स्वयं या अपनी पसन्द की कानूनी सहायता द्वारा अपना बचाव करना; यदि उसे कानूनी सहायता प्राप्त नहीं है तो अपने अधिकार की सूचना पाना; तथा यदि न्याय के हितों की ऐसी अपेक्षा हो तो कानूनी सहायता प्राप्त करना और यदि उसके पास पर्याप्त साधन न हो तो इसे निःशुल्क प्राप्त करना।
   (ङ) अपने विरुद्ध साक्षियों की स्वयं परीक्षा करना या करवाना तथा अपने पक्ष में साक्षियों की उपस्थिति तथा परीक्षा उन्हीं शर्तों पर प्राप्त कराना जिन पर उसके विरुद्ध साक्षियों की उपस्थिति और परीक्षा हुई हो;
   (च) यदि वह न्यायालय की भाषा नहीं समझता या बोलता तो द्विभाषिए की निःशुल्क सहायता प्राप्त कराना;
   (छ) स्वयं के विरुद्ध साक्ष्य देने या अपना दोष स्वीकार करने के लिए बाध्य न किया जाना।
4. अवयस्क व्यक्तियों के मामले में प्रक्रिया ऐसी होगी जो उनकी वय तथा उनके पुनर्स्थापन के प्रोत्साहन की वांछनीयता को ध्यान में रखे।
5. किसी अपराध का दोषी सिद्ध होनेवाले प्रत्येक व्यक्तियों को उच्चतम न्यायाधिकरण द्वारा विधि के अनुसार अपनी दोषसिद्धि एवं दंडादेश की समीक्षा करवाने का अधिकार होगा।
6. किसी दांडिक अपराध के लिए जब किसी व्यक्ति का दोष अन्तिम निर्णय द्वारा सिद्ध हो जाता है और फिर बाद में इस अपराध पर कोई नया या नया उपलब्ध तथ्य निर्णायक रूप से यह सिद्ध कर देता है कि न्याय हानि हुई है उसकी दोषसिद्धि विपर्यस्त हो जाती है या उसे क्षमादान मिल जाता है तो इस दोषसिद्धि के परिणामस्वरूप दंडित व्यक्ति को विधि के अनुसार क्षतिपूर्ति की जाएगी, बशर्ते यह सिद्ध हो जाए कि उस अज्ञात तथ्य के अनुद्घाटन के लिए वह व्यक्ति पूरे या आंशिक रूप से उत्तरदायी नहीं है।

7. कोई भी व्यक्ति किसी अपराध के लिए किसी देश की विधि तथा दांडिक प्रक्रिया के अनुसार अन्तिम रूप से दोषसिद्ध या दोषमुक्त हो चुका है तो पुनः उसी अपराध के लिए विचारण तथा दंड का भागी नहीं होगा।

अनुच्छेद-15

1. किसी कार्य के करने या असम्पादन के कारण दांडिक अपराध के लिए किसी को दोषी नहीं माना जाएगा यदि वह कार्य उसके होने के समय राष्ट्रीय या अन्तर्राष्ट्रीय विधि के अन्तर्गत अपराध नहीं था। न ही ऐसा दंड दिया जाएगा जो उस समय लागू दंड कठोरतम हो। यदि अपराध हो जाने के बाद उसके लिए लघुतम दंड का प्रावधान किया जाता है तो अपराधी को उसका लाभ मिलेगा।
2. किसी कार्य के करने या असम्पादन के लिए जो उसके होने के समय राष्ट्रों के समुदाय द्वारा मान्य विधि के साधारण सिद्धान्तों के अनुसार दांडिक अपराध था, किसी व्यक्ति का विचारण तथा दंड इस अनुच्छेद से कदापि प्रभावित नहीं होगा।

अनुच्छेद-16

सभी को विधि के समक्ष व्यक्ति के रूप में सर्वत्र मान्यता पाने का अधिकार है।

अनुच्छेद-17

1. किसी को भी उसकी निजता, परिवार, घर तथा संवाद में अवैध हस्तक्षेप का भागी नहीं बनाया जाएगा न ही उसके सम्मान तथा क्षति पर आक्रमण का।
2. ऐसे हस्तक्षेप तथा आक्रमण के विरुद्ध सभी को विधि का संरक्षण प्राप्त है।

अनुच्छेद-18

1. सभी को विचार, अन्तःकरण तथा धर्म की स्वतन्त्रता का अधिकार है। इस अधिकार में अपनी पसन्द का कोई भी धर्म धारण करने या अपनाने का अधिकार तथा व्यष्टितः या अन्यों के साथ सामूहिक रूप से तथा सार्वजनिक या निजी तौर पर पूजा, अनुपालन, प्रथा तथा शिक्षण में अपने धर्म या विश्वास को प्रकट करने के अधिकार समाविष्ट हैं।
2. किसी पर भी ऐसा बल प्रयोग नहीं किया जाएगा जो अपनी पसन्द या धर्म या विश्वास धारण करने या अपनाने की स्वतन्त्रता के उसके अधिकार को दुर्बल बनाता हो।
3. अपने धर्म या विश्वास को प्रकट करने की स्वतन्त्रता का परिसीमन केवल लोक सुरक्षा, व्यवसाय, स्वास्थ्य अथवा नैतिकता या मूलभूत स्वतन्त्रताओं एवं औरों की स्वतन्त्रताओं के संरक्षण हेतु विधि द्वारा निर्दिष्ट होगा।

4. वर्तमान प्रसंविदा के पक्षधर प्रतिबद्ध होते हैं कि वे माता-पिता तथा जहाँ लागू हो विधिक अभिभावकों द्वारा अपने विश्वासों के अनुरूप अपने बच्चों की धार्मिक तथा नैतिक शिक्षा सुनिश्चित करने की स्वतन्त्रता के अधिकार का सम्मान करेंगे।

अनुच्छेद-19

1. सभी को मतधारण का अबाध अधिकार है।
2. सभी को अभिव्यक्ति की स्वतन्त्रता का अधिकार होगा; इस अधिकार में सीमान्तों का विचार किए बिना मौखिक या लिखित या मुद्रित रूप में या कला के रूप में या अपनी पसन्द से अन्य माध्यमों द्वारा सभी प्रकार की सूचनाएँ तथा विचार खोजने, पाने और देने की स्वतन्त्रता समाविष्ट होगी।
3. कंडिका 2 द्वारा प्रदत्त अधिकारों के अनुष्ठान के साथ विशिष्ट कर्तव्य तथा दायित्व सम्पृक्त है। अतएव इस पर कुछ प्रतिबन्ध हो सकते हैं, किन्तु ये प्रतिबन्ध केवल विधि द्वारा स्थापित होंगे और ऐसे होंगे जो आवश्यक हो;
   (क) अन्यों के अधिकारों एवं ख्याति के सम्मान हेतु;
   (ख) राष्ट्रीय सुरक्षा के या लोक व्यवसाय के या लोक स्वास्थ्य या नैतिकता के संरक्षण हेतु।

अनुच्छेद-20

1. युद्ध के लिए सभी प्रचार विधि द्वारा निषिद्ध होंगे।
2. राष्ट्रीय, नस्ली या धार्मिक घृणा की किसी भी प्रकार हिमायत करना जिससे भेदभाव, शत्रुता या हिंसा को उत्तेजना मिलती है विधि द्वारा निषिद्ध होगा।

अनुच्छेद-21

शान्तिपूर्वक एकत्र होने के अधिकार की मान्यता दी जाएगी। इस अधिकार के अनुष्ठान में कोई प्रतिबन्ध नहीं होंगे सिवा उनके जो विधि से समर्थित हो और जनतान्त्रिक समाज में राष्ट्रीय सुरक्षा या लोक सुरक्षा के हित में लोक स्वास्थ्य या नैतिकता के संरक्षण हेतु या अन्यों के अधिकारों एवं स्वतन्त्रताओं के संरक्षण हेतु आवश्यक हो।

अनुच्छेद-22

1. सभी को औरों के साथ सहयोजन का अधिकार होगा, जिसमें अपने हितों के संरक्षा हेतु ट्रेड यूनियनें बनाने एवं उनका सदस्य बनना शामिल होगा।
2. इस अधिकार के अनुष्ठान में कोई प्रतिबन्ध नहीं होंगे, सिवा उनके जो विधि द्वारा निर्दिष्ट हो और जनतान्त्रिक समाज में राष्ट्रीय सुरक्षा या लोक सुरक्षा,

लोक व्यवस्था के हित में, लोक स्वास्थ्य या नैतिकता के संरक्षण हेतु या औरों के अधिकारों एवं स्वतन्त्रताओं के संरक्षण हेतु आवश्यक हो। सशस्त्र बलों द्वारा तथा आरक्षियों द्वारा इस अधिकार के अनुष्ठान पर विधिसम्मत प्रतिबन्ध लगाने पर यह अनुच्छेद कोई बाधा नहीं देगा।

3. सहयोजन की स्वतन्त्रता एवं संगठन के अधिकार के संरक्षण विषयक 1948 का अन्तर्राष्ट्रीय श्रम संगठन प्रसंविदा के पक्षधर राज्यों को प्राधिकृत नहीं करता कि वे ऐसे विधिक उपाय अपनाए या विधि का इस प्रकार उपयोग करें जिससे उस प्रसंविदा में प्रदत्त आस्वस्तियों को क्षति पहुँचे।

अनुच्छेद-23

1. परिवार समाज की स्वाभाविक एवं मूलभूत समूह इकाई है और समाज तथा राज्य द्वारा संरक्षण का अधिकारी है।
2. विवाह योग्य वय प्राप्त पुरुषों एवं महिलाओं के विवाह करने और परिवार स्थापित करने के अधिकार को मान्यता दी जाएगी।
3. विवाहेच्छुक पक्षों की मुक्त एवं पूर्ण सहमति के बिना कोई विवाह नहीं होगा।
4. वर्तमान प्रसंविदा के पक्षधर राज्य विवाह हेतु वैवाहिक जीवन काल में एवं विवाह भंग की अवस्था में पति-पत्नी के समान अधिकार एवं दायित्व सुनिश्चित करने के लिए उपयुक्त कदम उठाएँगे। विवाह भंग की अवस्था में बच्चो के आवश्यक संरक्षण हेतु प्रावधान बनाए जाएँगे।

अनुच्छेद-24

1. सभी बच्चों को नस्ल, रंग, लिंग, भाषा, धर्म, राष्ट्रीय या सामाजिक मूल, सम्पत्ति या जन्म का विचार किए बिना संरक्षण के ऐसे उपाय पाने का अधिकार होगा जो उसके परिवार, समाज तथा राज्य की ओर से उसकी अल्पवयस्कता की स्थिति के लिए प्रयोजनीय हो।
2. जन्म के तत्काल बाद हर बच्चे का पंजीकरण किया जाएगा और उसका एक नाम होगा।
3. सभी बच्चों को एक राष्ट्रीयता पाने का अधिकार है।

अनुच्छेद-25

सभी नागरिकों को अनुच्छेद 2 में उल्लिखित भेदभावों के तथा अनुचित प्रतिबन्धों के बिना अधिकार तथा अवसर प्राप्त होंगे;

(क) स्वयंमेव या मुक्त रूप से चुने हुए प्रतिनिधियों के द्वारा सार्वजनिक मामलों में भागीदारी तथा उनके संचालन का,

(ख) ऐसे असली एवं आवधिक चुनावों में मतदान करने और चुने जाने का जो सार्वदेशिक तथा समान मताधिकार के आधार पर गुप्त मतदान द्वारा सम्पन्न होंगे जिससे चुनाव कर्ताओं के संकल्प को मुक्त अभिव्यक्ति मिले।

(ग) अपने देश की लोकसेवा में समानता की साधारण शर्तो पर पहुँच का।

अनुच्छेद-26

विधि के समक्ष सभी व्यक्ति बिना किसी भेदभाव के विधि का संरक्षण पाने के अधिकारी हैं। इस दृष्टि से विधि सभी भेदभावों का निषेध करेगी और सभी व्यक्तियों को नस्ल, रंग, लिंग, भाषा, धर्म, राजनीतिक या अन्य मतवाद, राष्ट्रीय सामाजिक मूल, सम्पत्ति, जन्म अथवा अन्य स्थिति जैसे किसी भी आधार पर भेदभाव के विरुद्ध संरक्षण के समान एवं प्रभावी आश्वस्ति देगी।

अनुच्छेद-27

उन देशों में जहाँ जातीय, धार्मिक या भाषिक अल्पसंख्यक वर्तमान हैं ऐसे अल्पसंख्यकों को अपने समूह के अन्य सदस्यों के साथ मिलकर अपनी संस्कृति का आनन्द उठाने, अपने धर्म को धारण तथा पालन करने तथा अपनी भाषा का प्रयोग करने के अधिकार से वंचित नहीं किया जाएगा।

भाग 5

अनुच्छेद-28

1. एक मानव अधिकार समिति (वर्तमान प्रसंविदा में इसके बाद समिति शब्द से अभिभीत) की स्थापना की जाएगी। इसमें 18 सदस्य होंगे और यह अधोनिर्दिष्ट कार्यों का सम्पादन करेगी।
2. समिति की संरचना, कानून अनुभव रखनेवाले कुछ व्यक्तियों की सहभागिता की उपादेयता ध्यान में रखते हुए वर्तमान प्रसंविदा के पक्षधर राज्यों के ऐसे नागरिकों द्वारा की जाएगी जो उच्च नैतिक चरित्रवाले तथा मानवाधिकार के क्षेत्र में मान्य क्षमता से सम्पन्न व्यक्ति हों।
3. समिति के सदस्य चुनाव द्वारा आएँगे और अपनी व्यक्तिगत हैसियत में काम करेंगे।

अनुच्छेद-29

1. समिति के सदस्यों का चुनाव गुप्त मतदान द्वारा अनुच्छेद 28 में विहित अर्हताएँ रखनेवाले उन व्यक्तियों की सूची से होगा जो इस प्रयोजन के लिए वर्तमान प्रसंविदा के पक्षधर राज्यों द्वारा नामांकित किए गए होंगे।

2. इस प्रसंविदा का प्रत्येक पक्षधर राज्य अधिक-से-अधिक दो व्यक्तियों को नामित कर सकता है। ये व्यक्ति नामांकनकारी राज्य के नागरिक होंगे।
3. कोई भी व्यक्ति पुनर्नामांकन का पात्र होगा।

अनुच्छेद-30

1. आरम्भिक चुनाव वर्तमान प्रसंविदा के प्रवर्तन से अधिक-से-अधिक 6 मास के भीतर कराए जाएँगे।
2. अनुच्छेद 34 के अनुसार घोषित रिक्ति भरने के लिए होनेवाले चुनाव के अतिरिक्त समिति के प्रत्येक चुनावों से कम-से-कम 4 मास पूर्व संयुक्त राष्ट्र के महासचिव वर्तमान प्रसंविदा के पक्षधर राज्यों को समिति की सदस्यता के लिए 3 मास के भीतर नामांकन प्रस्तुत करने हेतु लिखित निमन्त्रण भेजेंगे।
3. संयुक्त राष्ट के महासचिव इस प्रकार नामांकित सारे व्यक्तियों की सूची अकारादिक्रम से उन्हें नामांकित करनेवाले वर्तमान प्रसंविदा के पक्षधर राज्यों का उल्लेख करते हुए बनाएँगे तथा वर्तमान प्रसंविदा के पक्षधर राज्यों को प्रत्येक चुनाव के कम-से-कम एक मास पूर्व प्रस्तुत कर देंगे।
4. समिति के सदस्यों का चुनाव संयुक्त राष्ट्र के मुख्यालय में संयुक्त राष्ट्र के महासचिव द्वारा संयोजित वर्तमान प्रसंविदा के पक्षधर राज्यों की बैठक में सम्पन्न होगा। उस बैठक में जिसके लिए गणपूर्ति वर्तमान प्रसंविदा के पक्षधर राज्यों की संख्या की दो तिहाई होगी। वे नामांकित व्यक्ति चुने जाएँगे जिन्हें अधिकतम मत मिलेंगे तथा पक्षधर राज्यों के उपस्थित तथा मतदाता प्रतिनिधियों का पूर्ण बहुमत प्राप्त होगा।

अनुच्छेद-31

1. समिति में किसी राज्य का एक से अधिक नागरिक नहीं होगा।
2. समिति के चुनाव में सदस्यता के साम्यमूलक भौगोलिक विभाजन तथा सभ्यता के विभिन्न रूपों एवं प्रमुख विधिक प्रणालियों के प्रतिनिधित्व को ध्यान में रखा जाएगा।

अनुच्छेद-32

1. समिति के सदस्य 4 वर्ष की अवधि के लिए चुने जाएँगे। पुनर्नामांकित होने पर वे दुबारा चुने जाने के पात्र होंगे। तथापि प्रथम निर्वाचन में चुने गए सदस्यों में 9 की सदस्यता दो वर्ष की अन्त में समाप्त हो जाएगी। इन 9 सदस्यों के नाम अनुच्छेद 30 पैरा 4 में निर्दिष्ट बैठक के अध्यक्ष लाट द्वारा चुनेंगे।
2. पद की अवधि समाप्त हो जाने पर वर्तमान प्रसंविदा के इस भाग के पूर्वोक्त अनुच्छेदों के अनुसार चुनाव कराए जाएँगे।

अनुच्छेद-33

1. यदि कोई सदस्य अस्थायी तौर पर अनुपस्थिति के अतिरिक्त किसी कारण से अपने कार्य निष्पादन में अन्य सदस्यों द्वारा एक मत से विफल पाया जाता है तो समिति के सभापति संयुक्त राष्ट्र के महासचिव को इससे अधिसूचित कर देंगे जो तत्काल उस सदस्य के स्थान को रिक्त घोषित कर देंगे।
2. किसी सदस्य की मृत्यु होने या उसके त्याग-पत्र देने पर समिति के सभापति संयुक्त राष्ट्र के महासचिव को तत्काल अधिसूचित कर देंगे। जो मृत्यु की तिथि या त्याग-पत्र के प्रभावी होने की तिथि से वह स्थान रिक्त घोषित कर देंगे।

अनुच्छेद-34

1. जब अनुच्छेद 33 के अनुसार कोई स्थान रिक्त घोषित हो और यदि स्थान रिक्त करनेवाले सदस्य का कार्यकाल इस घोषणा के 6 मास के भीतर समाप्त होनेवाली न हो तब संयुक्त राष्ट्र के महासचिव वर्तमान प्रसंविदा के पक्षधर राज्यों को अधिसूचित कर देंगे। जो दो मास के भीतर अनुच्छेद 29 के अनुसार नामांकन प्रस्तुत कर सकेंगे।
2. संयुक्त राष्ट्र के महासचिव इस प्रकार नामांकित व्यक्तियों की सूची अकारादिक्रम में बनाकर वर्तमान प्रसंविदा के पक्षधर राज्यों को प्रस्तुत कर देंगे। तत्पश्चात् वर्तमान प्रसंविदा के सम्बद्ध प्रावधानों के अनुसार रिक्ति को भरने के लिए चुनाव किया जाएगा।
3. अनुच्छेद 33 के अनुसार घोषित रिक्ति को भरने के लिए निर्वाचित सदस्य का कार्यकाल उक्त अनुच्छेद के प्रावधानों के अन्तर्गत समिति में स्थान छोड़नेवाले सदस्य के कार्यकाल की शेष अवधि तक होगा।

अनुच्छेद-35

समिति के सदस्य से संयुक्त राष्ट्र की साधारण सभा के अनुमोदन से संयुक्त राष्ट्र के संसाधनों से वृत्तियाँ करेंगे जिनकी शर्तें साधारण सभा द्वारा समिति के दायित्वों के महत्त्व को ध्यान रखकर निर्धारित की जाएगी।

अनुच्छेद-36

वर्तमान प्रसंविदा के अन्तर्गत समिति द्वारा प्रभावी कार्य निष्पादन के लिए संयुक्त राष्ट्र के महासचिव आवश्यक कर्मचारी तथा सुविधाएँ उपलब्ध कराएँगे।

अनुच्छेद-37

1. समिति की आरम्भिक बैठक संयुक्त राष्ट्र के महासचिव द्वारा संयुक्त राष्ट्र के मुख्यालय में संयोजित की जाएगी।
2. आरम्भिक बैठक के बाद समिति की बैठकें इसकी कार्यविधि के नियमों में निर्दिष्ट स्थानों तथा समयों पर होंगे।
3. सामान्यतः समिति की बैठकें संयुक्त राष्ट्र के मुख्यालय में या संयुक्त राष्ट्र के जेनेवा स्थित कार्यालय में होगी।

अनुच्छेद-38

समिति का प्रत्येक सदस्य अपना कर्तव्य-भार सँभालने के पूर्व खुली समिति के समक्ष सत्यनिष्ठापूर्वक घोषणा करेगा कि वह अपने कार्य निष्पक्षता तथा निष्ठापूर्वक निभाएगा।

अनुच्छेद-39

1. समिति अपने पदाधिकारियों का चुनाव 2 वर्ष के लिए करेगी। उनका पुनः निर्वाचन हो सकेगा।
2. अपनी कार्यविधि की नियमावली समिति स्वयं स्थापित करेगी। किन्तु इनमें अन्य बातों के साथ व्यवस्था होगी कि
   (क) गणपूर्ति 12 सदस्यों की होगी।
   (ख) समिति के निर्णय उपस्थित सदस्यों के बहुमत से लिए जाएँगे।

अनुच्छेद-40

1. वर्तमान प्रसंविदा के पक्षधर राज्य प्रतिबद्ध होते हैं कि इनमें मान्य अधिकारों के प्रवर्तन के लिए अपनाए गए उपायों एवं उन अधिकारों के उपभोग की दिशा में हुई प्रगति के सम्बन्ध में प्रतिवेदन प्रस्तुत किया जाएगा;
   (क) वर्तमान प्रसंविदा के प्रवर्तन के एक वर्ष के भीतर सम्बद्ध पक्षों द्वारा;
   (ख) तत्पश्चात् जब भी समिति ऐसा अनुरोध करे।
2. सभी प्रतिवेदन संयुक्त राष्ट्र के महासचिव को प्रस्तुत किए जाएँगे जो उन्हें समिति के विचारार्थ प्रेषित कर देंगे। प्रतिवेदनों में वर्तमान प्रसंविदा को प्रभावित करनेवाले कारकों तथा कठिनाइयों का यदि कोई हो निदर्शन होगा।
3. संयुक्त राष्ट्र के महासचिव समिति के साथ विचार-विमर्श के बाद प्रतिवेदनों के उन अंशों की प्रतियाँ ऐसे विशिष्ट अभिकरणों को प्रेषित कर देंगे जो उनकी क्षमता के क्षेत्र में आते हैं।

4. समिति वर्तमान प्रसंविदा के पक्षधर राज्यों द्वारा प्रस्तुत प्रतिवेदनों का अध्ययन करेगी। वह अपने प्रतिवेदन तथा ऐसी साधारण टिप्पणियाँ जो उसे उपयुक्त लगे पक्षधर राज्यों को प्रेषित कर देगी। समिति इन टिप्पणियों को वर्तमान प्रसंविदा के पक्षधर राज्यों से प्राप्त प्रतिवेदनों के साथ सामाजिक एवं आर्थिक परिषद को भी प्रेषित कर सकती है।
5. वर्तमान प्रसंविदा के पक्षधर राज्य इस अनुच्छेद के पैरा 4 के अनुसरण में प्राप्त टिप्पणियों पर अपने विचार समिति के समक्ष प्रस्तुत कर सकते हैं।

अनुच्छेद-41

1. वर्तमान प्रसंविदा का पक्षधर कोई भी राज्य कभी भी इस अनुच्छेद के अन्तर्गत घोषणा कर सकता है कि वह किसी पक्षधर राज्य के दावे की संसूचना को कि कोई अन्य पक्षधर राज्य इस प्रसंविदा के अन्तर्गत अपनी बाध्यताओं की पूर्ति नहीं कर रहा है। प्राप्त करने एवं उस पर विचार करने के लिए समिति की सक्षमता को मान्यता देता है। इस अनुच्छेद के अन्तर्गत संसूचनाओं को प्राप्त और उन पर विचार तभी किया जाएगा जब वे ऐसे पक्षधर राज्यों द्वारा भेजी गई हो जिसमें स्वयं के सम्बन्ध में समिति की सक्षमता को मान्यता देने की घोषणा कर रखी हो। समिति ऐसी कोई संसूचना प्राप्त नहीं करेगी जिसका सम्बन्ध ऐसे पक्षधर राज्य से जिसने इस प्रकार की घोषणा नहीं कर रखी है। इस अनुच्छेद के अन्तर्गत संसूचनाओं का निपटारा निम्नांकित प्रक्रिया के अनुसार किया जाएगा :
   (क) वर्तमान प्रसंविदा के पक्षधर किसी राज्य के विचार में यदि कोई अन्य पक्षधर राज्य वर्तमान प्रसंविदा के प्रावधानों को कार्यान्वित नहीं कर रहा है तो वह लिखित संसूचना द्वारा इस बात की ओर उस राज्य का ध्यान आकर्षित करता है। संसूचना प्राप्त होने के 3 मास के भीतर प्राप्ति का राज्य उस राज्य को स्पष्टीकरण प्रस्तुत कर देगा जिससे संसूचना भेजी गई थी या मामले को स्पष्ट करनेवाला अन्य कोई लिखित बयान भेजेगा जिसमें सम्बद्ध मामले में अपनाई गई आन्तरिक प्रक्रियाओं तथा उपचारों जो लिखित या उपलब्ध हो कि जानकारी जहाँ तक सम्भव तथा संगत हो शामिल होगी।
   (ख) यदि प्राप्तिकारी राज्य द्वारा आरम्भिक संसूचना प्राप्त करने के 6 मास के भीतर मामले का दोनों पक्षों के लिए सन्तोषप्रद समाधान नहीं हो जाता तो दोनों राज्यों को अधिकार होगा कि समिति तथा दूसरे राज्य को सूचित करते हुए मामले को समिति के सुपुर्द कर दे।

(ग) समिति को सुपुर्द किए गए मामले पर इस बात का निश्चित पता लगा लेने के बाद ही विचार करेगी कि तत्सम्बन्धी सभी उपलब्ध उपचारों का अन्तर्राष्ट्रीय विधि के सामान्य सिद्धान्तों के अनुरूप प्रयोग कर उन्हें निःशेष किया जा चुका है। यह नियम उस दशा में लागू नहीं होगा जब उपचारों के प्रयोग में अनपेक्षित समय लगता हो।

(घ) इस अनुच्छेद के अन्तर्गत प्राप्त संसूचनाओं की जाँच समिति बन्द बैठकों में करेगी।

(ङ) उपकंडिका (ग) के अधीन रहते हुए समिति सम्बद्ध पक्षधर राज्यों को वर्तमान प्रसंविदा द्वारा मान्य मानवाधिकारों एवं मूलभूत स्वतन्त्रताओं के प्रति समादर के आधार पर मामले का मैत्रीपूर्ण हल निकालने के लिए अपने सप्रयत्नों का प्रस्ताव देगी।

(च) समिति उसको सुपुर्द किए गए मामलों में उपकंडिका में उल्लिखित राज्यों से सुसंगत सूचना देने की अपेक्षा कर सकती है।

(छ) समिति द्वारा मामले पर विचार के समय उपकंडिका 'ख' में उल्लिखित राज्यों को प्रतिनिधित्व का एवं मौखिक या लिखित निवेदन का अधिकार होगा।

(ज) उपकंडिका 'ख' में निर्दिष्ट सूचना की प्राप्ति के 12 मास के भीतर समिति अपना प्रतिवेदन प्रस्तुत कर देगी;

(i) यदि उपकंडिका 'ङ' के आधार पर कोई हल निकल आया हो तो समिति अपना प्रतिवेदन तथ्यों तथा हल के संक्षिप्त विवरण तक सीमित रखेगी।

(ii) यदि उपकंडिका 'ङ' के आधार पर कोई हल निकल आया हो तो समिति अपना प्रतिवेदन तथ्यों के संक्षिप्त विवरण तक सीमित रखेगी। पक्षधर राज्यों के लिखित निवेदन तथा उनके मौखिक निवेदन के अभिलेख प्रतिवेदन में संलग्न कर दिए जाएँगे।

सभी मामलों में पक्षधर राज्यों को प्रतिवेदन की संसूचना दे दी जाएगी।

2. इस अनुच्छेद के प्रावधानों का प्रवर्तन वर्तमान प्रसंविदा के 10 पक्षधर राज्यों द्वारा इस अनुच्छेद की कंडिका 1 के अन्तर्गत घोषणा जारी करने पर होगा। ये घोषणाएँ पक्षधर राज्यों द्वारा संयुक्त राष्ट्र के महासचिव के पास जमा की जाएगी। जो इनकी प्रतियाँ अन्य पक्षधर राज्यों को प्रेषित कर देंगे। महासचिव को अधिसूचना भेजकर ये घोषणाएँ कभी भी वापस ली जा सकती हैं। ऐसी कोई वापसी ऐसे किसी मामले पर विचार को

प्रभावित नहीं करेगी जो इस अनुच्छेद के अन्तर्गत किसी पक्षधर राज्य को पहले ही भेजी जा चुकी संसूचना का विषय हो। महासचिव द्वारा वापसी की घोषणा की अधिसूचना प्राप्त होने के बाद किसी पक्षधर राज्य द्वारा प्रेषित कोई और संसूचना स्वीकार नहीं की जाएगी। जब तक कि सम्बद्ध पक्षधर राज्य नई घोषणा जारी नहीं कर देता।

अनुच्छेद-42

1. (क) अनुच्छेद 41 के अनुसरण में समिति को सुपुर्द किए गए किसी मामले का सम्बद्ध पक्षधर राज्यों के लिए सन्तोषप्रद समाधान नहीं निकलता तो समिति सम्बद्ध पक्षकार राज्यों की पूर्व सहमति से एक तदर्थ समझौता आयोग (इसके बाद आयोग नाम से अभिहित) की नियुक्ति कर सकती है। वर्तमान प्रसंविदा के लिए समादर के आधार पर सौहार्दपूर्ण समाधान निकालने के लिए आयोग के सत्यप्रयत्न पक्षधर राज्यों को उपलब्ध होंगे।

   (ख) आयोग में पक्षधर राज्यों को स्वीकार 5 सदस्य होंगे। आयोग की पूरी या आंशिक संरचना पर यदि 3 मास के भीतर सम्बद्ध पक्षधर राज्य सहमत नहीं हो पाते तो उन सदस्यों को जिनके सम्बन्ध में सहमति नहीं बनती समिति अपने सदस्यों में से दो-तिहाई बहुमत द्वारा निर्वाचित कर देगी।
2. आयोग के सदस्य अपनी व्यक्तिगत हैसियत में काम करेंगे। वे सम्बद्ध पक्षधर राज्यों के नागरिक नहीं होंगे न ही ऐसे राज्य के जो वर्तमान प्रसंविदा का पक्षधर नहीं है और न ऐसे पक्षधर राज्य के जिसने अनुच्छेद 41 के अन्तर्गत घोषणा जारी नहीं की है।
3. आयोग अपना सभापति स्वयं निर्वाचित करेगा तथा अपनी कार्य विधि के नियम स्वयं बनाएगा।
4. आयोग की बैठकें सामान्यतः संयुक्त राष्ट्र के मुख्यालय में या संयुक्त राष्ट्र के जेनेवा स्थित कार्यालय में होगी। तथापि वे अन्य सुविधाजनक स्थानों में भी हो सकेगी जो संयुक्त राष्ट्र के महासचिव तथा पक्षधर राज्यों के साथ विचार-विमर्श करके आयोग निश्चित करे।
5. अनुच्छेद 36 के अनुसरण में उपलब्ध कराया गया सचिवालय इस अनुच्छेद के अन्तर्गत नियुक्त आयोगों को भी अपनी सेवाएँ प्रदान करेगा।
6. समिति द्वारा प्राप्त तथा एकत्रित सूचनाएँ आयोग को उपलब्ध करा दी जाएगी तथा आयोग सम्बद्ध पक्षधर राज्यों से अन्य संगत सूचनाएँ देने की अपेक्षा कर सकता है।

7. मामले पर पूर्णरूप से विचार कर लेने के बाद, किन्तु उसे हाथ में लेने से अधिक-से-अधिक 12 मास के बाद नहीं, आयोग समिति के सभापति के समक्ष सम्बद्ध पक्षधर राज्यों को संसूचित करने हेतु अपना प्रतिवेदन प्रस्तुत कर देगा :
   (क) यदि 12 मास के भीतर विचार पूरा करने में आयोग असमर्थ रहा है तो वह अपना प्रतिवेदन विचार की स्थिति पर एक संक्षिप्त विवरण तक सीमित रखेगा;
   (ख) यदि वर्तमान प्रसंविदा द्वारा मान्य मानवाधिकारों के प्रति समादर के आधार पर मामले का कोई सौहार्दपूर्ण समाधान निकल आया है तो आयोग अपना प्रतिवेदन तथ्यों तथा निकाले गए समाधान के संक्षिप्त विवरण तक सीमित रखेगा;
   (ग) यदि उपकंडिका 'ख' के अनुसार कोई समाधार नहीं निकल सकता है तो आयोग पक्षधर राज्यों के बीच उठे हुए मुद्दों से सम्बन्धित तथ्यों के प्रश्नों पर अपने निष्कर्ष तथा मामले के सौहार्दपूर्ण समाधान की सम्भावनाओं पर अपने विचार अपने प्रतिवेदन में सन्निविष्ट करेगा;
   (घ) यदि आयोग उपकंडिका 'ग' के अन्तर्गत अपना प्रतिवेदन प्रस्तुत करता है तो सम्बद्ध पक्षधर राज्य प्रतिवेदन प्राप्त करने के तीन मास के भीतर समिति के सभापति को अधिसूचित कर देंगे कि वे आयोग के प्रतिवेदन की विषय-वस्तु स्वीकार करते हैं या नहीं।
8. इस अनुच्छेद के प्रावधानों का अनुच्छेद 41 के अन्तर्गत समिति के दायित्वों पर कोई प्रतिकूल प्रभाव नहीं होगा।
9. आयोग के सदस्यों के समस्त व्यय संयुक्त राष्ट्र के महासचिव द्वारा प्राक्कलन के अनुसार पक्षधर राज्य समान रूप से वहन करेंगे।
10. संयुक्त राष्ट्र के महासचिव को अधिकार होगा कि आयोग के सदस्यों के व्ययों का भुगतान यदि आवश्यक हो तो इस अनुच्छेद के पैराग्राफ 9 के अनुसरण में पक्षधर राज्यों द्वारा पुनर्भरण के पूर्व ही कर दें।

अनुच्छेद-43

समिति के अनुच्छेद 42 के अन्तर्गत नियुक्त तदर्थ समझौता आयोग के सदस्य संयुक्त राष्ट्र के विशेषाधिकार एवं उन्मुक्ति विषयक प्रसंविदा की सुसंगत धाराओं में निर्दिष्ट संयुक्त राष्ट्र के कार्यों में संलग्न विशेषज्ञों को प्राप्त सुविधाओं, विशेषाधिकारों एवं उन्मुक्तियों के अधिकारी होंगे।

अनुच्छेद-44

वर्तमान प्रसंविदा के कार्यान्वयन हेतु प्रावधान मानवाधिकार के क्षेत्र में संघटक प्रलेखों तथा संयुक्त राष्ट्र एवं विशिष्ट अभिकरणों द्वारा या उनके अन्तर्गत विहित प्रक्रियाओं पर प्रतिकूल प्रभाव डाले बिना प्रयोज्य होंगे तथा उनके वर्तमान प्रसंविदा के पक्षधर राज्यों द्वारा उनके बीच प्रवृत्त सामान्य या विशिष्ट सहमति पत्रों के अनुसरण में विवादों को निपटाने हेतु अन्य प्रक्रियाओं का सहारा लेने में कोई बाधा नहीं पहुँचेगी।

अनुच्छेद-45

समिति अपने कार्यकलापों पर 'आर्थिक एवं सामाजिक परिषद' के जरिए संयुक्त राष्ट्र की महासभा के समक्ष वार्षिक प्रतिवेदन प्रस्तुत करेगी।

भाग 5

अनुच्छेद-46

वर्तमान प्रसंविदा की व्याख्या कदापि इस प्रकार नहीं की जा सकेगी जिससे संयुक्त राष्ट्र के अधिपत्र के अथवा संयुक्त राष्ट्र के विशिष्ट अभिकरणों के संविधानों के प्रावधान दुर्बल होते हों।

अनुच्छेद-47

वर्तमान प्रसंविदा की व्याख्या कदापि इस प्रकार नहीं की जा सकेगी जिससे समस्त जनों द्वारा अपनी प्राकृतिक सम्पदा एवं संसाधनों के पूर्ण तथा बाधा रहित उपभोग एवं उपयोग का जन्मसिद्ध अधिकार दुर्बल होता हो।

भाग 6

अनुच्छेद-48

1. वर्तमान प्रसंविदा संयुक्त राष्ट्र के सभी सदस्य राज्यों अथवा उसके विशिष्ट अभिकरणों के सदस्यों, अन्तर्राष्ट्रीय न्यायाधिकरण विधान के पक्षधर राज्यों तथा उन राज्यों के लिए जो वर्तमान प्रसंविदा का पक्षधर बनने के लिए संयुक्त राष्ट्र द्वारा आमन्त्रित किए जाएँ, हस्ताक्षर हेतु खुली हुई है।
2. वर्तमान प्रसंविदा सम्पुष्टिकरण के अधीन है। सम्पुष्टिकरण के प्रपत्र संयुक्त राष्ट्र के महासचिव के पास जमा कर दिए जाएँगे।
3. वर्तमान प्रसंविदा इस अनुच्छेद की कंडिका 1 में उल्लिखित प्रत्येक राज्य द्वारा अंगीकरण के लिए खुली रहेगी।

4. संयुक्त राष्ट्र के महासचिव के पास अंगीकरण प्रपत्र जमा कर देने पर अंगीकरण प्रभावी हो जाएगा।
5. प्रत्येक अंगीकरण प्रपत्र के जमा होने की सूचना संयुक्त राष्ट्र के महासचिव उन सभी राज्यों को दे देंगे जिन्होंने इस पर हस्ताक्षर किए हैं अथवा इसे अंगीकृत किया है।

अनुच्छेद-49

1. इस प्रसंविदा का प्रवर्तन संयुक्त राष्ट्र के महासचिव के पास सम्पुष्टिकरण या अंगीकरण का 35वाँ प्रपत्र जमा होने के 3 मास बाद की तिथि से होगा।
2. प्रत्येक ऐसे राज्य के लिए जो सम्पुष्टिकरण या अंगीकरण का 35वाँ प्रपत्र जमा होने के बाद वर्तमान प्रसंविदा का सम्पुष्टिकरण या अंगीकरण करता है वर्तमान प्रसंविदा उसका अपना सम्पुष्टिकरण या अंगीकरण प्रपत्र जमा करने के 3 मास बाद की तिथि से होगा।

अनुच्छेद-50

वर्तमान प्रसंविदा का विस्तार संघीय राज्यों के सभी भागों में बिना किसी परिसीमा या अपवाद के होगा।

अनुच्छेद-51

1. वर्तमान प्रसंविदा का पक्षधर कोई भी राज्य संशोधन प्रस्तावित और संयुक्त राष्ट्र के महासचिव के पास दाखिल कर सकता है। तत्पश्चात् संयुक्त राष्ट्र के महासचिव वर्तमान प्रसंविदा के सभी राज्यों को ऐसे प्रस्तावित संशोधन के विषय में संसूचित कर देंगे। यह अनुरोध करते हुए कि वे उनको अधिसूचित करें कि इन प्रस्तावों पर विचार तथा मतदान के लिए क्या वे पक्षधर राज्यों का सम्मेलन संयोजित करने के पक्ष में हैं। पक्षधर राज्यों में से कम-से-कम एक तिहाई द्वारा ऐसे सम्मेलन के पक्ष में होने की अवस्था में संयुक्त राष्ट के महासचिव संयुक्त राष्ट्र के तत्वावधान में सम्मेलन संयोजित करेंगे। सम्मेलन में उपस्थित तथा मतदाता पक्षधर राज्यों के बहुमत से गृहित संशोधन संयुक्त राष्ट्र की महासभा के समक्ष अनुमोदन के लिए प्रस्तुत किया जाएगा।
2. संशोधन का प्रवर्तन तब होगा तब उन्हें संयुक्त राष्ट्र के महासभा का अनुमोदन तथा वर्तमान प्रसंविदा के पक्षधर राज्यों द्वारा अपनी-अपनी साम्यविधिक प्रक्रियाओं के अनुसार दो तिहाई बहुमत से स्वीकृति मिल जाएगी।

3. संशोधन का प्रवर्तन होने पर वे उन राज्यों के लिए बाध्यकारी होंगे जिन्होंने उन्हें स्वीकार किया है। अन्य पक्षधर राज्य फिर भी वर्तमान प्रसंविदा के प्रावधानों तथा पूर्व स्वीकृति संशोधनों से आबद्ध रहेंगे।

अनुच्छेद-52

अनुच्छेद 48 कंडिका 5 के अन्तर्गत अधिसूचनाओं का विचार किए बिना संयुक्त राष्ट्र के महासचिव नामांकित विशिष्टियों की सूचना उक्त अनुच्छेद की कंडिका 1 में उल्लिखित सभी राज्यों को देंगे;

(क) अनुच्छेद 48 के अन्तर्गत हुए हस्ताक्षर सम्पुष्टिकरण तथा अंगीकरण;

(ख) अनुच्छेद 49 के अन्तर्गत वर्तमान प्रसंविदा के प्रवर्तन की तिथि तथा अनुच्छेद 51 के अन्तर्गत संशोधन के प्रवर्तन की तिथि।

अनुच्छेद-53

1. वर्तमान प्रसंविदा जिसके चाइनीज, अंग्रेजी, फ्रांसीसी, रूसी तथा स्पेनी पाठ समान रूप से प्रमाणित हैं, संयुक्त राष्ट्र के अभिलेखागार में जमा रहेगी।
2. संयुक्त राष्ट्र के महासचिव वर्तमान प्रसंविदा के प्रमाणित प्रतियाँ अनुच्छेद 48 में उल्लिखित सभी राज्यों को प्रेषित कर देंगे।

तेहरान घोषणा-पत्र, मई 1968

मानवाधिकारों पर अन्तर्राष्ट्रीय सम्मेलन,

'मानवाधिकारों का सार्वभौमिक घोषणा-पत्र' गृहित करने के बाद बीस वर्षों के काल में हुई प्रगति की समीक्षा तथा भविष्य के लिए कार्यक्रम निर्धारित करने हेतु 22 अप्रैल से 13 मई 1968 तक तेहरान में बैठक कर यह निष्कर्ष पर पहुँचे :

- मानवाधिकारों एवं मूलभूत स्वतन्त्रताओं के प्रति समादर की अभिवृद्धि और प्रोत्साहन हेतु संयुक्त राष्ट्र की गतिविधियों से सम्बन्धित समस्याओं पर विचार करके सम्मेलन द्वारा गृहित प्रस्तावों मनस्थ करते हुए यह देखते हुए कि अन्तर्राष्ट्रीय मानवाधिकार वर्ष ऐसे समय मनाया जा रहा है जब विश्व अभूतपूर्व परिवर्तन की प्रक्रिया से गुजर रहा है।
- विज्ञान तथा प्रौद्योगिकी की तीव्र प्रगति से उपलब्ध नए अवसरों को ध्यान में रखते हुए,
- तथा यह विश्वास करते हुए कि ऐसे युग में जबकि विश्व के अनेक भागों में संघर्ष एवं हिंसा व्याप्त है, मानव अन्तर्निभरता का तथ्य और मानव एकता की आवश्यकता सब काल की अपेक्षा अधिक स्पष्ट हो गई है,

- यह मानते हुए कि, शान्ति मानव जाति की सर्वव्यापी अभिलाषा है तथा मानवाधिकारों एवं मूलभूत स्वतन्त्रताओं की पूर्ण सिद्धि के लिए शान्ति तथा न्याय अपरिहार्य है,

सत्यनिष्ठापूर्वक घोषणा करता है कि :

1. अन्तर्राष्ट्रीय समुदाय के सदस्यगण के लिए नस्ल, रंग, लिंग, भाषा, धर्म, राजनीतिक अथवा अन्य मतवादों जैसे किसी भी प्रकार के भेदभाव के बिना सभी के लिए मानवाधिकारों एवं मूलभूत स्वतन्त्रताओं के प्रति समादर की अभिवृद्धि एवं प्रोत्साहन करने हेतु अपने गम्भीर बाध्यताओं की पूर्ति अवश्यकरणीय है;
2. 'मानवाधिकारों का सार्वभौमिक घोषणा-पत्र' समस्त मानव परिवार के अदेय एवं अनुलंघनीय अधिकारों के सम्बन्ध सारे विश्व के लोगों के मध्य एक सामान्य सहमति व्यक्त करता है तथा अन्तर्राष्ट्रीय समुदाय के सदस्यों की बाध्यता निर्धारित करता है;
3. 'नागरिक एवं राजनीतिक अधिकार विषयक अन्तर्राष्ट्रीय प्रसंविदा' 'आर्थिक, सामाजिक एवं सांस्कृतिक अधिकार विषयक अन्तर्राष्ट्रीय प्रसंविदा', 'औपनिवेशिक देशों तथा जनों को स्वतन्त्रता प्रदान सम्बन्धी घोषणा-पत्र' 'सभी प्रकार के नस्ली भेदभाव के उन्मूलन सम्बन्धी अन्तर्राष्ट्रीय प्रसंविदा' तथा मानवाधिकार के क्षेत्र में संयुक्त राष्ट्र, विशिष्ट अभिकरणों एवं क्षेत्रीय अन्तर-शासनीय संगठनों के तत्वावधान में गृहित अन्य प्रसंविदा एवं घोषणाओं ने ऐसे नए मानकों एवं बाध्यताओं का सृजन किया है जिनके प्रति राज्यों को अनुगत होना चाहिए;
4. 'मानवाधिकारों एवं सार्वभौमिक घोषणा-पत्र' के अंगीकरण के बाद से संयुक्त राष्ट्र ने मानवाधिकारों एवं मूलभूत स्वतन्त्रताओं के उपभोग तथा संरक्षण के लिए मानकों के निरूपण में यथेष्ठ प्रगति की है। इस कालावधि में अनेक महत्त्वपूर्ण अन्तर्राष्ट्रीय प्रपत्र गृहित हुए हैं किन्तु उन अधिकारों एवं स्वतन्त्रताओं के कार्यान्वयन की दिशा में अभी भी बहुत कुछ करना शेष है;
5. 'मानवाधिकारों के क्षेत्र में संयुक्त राष्ट्र का प्राथमिक लक्ष्य हर व्यक्ति द्वारा अधिकतम स्वतन्त्रता एवं गरिमा की उपलब्धि है। इस उद्देश्य की प्राप्ति के लिए प्रत्येक देश की विधि द्वारा नस्ल, भाषा, धर्म अथवा राजनीतिक मतवाद का विचार किए बिना, हर व्यक्ति को अभिव्यक्ति की सूचना की, अन्तःकरण एवं धर्म की स्वतन्त्रता मिलनी चाहिए और तथैव अपने देश के

राजनीतिक, आर्थिक, सांस्कृतिक एवं सामाजिक जीवन में भागीदारी का अधिकार भी मिलना चाहिए;

6. सभी राज्यों को संयुक्त राष्ट्र के अधिपत्र एवं अन्य अन्तर्राष्ट्रीय प्रपत्रों में प्रतिस्थापित मानवाधिकारों एवं मूलभूत स्वतन्त्रताओं के सिद्धान्तों के प्रभावी प्रवर्तन हेतु अपनी दृढ़ता के प्रति पुनः प्रतिबद्ध होना चाहिए;
7. रंगभेद की घृणीत नीति के अन्तर्गत मानवाधिकारों की घोर अस्वीकृति अन्तर्राष्ट्रीय समुदाय के लिए गम्भीरतम चिन्ता का विषय है। मानवता के विरुद्ध अपराध के रूप में निन्दित, रंगभेद की यह नीति अन्तर्राष्ट्रीय शान्ति एवं सुरक्षा को गम्भीर रूप से भंग करती जा रही है। अतएव इस बुराई के उन्मूलन हेतु सभी सम्भव उपाय अपनाना अन्तर्राष्ट्रीय समुदाय के लिए अवश्यकरणीय है। रंगभेद के विरुद्ध संघर्ष न्यायसंगत मान्य है।
8. समस्त विश्व के लोगों को नस्ली भेदभाव की बुराइयों के प्रति जागरुक होना चाहिए और उनके विरुद्ध लड़ाई में शामिल होना चाहिए। संयुक्त राष्ट्र का अधिपत्र, *मानवाधिकारों का सार्वदेशिक घोषणा-पत्र* तथा मानवाधिकार के क्षेत्र में अन्य अन्तर्राष्ट्रीय प्रपत्रों में अंगीभूत इस अभेदमूलक सिद्धान्त का कार्यान्वयन मानव जाति के लिए, अन्तर्राष्ट्रीय एवं राष्ट्रीय दोनों स्तरों पर एक अति अविलम्बनीय कार्यभार है। नस्ली श्रेष्ठता एवं असहिष्णुता पर आधारित सभी विचारधाराओं की अनिवार्यतः निन्दा तथा अवरोध होना चाहिए।
9. 'औपनिवेशिक देशों एवं जनों की स्वतन्त्रता प्रदान सम्बन्धी घोषणा' के आठ वर्षों बाद भी उपनिवेशवाद की समस्याएँ अन्तर्राष्ट्रीय समुदाय की चिन्ता का विषय बनी हुई हैं। यह अविलम्ब आवश्यक है कि सभी सदस्य राज्य संयुक्त राष्ट्र के सम्बद्ध अंगों के साथ सहयोग करें जिससे उक्त घोषणा-पत्र के पूर्ण कार्यान्वयन के लिए प्रभावी उपाय अपनाना सुनिश्चित हो सके;
10. आक्रमणों अथवा सशस्त्र संघर्षों तथा उनके त्रासद परिणामों से उत्पन्न और मनुष्यों के लिए अपार विपत्तिकारी मानवाधिकारों की घोर अस्वीकृतियाँ ऐसी प्रतिक्रियाओं को जन्म देती जो संसार को सतत् शत्रुताओं के भँवर में फँसा सकती है। ऐसे अभिशापों का मूलोच्छेद करने के लिए सहयोग करना अन्तर्राष्ट्रीय समुदाय की बाध्यता है।
11. नस्ल, धर्म, विश्वास या मत-अभिव्यक्ति के आधार पर किए गए भेदभाव से उत्पन्न मानवाधिकारों की घोर अस्वीकृतियाँ मानव जाति की अन्तर्रात्मा

को क्षुब्ध करती हैं तथा विश्व में स्वतन्त्रता, न्याय एवं शान्ति के अधिकारों के लिए विपत्तिजनक होती है।

12. आर्थिक रूप से विकसित एवं विकासशील देशों के बीच बढ़ते हुए अन्तर अन्तर्राष्ट्रीय समुदाय मानवाधिकारों की उपलब्धि में बाधा पहुँचाता है। विकास दशक का अपने साधारण से उद्देश्य की प्राप्ति में असफलता और भी अवश्यकरणीय बना देता है कि प्रत्येक राष्ट्र अपनी क्षमता के अनुसार इस अन्तर को समाप्त करने के लिए यथासम्भव प्रयत्न करें;
13. आर्थिक, सामाजिक एवं सांस्कृतिक अधिकारों के उपभोग के बिना नागरिक एवं राजनीतिक अधिकारों की पूर्ण सिद्धि असम्भव है क्योंकि मानवाधिकार एवं मूलभूत स्वतन्त्रताएँ अविभाज्य हैं।
14. संसार भर में 70 करोड़ से अधिक निरक्षरों का अस्तित्व 'संयुक्त राष्ट्र का अधिपत्र' के उद्देश्यों एवं प्रयोजनों तथा 'मानवाधिकारों का सार्वभौमिक घोषणा-पत्र' के प्रावधानों की सिद्धि हेतु प्रयासों में महान बाधा है। धरती से निरक्षरता का उन्मूलन तथा सभी स्तरों पर शिक्षा की अभिवृद्धि के प्रति उद्दिष्ट अन्तर्राष्ट्रीय कार्यवाही अविलम्ब आवश्यक है;
15. महिलाओं के प्रति भेदभाव, जिससे अभी भी वे विश्व के विभिन्न क्षेत्रों में पीड़ित हैं, अनिवार्यतः समाप्त होना चाहिए। महिलाओं की निम्नतर स्थिति 'संयुक्त राष्ट्र का अधिपत्र' के विरुद्ध है और तथैव 'मानवाधिकारों का सार्वभौमिक घोषणा-पत्र' के प्रावधानों के भी। 'महिलाओं के प्रति भेदभाव उन्मूलन विषयक घोषणा-पत्र' का पूर्ण कार्यान्वयन मानवजाति की प्रगति के लिए एक आवश्यकता है;
16. परिवार एवं बच्चों का संरक्षण अन्तर्राष्ट्रीय समुदाय की चिन्ता का विषय बना रहा है। माता-पिता द्वारा मुक्त और दायित्वपूर्ण ढंग से अपने बच्चों की संख्या और उनके जन्मों का अन्तराल निर्धारित करना उनका आधारभूत मानवाधिकार है।
17. जिसमें मानवाधिकारों एवं मूलभूत स्वतन्त्रताओं का पूर्ण कार्यान्वयन हो, ऐसे सुन्दरतम विश्व के लिए नई पीढ़ी की अभिलाषाओं को उच्चतम प्रोत्साहन मिलना चाहिए। मानव जाति का भविष्य गढ़ने में युवजन की भागीदारी परमावश्यक है।
18. यद्यपि नवीन वैज्ञानिक खोजों तथा तकनीकी उन्नतियों में आर्थिक, सामाजिक एवं सांस्कृतिक प्रगति के लिए विस्तृत सम्भावनाएँ उत्पन्न की हैं, तथापि इन बातों से व्यक्तियों के अधिकार एवं स्वतन्त्रता विपत्ति में पड़ सकती है और उन पर निरन्तर नजर रखना आवश्यक है।

19. निरस्तीकरण द्वारा विशाल मानव एवं भौतिक संसाधन मुक्त हो जाएँगे जो अभी तक सैन्य प्रयोजनों में लगे हुए हैं। इन संसाधनों का उपयोग मानवाधिकारों एवं स्वतन्त्रताओं की अभिवृद्धि प्रतिष्ठा के लिए किया जाना चाहिए। व्यापक और सम्पूर्ण निरस्तीकरण सभी जनों की उच्चतम आकांक्षाओं में एक है;

अतएव,

मानवाधिकारों पर अन्तर्राष्ट्रीय सम्मेलन,

1. 'मानवाधिकारों का सार्वभौमिक घोषणा-पत्र' एवं इस क्षेत्र के अन्य अन्तर्राष्ट्रीय प्रपत्रों के सिद्धान्तों के प्रति आस्था की पुष्टि करते हुए,
2. सभी जनों तथा शासनों से अनुरोध करता है कि वे 'मानवाधिकारों का सार्वभौमिक घोषणा-पत्र' प्रतिस्थापित सिद्धान्तों के प्रति स्वयं को समर्पित करें तथा मानव मात्र के लिए स्वतन्त्रता एवं गरिमा से समस्वरित तथा भौतिक, मानसिक, सामाजिक एवं आध्यात्मिक कल्याण का प्रेरक जीवन उपलब्ध कराने हेतु अपने प्रयासों को द्विगुणित कर दें।

सन्दर्भ ग्रन्थ

1. Universal Declaration of Human Rights (UDHR), www.ohchr.org; United Nation, New York (1948)
2. Un Treaty Collectgion : International Covnant on Civil and Political Rights; United Nation, New York (1976)
3. Un Treaty Collection : International Covenant on Economic, Social & Cultural Rights, United Nation, New York (1976)

सप्तम अध्याय

स्वतन्त्रता प्राप्ति के बाद भारत में मानवाधिकार संरक्षण के लिए प्रयास

भारत के विदेशी शासन काल में जहाँ जनता पर घोर अत्याचार किया जाता था और उन पर अत्यधिक कठोर कानून लागू करके तथा अनेकों कर तथा शुल्कों द्वारा मजबूर और परेशान किया जाता था तथा इतने के बाद भी धर्म परिवर्तन के लिए घोर यातनाएँ दी जाती थीं, स्वतन्त्रता प्राप्ति के पश्चात् सभी धर्मों, सभी जातियों और वर्गों को राज्य का समान संरक्षण प्रदान किया गया। इस हेतु दलित वर्ग के नेता और समाज सुधारक बाबा साहब अम्बेडकर को संविधान निर्मात्रि समिति द्वारा सर्वसम्मत से प्रारूप समिति का अध्यक्ष बनाया गया, जिनके नेतृत्व में भारत के भविष्य का निर्धारण करने हेतु एक ऐसे संविधान की रचना की गई जिसमें मानव मात्र को सम्मानित माना गया चाहे वो किसी धर्म, जाति का हो अथवा राजतन्त्र या प्रजातन्त्र से सम्बन्धित हो सबके लिए समान कानून और न्याय संहिता लाई गई। समाज में ऊँच-नीच और वर्ग भेद मिटाने हेतु सार्थक प्रयास किए गए। सबको समानता, स्वतन्त्रता, शिक्षा व्यवसाय चुनने और निवास करने की समान रूप से स्वतन्त्रता प्रदान की गई। ऊँच-नीच जाति, धर्म और वर्ग भेद के आधार पर विद्वेष फैलानेवालों और शोषण करनेवालों हेतु दंड की व्यवस्था की गई।

मौलिक अधिकार मानवाधिकारों की सार्वभौमिक घोषणा के समकक्ष है। मौलिक अधिकारों को विस्तार के लिए 22 अनुच्छेदों में वर्णित करते हुए सात भागों में विभाजित किया गया है—समानता का अधिकार, स्वतन्त्रता का का अधिकार, शोषण के विरुद्ध अधिकार, धार्मिक स्वतन्त्रता का अधिकार, सांस्कृतिक व शैक्षणिक अधिकार, सम्पत्ति का अधिकार (अब यह विधिक अधिकार) संवैधानिक उपचारों का अधिकार।

मौलिक अधिकार एवं मानवाधिकारों में मुख्य रूप से अन्तर होता है। सभी मौलिक अधिकारों को मानवाधिकार नहीं माना जा सकता। परन्तु सभी मानवाधिकारों को मौलिक अधिकारों के अन्तर्गत रखा जा सकता है। जैसे—मत का अधिकार, विचार अभिव्यक्ति की स्वतन्त्रता इत्यादि मौलिक अधिकार हैं न मानवाधिकार, क्योंकि इन

अधिकारों के बिना भी मानव अपना अस्तित्व कायम रख सकता है। जीवन व सुरक्षा प्राप्ति का अधिकार मौलिक अधिकार और मानवाधिकार दोनों हैं क्योंकि इनके अभाव में मानव जीवन खतरे में पड़ सकता है।

भारत में विभिन्न मानवाधिकारों को संविधान के भाग तीन मौलिक अधिकारों के अन्तर्गत संवैधानिक मान्यता प्रदान की गई है। कुछ अधिकारों (अनुच्छेद-14, 15, 16, 17, 18, 19, 20, 21, 22, इत्यादि) को नागरिक एवं राजनैतिक अधिकार समूह के समान सिद्ध किया गया है। कुछ अधिकारों (अनुच्छेद-23, 25, 26, 27, 28) को आर्थिक, सामाजिक एवं सांस्कृतिक समूह के समान और कुछ अन्य अधिकार (अनुच्छेद-24, 29), सामूहिक अधिकार हैं। इन समस्त अधिकारों को न्यायालय के कानून द्वारा लागू किया गया है। विभिन्न अधिकार जो आर्थिक, सामाजिक एवं सांस्कृतिक समूह से सम्बद्ध हैं संविधान के भाग चार राज्य के नीति निदेशक तत्वों (अनुच्छेद-38, 39, 41, 42, 43, 44, 45, 46, 47) के समान हैं।

संविधान में प्रदत्त मौलिक अधिकारों की अवधारणा यद्यपि अमेरिका से ली गई परन्तु ये सभी मूल अधिकार प्राचीन भारत में ही प्रजा जनों को प्राप्त था। इस प्रकार यह भारतीय जनता के लिए कोई नई बात नहीं थी।

यद्यपि भारतीय समाज और संस्कृति में तथा भारत के आधुनिक संविधान में मानवाधिकारों की समुचित व्यवस्था की गई थी, परन्तु शासन और प्रशासन में सत्ता और अधिकार के पदों पर बैठे कुछ व्यक्तियों द्वारा अपने निहित स्वार्थ के उद्‌देश्य से इसकी अवहेलना की जाती थी। इसके लिए भारत के न्यायालयों में अपील करने की व्यवस्था और न्यायालयों द्वारा उनको लागू करने की व्यवस्था भी कराई गई है। यहाँ तक कि इन मौलिक अधिकारों को हटाने या सीमित करने की शक्ति विधायिका को भी नहीं दी गई थी और विधायिका द्वारा ऐसा करने पर सर्वोच्च न्यायालय द्वारा उस विधान को उस सीमा तक शून्य घोषित करने की व्यवस्था संविधान में पहले से ही कर दी गई थी, इस हेतु सर्वोच्च न्यायालय के निर्देश समय-समय पर अनेकानेक वादों में आते रहे हैं, जिसके आधार पर भारत की कार्यपालिका अपने कार्यों को संचालित करती है। इसके बाद भी जनता और मानव के अधिकारों को ध्यान में रखते हुए हमारे देश में 1993 में मानवाधिकार एक्ट लाया गया, जिसके आधार पर 1995 में मानवाधिकार आयोग की स्थापना की गई। यह आयोग मानव के अधिकारों के संरक्षण और समृद्धि के लिए सतत् रूप से प्रयासशील है और इसके प्रयासों के परिणाम भी सामने आ रहे हैं। इस आयोग में सर्वोच्च न्यायालय के एक सेवानिवृत्त मुख्य न्यायाधीश अध्यक्ष होते हैं, जिनके अतिरिक्त 06 अन्य न्यायाधीश होते हैं, इनको मानवाधिकार हनन के किसी मामले में जाँच और विचारण का वही अधिकार प्राप्त है, जो सर्वोच्च न्यायालय को प्राप्त है। इसके अतिरिक्त प्रत्येक राज्यों में मानवाधिकार

आयोग के अधीन राज्य मानवाधिकार आयोग की स्थापना की गई है जिनके अध्यक्ष उच्च न्यायालय के मुख्य न्यायाधीश की योग्यतावाले कोई व्यक्ति होते हैं।

इस प्रकार आधुनिक भारत में मानव के अधिकारों का सतत् संरक्षक भारत का संविधान है तथा उसके जागरुक प्रहरी मानवाधिकार आयोग इस पर अपनी जागरुक दृष्टि बनाए हुए हैं ताकि वह व्यक्ति जो समाज की प्रत्येक व्यवस्था द्वारा निराश हो चुका हो उसको सहायता पहुँचाई जा सके। भारतीय समाज का लोकतान्त्रिक शासन प्रणाली इसके लिए बहुत सहायक है, जिसमें शासन उस व्यक्ति के पास होता है जिसके पक्ष में बहुमत होता है। इस प्रकार जनता के अधिकारों की उपेक्षा हमारे देश में अत्यधिक कठिन और लगभग असम्भव है।

मानवाधिकार आयोग के माध्यम से मानवाधिकार के संरक्षण का प्रयास

मानवाधिकार मानवीय मूल्यों का संरक्षण

भारत की मानवाधिकार संरक्षण एवं संवर्धन के प्रति तत्परता इसी बात से स्पष्ट है कि उसने विश्व मानवाधिकार के अधिकांश अभिसमयों को अपनाया, साथ ही उसके सुझावों पर अमल करते हुए राष्ट्रीय मानवाधिकार आयोग की स्थापना 27 सितम्बर 1993 को उस समय की गई जब भारत के राष्ट्रपति ने आयोग की स्थापना के लिए एक अध्यादेश पारित किया। राज्य स्तर पर भी आयोग गठन के लिए प्रावधान उसी अध्यादेश में किया गया था। इसी क्रम में 18 दिसम्बर 1993 को मानवाधिकार संरक्षण विधेयक पारित किया गया। राष्ट्रपति की स्वीकृति प्राप्त करने के बाद 8 जनवरी 1994 को उक्त विधेयक एक अधिनियम बन गया, जिसे मानवाधिकार संरक्षण अधिनियम के नाम से जाना जाता है।

अधिनियम के अनुसार राष्ट्रीय मानवाधिकार के अध्यक्ष व सदस्य 70 वर्ष की आयु तक आयोग की सेवा कर सकते हैं, किन्तु उसका कार्यकाल 5 वर्ष का होगा। वे दूसरे कार्यकाल या दूसरी पदावधि के लिए पुनः नियुक्ति के लिए भी अर्ह होंगे। नई दिल्ली में स्थित मुख्यालयवाले राष्ट्रीय मानवाधिकार आयोग में अध्यक्ष सहित कुल 8 सदस्यों का प्रावधान है, जिनकी नियुक्ति राष्ट्रपति द्वारा प्रधानमन्त्री की अध्यक्षतावाली 6 सदस्यीय समिति की सिफारिश पर की जाती है। उच्चतम न्यायालय के सेवारत या सेवामुक्त न्यायाधीश इसके अध्यक्ष होते हैं। अन्य सदस्य उच्चतम न्यायालय के सेवारत या सेवामुक्त न्यायाधीश, उच्चतम न्यायालय के सेवारत या सेवामुक्त न्यायाधीश, मानवाधिकार के क्षेत्र में ज्ञान या व्यावहारिक अनुभव रखनेवाले दो प्रसिद्ध व्यक्ति, राष्ट्रीय अल्पसंख्यक आयोग, राष्ट्रीय अनुसूचित जाति तथा अनुसूचित जनजाति

आयोग, राष्ट्रीय महिला आयोग के अध्यक्ष होंगे। आयोग का एक महासचिव भी होगा, जो उसका मुख्य कार्यपालक अधिकारी होगा। सम्प्रति राष्ट्रीय मानवाधिकार आयोग के अध्यक्ष न्यायमूर्ति डॉ. आदर्श सेन आनन्द हैं।

राष्ट्रीय मानवाधिकार आयोग की अधिकारिता शक्ति एवं कार्य

देश में होनेवाले राष्ट्रीय मानवाधिकार के उल्लंघन पर नजर रखने और उन पर विचार करने हेतु ही राष्ट्रीय मानवाधिकार आयोग की स्थापना की गई है। यह आयोग एक स्वायत्त संस्था है, जिसे अपने-आप या किसी पीड़ित व्यक्ति या पीड़ित व्यक्ति की तरफ से दायर मानवाधिकार उल्लंघन सम्बन्धी याचिका पर विचार करने का अधिकार है। यह अदालत की अनुमति से वहाँ लम्बित मानवाधिकार उल्लंघन के मामले में हस्तक्षेप कर सकता है। आयोग जेल या अन्य संस्थाओं में रह रहे बन्दियों की स्थिति पर विचार करने और सुधार करने के लिए किसी भी राज्य सरकार की नियन्त्रणवाली किसी भी संस्था या जेल का दौरा कर सकता है, जहाँ व्यक्ति को उपचार, सुधार या संरक्षण के लिए रखा गया है। आयोग मानवाधिकार के संरक्षण हेतु संविधान के सुरक्षा प्रावधानों की समीक्षा कर सकता है।

अधिनियम के तहत मानवाधिकार उल्लंघन की शिकायतों की जाँच करते समय आयोग के पास दीवानी अदालत के सभी अधिकार होते हैं। मानवाधिकार उल्लंघन की शिकायतों की तहकीकात करने के लिए आयोग के पास अधिकारी होते हैं, साथ ही इस सन्दर्भ में केन्द्र अथवा राज्य के किसी भी अधिकारी की सेवा प्राप्त कर सकता है।

शिकायत निपटारा के लिए प्रक्रिया

मानवाधिकारों के निम्नलिखित उल्लंघन से निपटने के लिए राष्ट्रीय मानवाधिकार आयोग विनियम 1994 के विनियम 8 में निम्न प्रक्रियाएँ हैं–

- सभी शिकायतों को वह जिस किसी भी रूप में कमीशन को प्राप्त हो पंजीकृत कर उन्हें ग्रहण हेतु एक संख्या (पंजीकृत संख्या) दी जाएगी तथा उन्हें प्राप्ति के दो सप्ताह के पूर्व दो सदस्यों के पीठ के सम्मुख ग्रहण हेतु प्रस्तुत किया जाएगा। साधारण रूप से निम्नलिखित प्रकृति की शिकायतें कमीशन (आयोग) द्वारा ग्राह्य नहीं होते हैं–
  (क) ऐसी घटनाएँ जो शिकायत करने के एक वर्ष पूर्व घटी थी।
  (ख) ऐसे मामले जो न्यायाधीन या निर्णयाधीन हो।
  (ग) जो स्पष्ट, अनाम या मिथ्या नाम से हो।
  (घ) जो बहुत साधारण या तुच्छ प्रकृति की हो।
  (ङ) जो आयोग के कार्य क्षेत्र से बाहर की हो।

- शिकायतों के लिए कोई शुल्क नहीं लिया जाता।
- आयोग सभी भाषाओं (संविधान की 8वीं अनुसूची में दर्ज) में शिकायत स्वीकार करेगा।
- आयोग अपनी विवेकानुसार तार या फैक्स अथवा ई-मेल द्वारा भेजी गई शिकायत भी स्वीकार कर सकता है।
- आयोग को प्रारम्भ में ही किसी शिकायत को खारिज करने की शक्ति प्राप्त है।
- शिकायत स्वीकार होने पर अध्यक्ष/आयोग यह निर्देश देगा कि मामले की जाँच या खोजबीन होनी चाहिए या नहीं।

कहाँ दर्ज कराएँ शिकायत

एक प्रपत्र के अनुसार आयोग सभी सम्बद्ध व्यक्तियों एवं लोगों को अवगत करा चुका है कि मानवाधिकार से जुड़ी शिकायतें सीधे आयोग के अध्यक्ष के पास सामान्य पत्र के रूप में भेजी जा सकती है। संविधान के 8वीं अनुसूची में दर्ज किसी भी भाषा में शिकायत लिखकर उसे हाथों-हाथ या डाक, फैक्स, ई-मेल द्वारा जमा किया जा सकता है। आयोग द्वारा जनता को यह सलाह दी गई है कि राष्ट्रीय मानवाधिकार आयोग को शिकायत दर्ज करते समय किसी भी प्रकार के भुगतान की जरूरत नहीं है, साथ ही जनता को गुमराह करनेवाले व्यक्तियों के खिलाफ आयोग कड़ी कार्यवाही करेगा। आयोग से निम्न पते पर पत्राचार किया जा सकता है।

राष्ट्रीय मानवाधिकार आयोग, फरीदकोट हाउस, कॉपरनिकस मार्ग, नई दिल्ली-110001 (बेबसाइट www.nhrc.nic.in)

परिशिष्ट-1

मानवाधिकार अधिनियम, 1993

प्रस्तावना

एक अधिनियम, राष्ट्रीय मानवाधिकार आयोग के संगठन को उपलब्ध कराने के लिए, राज्यों के राज्य मानवाधिकार आयोग को उपलब्ध कराने के लिए तथा मानवाधिकार न्यायालयों को मानवाधिकारों का उत्तम संरक्षण उपलब्ध कराने के लिए एवं इससे सम्बन्धित समरूप विषयों के लिए; भारतीय गणराज्य में 44वें कार्य के संसद द्वारा निम्नलिखित रूप में यह अधिनियम हो–

अध्याय 1
प्रारम्भिक

1. अधिनियम का नाम विस्तार एवं इसका लागू होना–

(1) इस अधिनियम को मानवाधिकार संरक्षण अधिनियम 1993 के नाम से जाना जाएगा।

(2) इसका विस्तार सम्पूर्ण भारत के लिए होगा।

(3) इस अधिनियम को 38 दिसम्बर 1993 से प्रभावी समझा जाएगा।

2. परिभाषाएँ–इस अधिनियम में जब तक अन्यथा अपेक्षित न हो–

(क) 'सशस्त्र बलों' का तात्पर्य नौ सेना, थल सेना एवं वायु सेना से है जिसमें संघ के अन्य बल भी शामिल हैं।

(ख) 'अध्यक्ष' का तात्पर्य आयोग के अध्यक्ष से है अथवा राज्य के आयोग के अध्यक्ष से है जैसी स्थिति हो;

(ग) आयोग का तात्पर्य राष्ट्रीय मानवाधिकार आयोग से है जिसका गठन धारा 3 के अन्तर्गत किया गया है;

(घ) 'मानवाधिकारों' का तात्पर्य जीवन, स्वतन्त्रता, समता एवं व्यक्ति की गरिमा से है जिन्हें संविधान द्वारा प्रत्याभूत किया गया अथवा जो अन्तर्राष्ट्रीय प्रसंविदा में दिए गए हैं एवं भारतीय न्यायालयों द्वारा प्रवर्तनीय है;

(ङ) 'मानवाधिकारों के न्यायालय' से तात्पर्य धारा 30 के अधीन निर्दिष्ट मानवाधिकार न्यायालय से है;

(च) अन्तर्राष्ट्रीय अभिसमय का तात्पर्य नागरिक एवं राजनीतिक अधिकारों पर अन्तर्राष्ट्रीय प्रसंविदा एवं आर्थिक, सामाजिक एवं सांस्कृतिक अधिकारों की प्रसंविदा से है जिसे संयुक्त राष्ट्र की महासभा द्वारा 16 दिसम्बर 1966 को स्वीकार किया गया;

(छ) सदस्य का तात्पर्य आयोग के सदस्य से है यथास्थिति इसमें आयोग का अध्यक्ष भी शामिल है;

(ज) 'अल्पसंख्यकों के लिए राष्ट्रीय आयोग' का तात्पर्य अल्पसंख्यकों के लिए राष्ट्रीय अल्पसंख्यक आयोग अधिनियम 1992 की धारा 3 के अधीन राष्ट्रीय अल्पसंख्यक आयोग से है।

(झ) अनुसूचित जाति एवं अनुसूचित जनजाति के लिए राष्ट्रीय आयोग का तात्पर्य भारतीय संविधान के अनुच्छेद 335 में निर्दिष्ट अनुसूचित जाति एवं अनुसूचित जनजाति के लिए राष्ट्रीय आयोग से है।

(ञ) महिलाओं के लिए गठित राष्ट्रीय आयोग का तात्पर्य महिलाओं के लिए राष्ट्रीय आयोग अधिनियम 1990 के अन्तर्गत गठित महिला आयोग से है।

(ट) अधिसूचना का तात्पर्य शासकीय राजपत्र में प्रकाशित अधिसूचना से है।

(ठ) 'वर्णित' का तात्पर्य अधिनियम के अन्तर्गत निमित्त नियम द्वारा परिवर्तन से है।

(ड) 'लोक सेवक' का तात्पर्य भ. द. सं. की धारा 21 में दी गई है।

(ढ) 'राज्य आयोग' का तात्पर्य धारा 21 के अन्तर्गत गठित राज्य मानवाधिकार आयोग से है।

इस अधिनियम में जिन विधियों के प्रति निर्देशित किया गया है, वे जम्मू कश्मीर में लागू नहीं हैं तो ऐसा निर्देश उस समय लागू विधियों के प्रति माना जाएगा जो वहाँ लागू है।

अध्याय 2
राष्ट्रीय मानवाधिकार आयोग

3. राष्ट्रीय मानवाधिकार आयोग का गठन–

(1) केन्द्र सरकार को राष्ट्रीय मानवाधिकार आयोग को गठित करने की शक्ति प्राप्त है; अपनी शक्तियों के प्रयोग के फलस्वरूप एक राष्ट्रीय मानवाधिकार आयोग सम्बन्धी एक निकाय का गठन करेगा।

(2) आयोग में निम्नलिखित होंगे–

(क) उच्चतम न्यायालय का पूर्व मुख्य न्यायमूर्ति अध्यक्ष के पद पर नियुक्त किया जाएगा।

(ख) एक सदस्य जो उच्चतम न्यायालय का न्यायाधीश वर्तमान में होगा अथवा न्यायाधीश रह चुका होगा आयोग का सदस्य होगा।

(ग) एक सदस्य उच्च न्यायालय का मुख्य न्यायमूर्ति अथवा पूर्व मुख्य न्यायमूर्ति होगा।

(घ) दो सदस्य ऐसे व्यक्तियों से नियुक्त किए जाएँगे जो मानवाधिकार के क्षेत्र में विशेष ज्ञान या व्यावहारिक अनुभव रखते हैं।

(ङ) अल्पसंख्यकों के लिए गठित राष्ट्रीय आयोग, अनुसूचित जाति एवं अनुसूचित जनजाति के लिए राष्ट्रीय आयोग एवं महिला के लिए राष्ट्रीय आयोग के अध्यक्ष को आयोग के सदस्य के रूप में समझा जाएगा जो धारा 12 के खंड ख से ञ तक में निर्दिष्ट कृत्यों का निष्पादन करेंगे।

(4) एक महासचिव होगा जो आयोग का मुख्य अधिशासी अधिकारी होगा और वह ऐसी शक्तियों का प्रयोग करेगा जिसे आयोग द्वारा उसे प्रत्यायोजित किया जाएगा।

(5) आयोग का मुख्यालय दिल्ली में होगा किन्तु केन्द्रीय सरकार इसे अन्यत्र भी स्थापित कर सकती है।

4. अध्यक्ष एवं अन्य सदस्यों की नियुक्ति–

अध्यक्ष एवं अन्य सदस्य राष्ट्रपति द्वारा हस्ताक्षरित एवं मोहरयुक्त वारंट द्वारा नियुक्त किए जाएँगे किन्तु ऐसी नियुक्तियाँ इस उपधारा के अधीन निम्नलिखित द्वारा अनुमोदित होंगी–

(क) प्रधानमन्त्री	अध्यक्ष
(ख) लोक सभा का अध्यक्ष	सदस्य
(ग) भारत सरकार के गृह मन्त्रालय का मन्त्री	सदस्य
(घ) लोक सभा के विपक्ष का नेता	सदस्य
(ङ) राज्य सभा के विपक्ष का नेता	सदस्य
(च) राज्य सभा का उप सभापति	सदस्य

परन्तु उच्चतम न्यायालय का पदासीन न्यायमूर्ति अथवा उच्च न्यायालय का पदासीन मुख्य न्यायमूर्ति बिना भारत के मुख्य न्यायमूर्ति के परामर्श से नहीं नियुक्त किए जाएँगे।

(2) अध्यक्ष अथवा किसी सदस्य की नियुक्ति इस आधार पर नहीं किया जाना अविधिमान्य होगा कि समिति में जगह रिक्त थी।

5. आयोग के सदस्य का पद से हटाया जाना–

(1) उपधारा (2) में किसी बात के होते हुए अध्यक्ष अथवा आयोग का कोई भी सदस्य सिद्ध कदाचार अथवा असमर्थता के आधार पर राष्ट्रपति द्वारा अपने पद से हटाया जाएगा। ऐसा पद से हटाया जाना विहित प्रक्रिया के अनुसरण में होगा।

(2) उपधारा (1) में किसी बात के होते हुए राष्ट्रपति अध्यक्ष को अथवा सदस्य को अपने पद से हटा सकेगा यदि अध्यक्ष अथवा सदस्य निम्नलिखित में से किसी एक में से सम्बन्धित हो;

(क) यदि वह न्यायनिर्णित दिवालिया हो;

(ख) अपनी पदावधि के दौरान किसी लाभप्रद नियोजन को स्वीकार करता हो;

(ग) शारीरिक अथवा मानसिक दुर्बलता के कारण अपने पद पर बने रहने में अयोग्य हो;

(घ) किसी सक्षम न्यायालय द्वारा विकृतचित्त घोषित किया गया हो;

(ङ) किसी ऐसे अपराध में दोषसिद्धि या दंडित किया जाना जिसमें राष्ट्रपति के राय में नैतिक अधमता निहित हो।

6. सदस्यों की पदावधि–

(1) एक सदस्य जो अध्यक्ष के रूप में नियुक्त हुआ है नियुक्ति की तारीख से पाँच वर्ष तक अपने पद पर बना रहेगा अथवा अपने पद पर तब तक बना रहेगा जब तक कि 70 वर्ष की आयु पूरी नहीं कर लेता जो यथापूर्व हो;

(2) सदस्य के रूप में नियुक्त व्यक्ति अपनी नियुक्ति की तारीख से पाँच वर्ष तक पद पर बना रहेगा वह पाँच वर्ष तक के लिए दो बार उसी पद पर नियुक्त होने के लिए अधिकृत है किन्तु सदस्य अपने पद को धारित नहीं कर सकेगा यदि वह 70 वर्ष की आयु प्राप्त कर चुका हो।

(3) पद पर बने रहने के स्थिति में सदस्य एवं अध्यक्ष भारत सरकार अथवा राज्य सरकार के अधीन नियोजित होने के लिए अनर्ह होंगे।

7. कतिपय परिस्थितियों में सदस्य द्वारा अध्यक्ष के रूप में कार्य करना–

(1) जब अध्यक्ष का पद उसकी मृत्यु, त्यागपत्र देने अथवा अन्यथा रूप में रिक्त हो तो राष्ट्रपति अधिसूचना द्वारा किसी सदस्य को अध्यक्ष पद पर कार्य करने के लिए तब तक के लिए नियुक्त कर सकता है जब तक कि नया अध्यक्ष अपना पद ग्रहण न कर ले।

(2) जब अध्यक्ष अनुपस्थिति अथवा अन्य कारणों से अपना कृत सम्पादित करने में असमर्थ हो तो राष्ट्रपति अधिसूचना द्वारा किसी सदस्य को अध्यक्ष पद पर तब तक के लिए नियुक्त कर देगा जब तक कि अध्यक्ष अपने पद पर कर्तव्य को धारित न कर ले।

8. सदस्यों की सेवा अवधि शर्तें–सदस्यों को दिए जानेवाले वेतन एवं भत्ता तथा उनके लिए निर्दिष्ट सेवा शर्तें उसी प्रकार होंगी जिस प्रकार उनका परिवर्णन किया गया होगा किन्तु ऐसा वेतन व भत्ता एवं सेवा शर्त उसकी नियुक्ति के पश्चात् उन्हें अलाभप्रद होने हेतु संपरिवर्तित न हो।

9. रिक्तियाँ इत्यादि आयोग की कार्यवाहियों की अविधि मान्य नहीं करते–आयोग का कोई कृत्य अथवा कार्यवाही आयोग के गठन में कमी अथवा त्रुटि के आधार पर प्रश्नगत अथवा अविधिमान्य नहीं होगा।

10. आयोग द्वारा नियन्त्रित की जानेवाली प्रक्रिया–

(1) आयोग की बैठक ऐसे समय और स्थान पर होगी जैसा अध्यक्ष उपयुक्त समझे।

(2) आयोग अपनी प्रक्रिया स्वयं संचालित करेगा।

(3) आयोग के समस्त आदेश एवं निर्णय महासचिव अथवा अन्य प्राधिकारी द्वारा जो अध्यक्ष द्वारा प्राधिकृत हैं के द्वारा सम्यक समझा जाएगा।

11. आयोग के अधिकारीगण एवं अन्य कर्मचारी–

(1) केन्द्रीय सरकार आयोग को निम्नलिखित प्राधिकारी उपलब्ध कराएगा–

(क) एक ऐसा अधिकारी जो भारत सरकार के सचिव स्तर का होगा वह आयोग का महासचिव होगा।

(ख) ऐसा पुलिस एवं अन्वेषण कर्मचारी जिनका स्तर पुलिस महानिदेशक से अनिम्न होगा एवं अन्य आवश्यक अधिकारी एवं कर्मचारी जो आयोग के कृत्यों का सफलतापूर्वक सम्पादन करेंगे।

(2) ऐसे नियम केन्द्र सरकार द्वारा निर्मित किए जाएँगे जिसके अधीन आयोग इस हेतु अन्य प्रशासनिक तकनीकी एवं वैज्ञानिक कर्मचारियों की नियुक्ति कर सकता है; यदि वह ऐसा करना आवश्यक समझे।

(3) अधिकारियों एवं उपधारा 2 के अधीन नियुक्त अन्य कर्मचारियों के वेतन भत्ते एवं सेवा शर्तें उसी प्रकार की होंगी जैसा कि वे ये परिवर्तित होगी।

अध्याय 3

आयोग के कृत्य एवं शक्तियाँ

12. आयोग के कार्य–आयोग निम्नलिखित में से कोई अथवा सब कृत्य सम्पादित करेगा–

(क) अपनी प्रेरणा से अथवा पीड़ित व्यक्ति द्वारा प्रस्तुत की गई याचिका पर निम्नलिखित की जाँच करेगा–

(1) मानवाधिकारों का उल्लंघन अथवा उनका दुष्प्रेरण'

(2) ऐसे उल्लंघन को रोकने में लोक सेवक द्वारा बरती असावधानी

(ख) मानवाधिकारों के उल्लंघन की दशा में जबकि मामला न्यायालय में लम्बित अवस्था में हो तो उस न्यायालय की स्वीकृत से मध्यस्थता करना

(ग) किसी जेल अथवा राज्य सरकार के नियन्त्रण के अधीन किसी संस्था का परिभ्रमण करना जबकि वहाँ व्यक्तियों को निरुद्ध किया गया हो, एवं ऐसे भ्रमण का उद्देश्य जीवन सम्बन्धी दशाओं का अध्ययन करना हो;

(घ) संविधान अथवा अन्य किसी विधि में मानवाधिकारों के संरक्षण के लिए किए गए रक्षोपाय की समीक्षा करना तथा उन्हें लागू करने के लिए उपाय देना।

(ङ) मानवाधिकारों के उपाय को निरुद्ध करनेवाली आतंकवादी गतिविधियों की समीक्षा करना तथा उनके उपचार के लिए सुझाव देना।

(च) मानवाधिकारों से सम्बन्धित अन्तर्राष्ट्रीय लिखितों एवं सन्धियों का अध्ययन करना तथा उन्हें लागू करने के लिए सुझाव देना।

(छ) मानवाधिकारों के क्षेत्र में शोध कार्यों को सम्पादित करना।

(ज) समाज के विभिन्न वर्गों को मानवाधिकार से परिचित कराना।

(झ) समाज के विभिन्न वर्गों में मानवाधिकार सम्बन्धी साहित्य का प्रचार करना एवं प्रकाशन, मीडिया, सेमिनार एवं अन्य उपलब्ध साधनों द्वारा मानवाधिकारों के संरक्षण सम्बन्धी जागरुकता को प्रोन्नत करना।

(ञ) मानवाधिकारों के क्षेत्र में कार्य करनेवाली गैर सरकारी संगठनों एवं संस्थाओं के प्रयासों को प्रोत्साहित करना।

(ट) मानवाधिकारों को प्रोन्नत करने के लिए आवश्यक कार्यवाही करना।

13. जाँच से सम्बन्धित शक्तियाँ–

(1) इस अधिनियम के अधीन आयोग शिकायतों की जाँच करते समय वे सभी शक्तियाँ रखेगी जो सिविल न्यायालय के पास सिविल प्रक्रिया संहिता 1908 द्वारा प्राप्त है और जो मुख्यतः निम्न मामलों के परिप्रेक्ष्य में होंगे–

(क) गवाहों के लिए सम्मन एवं उन्हें शपथ पर परीक्षण हेतु न्यायालय में उपस्थित होने के लिए बाध्य करना।

(ख) किसी दस्तावेज की खोज एवं उसे प्रस्तुत करना।

(ग) शपथ पत्र पर साक्ष्य देना।

(घ) किसी न्यायालय से अथवा कार्यालय से किसी प्रतिवादी अथवा लोक अभिलेख की अध्यापेक्षा करना।

(ङ) गवाहों अथवा दस्तावेजों की परीक्षा हेतु 'कमीशन जारी करना'।

(च) कोई अन्य विषय जो वर्णित हो।

(2) आयोग को किसी व्यक्ति की अपेक्षा किए जाने की शक्ति है तथा उसे सूचनाएँ सम्प्रेषित किए जाने आदि के बारे में भी अधिकार है तथा जिस व्यक्ति से आयोग की ऐसी अपेक्षा है वह ऐसी सूचना देने के लिए बाध्य है अथवा ऐसी सूचना प्रेषित करने के लिए बाध्य है और ऐसी सूचना का तात्पर्य भा. द. सं. की धारा 176 एवं 177 में दी गई सूचना से है।

(3) आयोग अथवा कोई अन्य प्राधिकारी जिसका पद राजपत्रित अधिकारी से अनिम्न है आयोग द्वारा किसी स्थान या आवास में प्रवेश करने के लिए

अधिकृत होगा जिसके बारे में आयोग की यह राय हो कि ऐसे आवास या स्थान पर विषयवस्तु से सम्बन्धित दस्तावेज उपलब्ध होंगे तथा इस सम्बन्ध में दी गई प्रक्रिया दंड प्रक्रिया संहिता 1973 की धारा 100 के उपबन्धों के अनुसार होगा।

(4) आयोग को एक सिविल न्यायालय समझा जाएगा जबकि कोई अपराध आयोग की उपस्थिति में भा. द. सं. की धारा 175, धारा 178, धारा 179 एवं धारा 180 अथवा 228 के अधीन कारित की जाती है; तथ्यों को अभिलिखित करने के पश्चात् जिनसे अपराध की स्थापना होती है एवं अभियुक्त के बयान को अभिलिखित करने के पश्चात् जैसा कि द. प्र. सं. 1973 दी गई है को मजिस्ट्रेट के सम्मुख बताया जाएगा। जो उसका परीक्षण करने हेतु समर्थ होगा। यदि मामला द. प्र. सं. 1973 की धारा 346 के अधीन उसके सम्मुख बताया गया है।

(5) आयोग के सम्मुख प्रत्येक कार्यवाही को भारतीय दंड संहिता की धारा 193 एवं 228 तथा धारा 196 को उद्देश्य के लिए न्यायिक कार्यवाही समझा जाएगा एवं आयोग को दंड प्रक्रिया संहिता 1973 की धारा 195 एवं अध्याय 26 के अधीन व्यवहार न्यायालय समझा जाएगा।

14. अन्वेषण–

(1) आयोग किसी जाँच के सम्बन्ध में अन्वेषण के संचालन के उद्देश्य से यथास्थिति राज्य सरकार अथवा केन्द्रीय सरकार की सहमति से अन्वेषण प्राधिकरण अथवा अन्य अधिकारी की सेवाओं का उपयोग कर सकता है।

(2) किसी मामले में अन्वेषण से सम्बद्ध उद्देश्य से आयोग उपधारा 1 के अधीन अधिकारी अथवा अभिकरण जिनकी सेवाएँ की गई हैं के सम्बन्ध में निम्न निर्देश दे सकता है–

(क) किसी व्यक्ति को उसके परीक्षण के लिए सम्मन देना एवं न्यायालय में उपस्थित होने के लिए बाध्य करना;

(ख) किसी दस्तावेज की प्राप्ति एवं उक्त दस्तावेज का प्रस्तुत किया जाना; एवं

(ग) किसी लोक अभिलेख अथवा किसी कार्यालय की प्रतिलिपि की अपेक्षा।

(3) धारा 15 के प्रावधान किसी अधिकारी या अभिकरण, जिनकी सेवाओं का उपयोग उपधारा 1 के अधीन किया जाता है के समक्ष व्यक्ति द्वारा किए गए किसी कथन के सम्बन्ध में लागू होगा, जहाँ तक वे आयोग के समक्ष साक्ष्य देने के अनुक्रम में व्यक्ति द्वारा किए गए किसी कथन के सम्बन्ध में लागू होते हैं।

(4) अधिकारी अथवा अभिकरण, जिनकी सेवाएँ उपधारा 1 के अधीन प्रयुक्त की जा चुकी हैं किसी मामले की जाँच उस पर आयोग को रिपोर्ट प्रस्तुत करने के सम्बन्ध गें ऐसी निश्चित समय सीमा के भीतर की जाएगी जिसे आयोग द्वारा सुनिश्चित किया गया हो।

(5) आयोग, स्वयं को निष्कर्ष एवं अभिकथित तथ्यों की सत्यता के बारे में सन्तुष्ट करेगा यदि उपधारा 1 के अन्तर्गत कोई रिपोर्ट प्रस्तुत की गई है और इस उद्देश्य से आयोग ऐसी जाँच कर सकती है जैसा उचित समझे तथा जिसमें ऐसे व्यक्तियों की परीक्षा शामिल है जो अन्वेषण का संचालन करते हैं अथवा उसमें सहायता प्रदान करते हैं।

15. **आयोग को व्यक्ति द्वारा दिया गया कथन**–कोई भी कथन व्यक्ति द्वारा आयोग के सम्मुख साक्ष्य देने के दौरान जो उससे सम्बन्धित होगा नहीं दिया जाएगा और न ही उसके विपरीत किसी सिविल या आपराधिक कार्यवाही के संचालन में जाएगा; सिर्फ ऐसे मामले को छोड़कर जहाँ अभियोजन झूठे साक्ष्य पर आधारित हों।
किन्तु कि कथन–

(क) उस प्रश्न के उत्तर में किया गया हो जो उसे आयोग द्वारा उत्तर देने के लिए अपेक्षित हो; अथवा

(ख) जो जाँच के विषय वस्तु से सुसंगत हो।

16. **व्यक्ति जिनके बारे में सम्भव है कि वे सुनवाई के समय प्रतिकूल रूप में प्रभावित होंगे**–यदि जाँच के किसी प्रक्रम पर आयोग–

(क) किसी व्यक्ति का आचरण सम्बन्धी जाँच आवश्यक समझता है;

(ख) अथवा आयोग की यह राय हो कि जाँच द्वारा किसी व्यक्ति का सम्मान प्रतिकूल रूप से प्रभावित होना सम्भव है।

उस व्यक्ति को जाँच के समय प्रतिरक्षा हेतु युक्तियुक्त सुनवाई का अवसर दिया जाएगा कि वह अपनी प्रतिरक्षा में साक्ष्य प्रस्तुत कर सके।

किन्तु इस धारा की कोई बात वहाँ लागू नहीं होगी जहाँ किसी साक्षी की विश्वसनीयता अधिक्षिप्त है।

अध्याय 4
प्रक्रिया

17. **आयोग मानवाधिकारों के उल्लंघन की जाँच करते समय–**

(1) केन्द्र सरकार या किसी राज्य सरकार या किसी अन्य प्राधिकारी अथवा अधीनस्थ संगठन से इसके द्वारा विनिर्दिष्ट समय के भीतर सूचना अथवा रिपोर्ट माँग सकता है; किन्तु

(क) सूचना अथवा रिपोर्ट विनिर्दिष्ट समय के भीतर न प्राप्त हुआ हो तो आयोग जाँच की कार्यवाही अग्रसर करेगा;

(ख) यदि सूचना अथवा रिपोर्ट से आयोग सन्तुष्ट है और यह समझता है कि किसी अग्रिम कार्यवाही की अपेक्षा नहीं है अथवा यह कि सम्बद्ध सरकार या प्राधिकारी द्वारा अपेक्षित कार्यवाही किया जा चुका है तो शिकायत पर अग्रिम कार्यवाही नहीं होगी एवं तद्नुसार शिकायतकर्त्ता को सूचना दे दी जाएगी।

इस खंड (1) में निहित किसी बात के बिना प्रतिकूलित हुए यदि आयोग यह आवश्यक समझता है तो इसकी प्रकृति के सम्बन्ध में एक जाँच शुरू करेगा।

18. जाँच के बाद प्रक्रम—जब आयोग द्वारा किसी शिकायत की जाँच पूर्ण कर ली जाती है तो अधिनियम के अन्तर्गत मुख्यतः निम्न कदम उठाए जाने की व्यवस्था है–

(1) जहाँ जाँच से यह दर्शित होता है कि लोकसेवक द्वारा लापरवाही अथवा असवाधानी बरतने के कारण मानवाधिकारों का उल्लंघन हुआ हो; तो सम्बन्धित राज्य अथवा प्राधिकारी के विरुद्ध अभियोजन की कार्यवाही के लिए प्रतिवेदन करेगा।

(2) उच्चतम न्यायालय अथवा उच्च न्यायालय से उपयुक्त आदेश, निर्देश अथवा रिट जारी करने की अपेक्षा यथास्थिति की जा सकेगी, जैसा कि न्यायालय आवश्यक समझें।

(3) सम्बन्धित सरकार अथवा प्राधिकारी द्वारा अन्तरिम अनुतोष के लिए प्रतिवेदन किया जा सकेगा जिससे पीड़ित के परिजनों को तत्काल राहत मिल सके; जैसा कि आयोग उपयुक्त समझे।

(4) खंड (ङ) का उपबन्ध जाँच अथवा उसके प्रतिनिधियों को जाँच की प्रतिलिपि देने से सम्बन्धित है।

(5) आयोग अपने जाँच की प्रतिलिपि अपने प्रतिवेदन सहित सम्बद्ध सरकार के प्राधिकारी को प्रेषित कर सकेगा कि सम्बद्ध सरकार या प्राधिकारी एक माह के भीतर अथवा ऐसे समय के भीतर जो आयोग द्वारा अनुज्ञातकृत हो, अपनी टिप्पणी रिपोर्ट प्रेषित करें।

(6) आयोग अपनी जाँच सम्बद्ध सरकार अथवा प्राधिकारी की टिप्पणी सहित प्रकाशित करेगा; यदि कार्यवाही सम्बद्ध सरकार या प्राधिकारी द्वारा प्रस्तावित की जाती है अथवा अनुमोदन करनेवाले प्राधिकारी द्वारा प्रस्तावित की जाती है।

19. सशस्त्र बलों के सम्बन्ध में–

(1) इस संहिता में किसी बात के होते हुए भी सशस्त्र बलों के सदस्यों द्वारा मानवाधिकारों के उल्लंघन की व्याख्या करते समय आयोग निम्न प्रक्रिया का अनुसरण करेगा–

(क) वह अपनी स्वयं की प्रेरणा से अथवा याचिका प्राप्त करने पर अथवा केन्द्र सरकार से उस पर रिपोर्ट प्राप्त करेगा।

(ख) ऐसी रिपोर्ट प्राप्त होने पर आयोग या तो उस पर अग्रिम कार्यवाही करेगा या उस पर सरकार के पास उसका प्रतिवेदन प्रेषित करेगा।

(2) आयोग द्वारा सरकार को अपना प्रतिवेदन भेजने के पश्चात् केन्द्र सरकार तीन माह के अन्दर अथवा ऐसी कालावधि में जो आयोग द्वारा सुनिश्चित की जाए आयोग को इससे अवगत कराएँ कि उसके द्वारा इस सम्बन्ध में किस प्रकार की कार्यवाही की गई है।

(3) आयोग अपनी रिपोर्ट को केन्द्र सरकार को की गई सिफारिशों एवं सरकार द्वारा की गई कार्यवाही सहित प्रकाशित करेगा।

(4) आयोग शिकायतकर्ता अथवा उसके प्रतिनिधि को उपधारा (3) के अन्तर्गत प्रकाशित रिपोर्ट की प्रतिलिपि उपलब्ध कराएगा।

20. आयोग के वार्षिक एवं विशेष प्रतिवेदन–

(1) आयोग एक रिपोर्ट केन्द्र सरकार को प्रस्तुत करेगा जिसमें वार्षिक प्रतिवेदन एवं विशेष प्रतिवेदन निहित होंगे जो समय-समय पर केन्द्र सरकार एवं राज्य सरकार के अपने वार्षिक रिपोर्ट एवं सामाजिक महत्त्व के मामले से सम्बन्धित होगा।

(2) केन्द्र सरकार एवं राज्य सरकार यथास्थिति वार्षिक एवं विशेष रिपोर्ट क्रमशः लोक सभा में एवं राज्य विधान सभाओं के सम्मुख प्रस्तुत करेंगे सरकार द्वारा यह ज्ञापन भी रखा जाएगा कि आयोग द्वारा कौन-सी सिफारिशें की गई हैं, उन सिफारिशों पर सरकार द्वारा किस प्रकार की कार्यवाही की गई तथा यदि सिफारिशों पर कोई कार्यवाही नहीं की गई तो ऐसा क्यों नहीं किया गया इसका क्या कारण था।

अध्याय 5

राज्य मानवाधिकार आयोग

21. राज्य मानवाधिकार आयोग का गठन–

(1) राज्य सरकार एक निकाय का निर्माण कर सकती है...(राज्य का नाम)...जिसे इस अध्याय के अधीन मानवाधिकार की शक्तियों का प्रयोग करने सम्बन्धी शक्ति प्रदान की गई है।

(2) राज्य आयोग में निम्नलिखित होंगे–

(क) एक अध्यक्ष जो राज्य के उच्च न्यायालय का मुख्य न्यायमूर्ति रह चुका होगा;

(ख) एक सदस्य; जो राज्य उच्च न्यायालय का पदस्थ अथवा पद विमुक्त न्यायमूर्ति होगा;

(ग) एक सदस्य जो राज्य के पदविमुक्त अथवा पदस्थ जिला न्यायमूर्ति होगा;

(घ) दो ऐसे सदस्य होंगे जिन्हें मानवाधिकारों के सम्बन्ध में व्यावहारिक ज्ञान एवं अनुभव होगा;

(3) एक सचिव होगा जो राज्य आयोग का मुख्य अधिशासी अधिकारी होगा वह उन कृत्यों को करेगा और उन शक्तियों से युक्त होगा जिसे आयोग द्वारा उसको प्रत्यायोजित किया जाता है।

(4) राज्य आयोग का मुख्यालय वहाँ होगा जिसके बारे में राज्य सरकार अभिसूचना द्वारा निर्दिष्ट करें।

(5) राज्य आयोग मानवाधिकार के उल्लंघन की दशा में केवल उन्हीं मामलों की जाँच करेगा जो संविधान की सप्तम अनुसूची की सूची 2 एवं 3 में प्रविष्ट किए गए हैं।

किन्तु राज्य आयोग ऐसे किसी मामले की जाँच नहीं कर सकेगा जिसकी जाँच राष्ट्रीय आयोग द्वारा पहले किया जा चुका है अथवा विधि द्वारा स्थापित किसी अन्य आयोग द्वारा की जा चुकी है।

किन्तु यह भी जम्मू एवं कश्मीर के मानवाधिकार आयोग के बारे में इस उपबन्ध की उपधारा तब प्रभावी होगी जबकि "सूची द्वितीय एवं सूची तृतीय" के स्थान पर सूची तृतीय किया गया है। जो जम्मू एवं कश्मीर राज्य में प्रयोज्य है; प्रतिस्थापित हो।

22. राज्य आयोग के अध्यक्ष एवं अन्य सदस्यों की नियुक्ति–

(1) अध्यक्ष एवं अन्य सदस्य राज्यपाल द्वारा हस्ताक्षरित एवं मोहरयुक्त वारंट द्वारा नियुक्त किए जाएँगे किन्तु इस उपधारा के अधीन प्रत्येक नियुक्ति एवं समिति के सिफारिश प्राप्त करने के पश्चात् होगी जिसमें होंगे–

(अ) मुख्यमन्त्री	सदस्य
(ब) विधान सभा का अध्यक्ष	सदस्य
(स) गृह मन्त्रालय का प्रभावी मन्त्री	सदस्य
(द) विधान सभा में प्रतिपक्ष का नेता	सदस्य

किन्तु यह भी जहाँ किसी राज्य में विधान परिषद है तो परिषद के अध्यक्ष एवं परिषद में विपक्ष के नेता को समिति के सदस्य के रूप में शामिल किया जाएगा।

राज्य के मुख्य न्यायमूर्ति के परामर्श के बिना राज्य के उच्च न्यायालय एवं जिला न्यायालय के सदस्य न्यायमूर्ति की नियुक्ति सदस्य के रूप में नहीं की जाएगी।

(2) कोई अध्यक्ष अथवा राज्य आयोग की नियुक्ति मात्र इस आधार पर अविधिमान्य नहीं होगा कि समिति में कोई स्थान रिक्त था।

23. राज्य आयोग के सदस्यों का पद से हटाया जाना–

(1) अध्यक्ष एवं राज्य आयोग का कोई भी सदस्य अपने पद से केवल उसी दशा में राष्ट्रपति के आदेश द्वारा हटाया जाएगा जब वह सिद्ध कदाचार अथवा असमर्थता से युक्त हो। इस सम्बन्ध में मामला राष्ट्रपति द्वारा जाँच हेतु उच्चतम न्यायालय को निर्दिष्ट किया जाएगा और उच्चतम न्यायालय द्वारा जाँच करने के पश्चात् रिपोर्ट राष्ट्रपति के पास भेजी जाएगी और जाँच रिपोर्ट में अध्यक्ष या सदस्य के विरुद्ध दुर्व्यवहार अथवा असमर्थता पाए जाने पर राष्ट्रपति द्वारा उन्हें पद से हटाया जा सकेगा।

(2) उपधारा (1) में किसी बात के होते हुए भी राष्ट्रपति राज्य आयोग के अध्यक्ष एवं सदस्य अपने आदेश द्वारा पद से हटा सकता है जिन आधारों पर उन्हें हटाया जाएगा वे निम्नवत हैं–

(क) दिवालिया न्यायनिर्णय होने पर;

(ख) पदावधि के दौरान अपने पदीय कृत्यों से भिन्न किसी लाभप्रद रोजगार स्वीकार करने पर;

(ग) शारीरिक अथवा मानसिक दुर्बलता के कारण अपने पद पर बने रहने की असमर्थता की स्थिति में;

(घ) सक्षम न्यायालय द्वारा विकृत चित्त घोषित किए जाने पर;

(ङ) किसी ऐसे अपराध में दंडित अथवा दोषी ठहराए जाने के आधार पर जिसके बारे में राष्ट्रपति की राय यह हो कि उसमें नैतिक अधमता निहित था।

24. राज्य आयोग के सदस्यों की पदावधि–

(1) अध्यक्ष के रूप में नियुक्त किया गया व्यक्ति नियुक्ति की तारीख से 5 वर्ष के लिए अपना पद धारित करेगा और वह अपने पद पर तब तक बना रहेगा जब तक कि 70 वर्ष की आयु नहीं प्राप्त कर लेता।

(2) सदस्य के रूप में नियुक्त व्यक्ति अपनी नियुक्ति की तारीख से जबकि वह पद ग्रहण करता है, 5 वर्ष तक के लिए अपने पद पर बना रहेगा एवं वह इस पद पर आगामी 5 वर्ष के लिए पुनः नियुक्त होने के लिए अर्ह माना जाएगा।

किन्तु कोई सदस्य 70 वर्ष की आयु प्राप्त करने पर आयोग का सदस्य नहीं रह जाएगा।

(3) पद पर बने रहने की अवधि में अध्यक्ष अथवा सदस्य केन्द्र सरकार अथवा राज्य सरकार के अधीन अग्रिम नियोजन के लिए अनर्ह होंगे।

25. कतिपय परिस्थितियों में सदस्य का अध्यक्ष के रूप में कार्य करना अथवा उसके कृत्यों का सम्पादन करना–

(1) अध्यक्ष का पद रिक्त होने अथवा उसके मृत्यु अथवा त्याग पत्र अथवा अन्यथा स्वयं अवकाश आदि पर चले जाने की स्थिति में राज्यपाल अधिसूचना जारी करके किसी सदस्य को अध्यक्ष के पद पर नियुक्त कर सकता है अथवा उसे अध्यक्ष के कार्यों को निष्पादित करने के लिए प्राधिकृत कर सकता है, किन्तु ऐसी नियुक्ति तब तक के लिए होगी जब तक नया अध्यक्ष उक्त पर अपना कर्तव्य धारित नहीं कर लेता।

(2) जब अध्यक्ष अवकाश पर अनुपस्थित अथवा अन्यथा रूप में अपने कार्यों का निष्पादन करने में असमर्थ हो जाता है तो राज्यपाल अधिसूचना जारी करके उसके कर्तव्यों के निष्पादन हेतु किसी सदस्य को अध्यक्ष पद पर तब तक के लिए नियुक्त कर सकेगा जबकि नया अध्यक्ष अपने कर्तव्य को धारित नहीं कर लेता।

26. राज्य आयोग के सदस्यों को उपलब्ध सेवा व शर्तें–राज्य आयोग के सदस्यों के वेतन-भत्ता आदि वह होंगे जो राज्य सरकार द्वारा विहित किए जाएँ।

किन्तु सदस्यों की नियुक्ति के पश्चात् सेवा शर्तों वेतन-भत्तों आदि में कोई परिवर्तन नहीं किया जाएगा जो सदस्यों के लिए हानिकर हो;

27. राज्य आयोग के अधिकारीगण एवं अन्य कर्मचारी–

(1) राज्य सरकार आयोग को इन अधिकारियों एवं कर्मचारियों को उपलब्ध कराएगी–

(क) एक ऐसा अधिकारी जो राज्य सरकार में सचिव के स्तर से अनिम्न हो एवं

(ख) ऐसा पुलिस एवं अन्वेषण कर्मी जो पुलिस महानिरीक्षक की पंक्ति से अनिम्न हो एवं जो दक्षतापूर्वक अपने कार्यों का सम्पादन करने में कुशल हो;

(2) राज्य आयोग आवश्यकतानुसार अपने लिए प्रशासनिक, तकनीकी एवं वैज्ञानिक कर्मचारियों की नियुक्ति करेगा ये कर्मचारीगण राज्य सरकार द्वारा निर्मित नियमों के अधीन होंगे;

(3) समस्त अधिकारियों के वेतन भत्ते एवं सेवा शर्तें आदि वही होंगे जो राज्य सरकार द्वारा उपधारा (2) के अधीन विहित किए जाएँगे।

28. आयोग के वार्षिक एवं विशेष प्रतिवेदन–

(1) राज्य आयोग राज्य सरकार को एक वार्षिक रिपोर्ट प्रेषित करेगा एवं किसी समय विशेष रिपोर्ट प्रस्तुत करेगा अथवा कोई विषय प्रस्तुत करेगी जो अत्यावश्यक एवं महत्त्वपूर्ण हो।

(2) ऐसा वार्षिक प्रतिवेदन राज्य आयोग द्वारा विधान मण्डल के सदनों के सम्मुख रखे जाएँगे और सरकार द्वारा यह ज्ञापन भी रखा जाएगा कि आयोग द्वारा क्या सिफारिशें की गई हैं, उन सिफारिशों पर सरकार ने कौन-सी कार्यवाही की और यदि सिफारिशों को अस्वीकृत किया गया हो तो उसका कारण क्या है।

29. मानवाधिकारों के सम्बन्ध में कतिपय प्रावधानों का राज्य आयोग पर लागू होना– धारा 9, 10, 12, 13, 14, 15, 16, 17 एवं 18 के उपबन्ध राज्य आयोग पर लागू होंगे ये मुख्यतः निम्न संशोधनों सहित होंगे–

(क) धारा 9 में 'आयोग' के बारे में निर्देश का तात्पर्य 'राज्य आयोग' से होगा,

(ख) धारा 10, उपधारा (3) शब्द 'महासचिव' के स्थान पर 'शब्द' 'सचिव' प्रतिस्थापित होगा,

(ग) धारा 12, का खंड (छ) विलुप्त समझा जाएगा,

(घ) धारा 17, खंड में प्रयुक्त शब्द 'केन्द्र सरकार' अथवा 'किसी' विलुप्त समझा जाएगा।

अध्याय 6
मानवाधिकार न्यायालय

30. मानवाधिकार न्यायालय–मानवाधिकारों के उल्लंघन के परिणामस्वरूप उद्भूत अपराधों के शीघ्रतर परीक्षण के उद्देश्य से राज्य सरकार उच्च न्यायालय के मुख्य न्यायाधिपति से परामर्श करके एक अधिसूचना द्वारा प्रत्येक जिले के सत्र न्यायालय को कथित अपराध के परीक्षण के लिए मानवाधिकार न्यायालय माना है।

किन्तु इस धारा की कोई बात लागू नहीं होगी यदि–

(क) किसी सेशन न्यायालय को पहले से ही मानवाधिकारों से सम्बन्धित मामलों के लिए विनिर्दिष्ट रखा गया है; अथवा

(ख) मानवाधिकारों से सम्बन्धित मामलों के लिए पहले से ही विशेष न्यायालय गठित है; जो तत्समय प्रवृत्त किसी अन्य विधि के अन्तर्गत ऐसे अपराधों के लिए है।

31. विशेष लोकअभियोजक–प्रत्येक मानवाधिकार न्यायालय के लिए राज्य एक विशेष लोक अभियोजक की नियुक्ति करेगा। इस पर नियुक्ति उस अधिवक्ता

की, की जाएगी जिसके पास विधि व्यवसाय का कम-से-कम सात वर्ष का अनुभव हो। जो उस न्यायालय के मामले को संचालित करे। विशेष लोक अभियोजक होगा।

अध्याय 7
वित्त, लेखा एवं अंकेक्षण

32. केन्द्रीय सरकार द्वारा अनुदान–

(1) केन्द्रीय सरकार आयोग के व्ययों की पूर्ति के लिए अनुदान की व्यवस्था करती है। यह अनुदान केन्द्रीय सरकार द्वारा दिए जानेवाले ऐसे धन के रूप में होगा जिसे इस अधिनियम के अधीन उपयोग किए जाने के सम्बन्ध में वह उपयुक्त समझें।

(2) इस अधिनियम के अधीन आयोग धन की वह मात्रा खर्च करेगा जो उपयुक्त समझे एवं जिसका उपयोग मानवाधिकार संरक्षण अधिनियम के प्रयोजनार्थ किया जाता है एवं उपधारा (1) के अधीन आयोग द्वारा अपने कृत्यों के निर्वहन हेतु आवश्यक व्यय माना जाता है।

33. राज्य सरकार द्वारा अनुदान–

(1) राज्य सरकार आयोग के व्ययों की पूर्ति के लिए अनुदान की व्यवस्था करती है। यह अनुदान राज्य सरकार द्वारा दिए जानेवाले ऐसे धन के रूप में होगा जिसे इस अधिनियम के अधीन उपयोग किए जाने के सम्बन्ध में वह उपयुक्त समझे।

(2) इस अधिनियम के अधीन राज्य आयोग धन की वह मात्रा खर्च कर सकता है जो उपयुक्त समझे एवं जिसका उपयोग मानवाधिकार संरक्षण अधिनियम के अध्याय 5 में वर्णित कृत्यों के प्रयोजनार्थ किया जाता है उपधारा (प) के अधीन आयोग द्वारा अपने कृत्यों के निर्वहन हेतु आवश्यक व्यय माना जाता है।

34. लेखा एवं अंकेक्षण–

(1) आयोग उचित लेखा एवं अन्य सुसंगत अभिलेख बनाकर रखेगा एवं यह लेखा का एक वार्षिक विवरण उस रूप में निर्मित करेगा जैसा कि केन्द्र सरकार द्वारा नियन्त्रक एवं महालेखा परीक्षक से परामर्श करने के पश्चात् विहित किया जाए;

(2) आयोग के लेखा का अंकेक्षण भारत नियन्त्रक एवं महालेखा परीक्षक द्वारा विनिर्दिष्ट समयांतरालों में किया जाएगा।

(3) नियन्त्रक एवं महालेखा परीक्षक एवं उनके द्वारा नियुक्त किसी व्यक्ति के समान अधिकार होंगे। अंकेक्षण करनेवाले प्राधिकारी को लेखा पुस्तकें,

बहियाँ, वाउचर्स एवं अन्य दस्तावेज व पत्र मँगवाने तथा उनका निरीक्षण करने का प्राधिकार होगा।

(4) नियन्त्रक एवं महालेखा परीक्षक एवं अन्य अधिकारी जो उसके द्वारा नियुक्त किए गए हैं वार्षिक विवरण केन्द्रीय सरकार को प्रेषित करेंगे, केन्द्रीय सरकार अंकेक्षण रिपोर्ट को संसद के क्रमशः दोनों सदनों के सम्मुख रखेगी।

35. राज्य आयोग के लेखा एवं अंकेक्षण–

(1) राज्य आयोग उचित लेखा एवं अन्य सुसंगत अभिलेख बनाकर रखेगा एवं यह लेखा का एक वार्षिक विवरण उस रूप में निर्मित करेगा जैसा कि राज्य सरकार, भारत के नियन्त्रक एवं महालेखा परीक्षक से परामर्श करने के पश्चात् विहित करे;

(2) राज्य आयोग के लेखा या अंकेक्षण भारत के नियन्त्रक एवं महालेखा परीक्षक द्वारा विनिर्दिष्ट समयांतरालों में किया जाएगा जैसा कि इस बाबत खर्च के बने के निर्दिष्ट किया गया हो।

(3) नियन्त्रक एवं महालेखा परीक्षक एवं अन्य अधिकारी जो नियन्त्रक एवं महालेखा परीक्षक द्वारा इस अधिनियम के अधीन नियुक्त किए गए हैं समान अधिकार एवं विशेषाधिकार रखेंगे। अंकेक्षण करनेवाले प्राधिकारी को लेखा पुस्तकें, बहियाँ, वाउचर्स एवं अन्य दस्तावेज व पत्र मँगवाने तथा उनका निरीक्षण करने का प्राधिकार होगा।

(4) नियन्त्रक एवं महालेखा परीक्षक एवं अन्य अधिकारी जो उनके द्वारा नियुक्त किए गए हैं अपना वार्षिक अंकेक्षण विवरण राज्य सरकार को प्रेषित करेंगे, जिसे प्राप्त करने के पश्चात् यथाशीघ्र राज्य विधान मंडल के सम्मुख रखा जाएगा।

अध्याय 8
प्रकीर्ण

36. मामले जो आयोग के सेवाधिकार के विषय नहीं हैं–

(1) आयोग उन मामलों की जाँच नहीं करेंगे जो राज्य आयोग अथवा तत्समय प्रवृत्त किसी विधि के अधीन गठित किसी आयोग के सम्मुख लम्बितावस्था में है।

(2) आयोग अथवा राज्य आयोग ऐसे मामले की जाँच नहीं करेंगे जिसके अन्तर्गत मानवाधिकारों का ऐसा मामला आता है जो एक वर्ष से पूर्व का है।

37. विशेष अन्वेषण दल का गठन–तत्समय प्रवृत्त किसी अन्य विधि में किसी अन्य बात के होते हुए जहाँ राज्य सरकार ऐसा करना आवश्यक समझती है वह एक या अधिक विशेष अन्वेषण दल का गठन कर सकती है जिसमें ऐसे पुलिस

प्राधिकारी होंगे जिसके बारे में सरकार उचित समझती है कि वे मानवाधिकारों के अतिलंघन के परिणामस्वरूप उद्भूत अपराध के अन्वेषण एवं अभियोजन के उद्देश्य से उपयुक्त होंगे।

38. **सद्भावपूर्वक किए गए कार्यों के लिए संरक्षण–**सद्भावपूर्ण किए गए कार्यों के लिए कोई वाद संस्थित नहीं किया जाएगा। सद्भावपूर्वक किए गए कार्यों के लिए केन्द्रीय सरकार, राज्य सरकार, राष्ट्रीय आयोग, राज्य आयोग, आयोग के किसी सदस्य अथवा सरकार अथवा आयोग द्वारा प्राधिकृत अथवा नियुक्त प्रत्येक अधिकारी जो इस अधिनियम के अधीन अपने कृत्यों का सम्पादन कर रहा है भारतीय दंड संहिता की धारा 21 के अधीन लोक सेवक माना जाएगा।

39. **सदस्यों एवं अधिकारियों का लोक सेवक होना–**आयोग या राज्य आयोग को प्रत्येक सदस्य एवं आयोग अथवा राज्य आयोग द्वारा प्राधिकृत अथवा नियुक्त प्रत्येक अधिकारी जो इस अधिनियम के अधीन अपने कार्यों का सम्पादन कर रहा है भारतीय दंड संहिता की धारा 21 के अधीन लोक सेवक माना जाएगा।

40. **केन्द्र सरकार की नियम बनाने की शक्ति–**

(1) केन्द्र सरकार अधिसूचना द्वारा इस अधिनियम के उपबन्धों को लागू करने के लिए नियम बनाएगी।

(2) मानवाधिकार संरक्षण अधिनियम उपबन्धों को क्रियान्वित करने के लिए मुख्यतः निम्न नियम बनाएगी–

(क) धारा 8 के अधीन सदस्यों के वेतन भत्ते एवं सेवा शर्तों के बारे में;

(ख) धारा 11(3) के अधीन उन सेवा शर्तों जिनके अधीन प्राविधिक, तकनीकी एवं वैज्ञानिक कर्मचारीगण की नियुक्ति की जा सकेगी तथा ऐसे अधिकारियों के वेतन भत्ते सेवा शर्तें आदि के बारे में;

(ग) धारा 13(1) (च) के अधीन विनिर्दिष्ट किये जाने हेतु अपेक्षित व्यवहार न्यायालय की किसी अन्य शक्ति के बारे में;

(घ) वह प्रारूप जिसमें धारा 34(1) के अधीन आयोग द्वारा निर्मित वार्षिक लेखों का विवरण

(ङ) कोई अन्य विषय जो विहित किया जाए या किए जाने हों।

(3) प्रत्येक नियम जो इस अधिनियम के अधीन निर्मित है यथाशीघ्र संसद के दोनों सदनों के सम्मुख रखा जाएगा जबकि सत्र हो जिससे संसद ऐसे नियमों की अभिपुष्टि कर सकेगी, उनमें फेरबदल कर सकेगी या उन्हें समाप्त करने का निर्णय ले सकेगी। ऐसे नियम संसद के सम्मुख तभी रखे जाएँगे जबकि सत्र चल रहा हो। जो 30 दिन के एक या सत्रों के अन्तर्गत आता है। यदि यह सत्र समाप्त होने के ठीक पूर्व रखा गया है तो उत्तरावर्ती सत्र में दोनों

सदनों की सहमति से यह निर्णय लिया जाएगा कि नियम अभिपुष्ट किया जाए, समाप्त किया जाए अथवा उसमें यथासम्भव परिवर्तन किया जाए।

41. राज्य सरकार की विधि बनाने की शक्ति–

(1) राज्य अधिसूचना द्वारा इस अधिनियम के उपबन्धों को क्रियान्वित करने के लिए नियम निर्मित कर सकेगी।

(2) निम्नांकित विषयों के सम्बन्ध में राज्य सरकार समय-समय पर नियम निर्मित कर सकेगी–

(क) धारा 26 के अधीन सदस्यों के वेतन, भत्ते एवं सेवा शर्तें आदि के बारे में;

(ख) अन्य प्रशासनिक, तकनीकी एवं वैज्ञानिक कर्मचारियों की नियुक्ति के बारे में एवं ऐसे अधिकारियों के बारे में धारा 26 के अधीन वेतन भत्ते एवं सेवा शर्तें आदि के बारे में;

(ग) धारा 35(1) के अन्तर्गत आयोग द्वारा तैयार किए गए ऐसे प्रारूप के बारे में जिसमें वार्षिक लेखा विवरण दिए गए हो।

(3) ऐसे नियम जो इस धारा के अन्तर्गत राज्य सरकार द्वारा निर्मित हैं यथाशीघ्र राज्य विधान मंडल के प्रत्येक सदन के सम्मुख रखा जाएगा जहाँ द्विसदनीय व्यवस्था होगी वहाँ दोनों सदनों के सम्मुख अथवा जहाँ एक सदनीय व्यवस्था होगी एक सदन के सम्मुख रखा जाएगा।

42. कठिनाइयों को दूर करने की शक्ति–

(1) यदि इस अधिनियम के उपबन्धों को क्रियान्वित करने में कोई कठिनाई आती है तो उसे दूर करने के लिए केन्द्र सरकार समय-समय पर अपना आदेश शासकीय राजपत्र के माध्यम से प्रकाशित करती रहेगी जो इस अधिनियम के अधीन निर्मित उपबन्धों को असंगत न होंगे एवं जो कठिनाइयों को दूर करने में आवश्यक प्रतीत होंगे।

किन्तु इस अधिनियम को लागू होने की तिथि के 2 वर्ष की अवधि के पश्चात् ऐसा आदेश निर्मित नहीं किया जाएगा।

(2) इस धारा के अधीन निर्मित प्रत्येक आदेश यथाशीघ्र संसद के सम्मुख रखा जाएगा।

43. निरसन एवं व्यवृत्ति–

(1) प्रभावी मानवाधिकार संरक्षण अध्यादेश 1993 एतद् द्वारा निरसित समझा गया।

(2) अध्यादेश को निरसित किए जाने के पहले किए गए कोई कृत्य अथवा की गई कोई कार्यवाही इस अधिनियम के सहवर्ती उपबन्धों के अधीन समझी जाएगी।

परिशिष्ट-2

राष्ट्रीय मानवाधिकार आयोग (प्रक्रिया) विनियम-1994

मानवाधिकार संरक्षण अधिनियम, 1993, (1994 का अधि. सं. 10) की धारा 10 की धारा (2) के अन्तर्गत प्रदत्त शक्ति के प्रयोग में राष्ट्रीय मानवाधिकार आयोग एतद् द्वारा निम्नलिखित विनियम निर्मित करता है–

अध्याय 1
प्रारम्भिक

1. **संक्षिप्त शीर्ष और प्रारम्भ–**(1) ये नियम राष्ट्रीय मानवाधिकार आयोग (प्रक्रिया) विनियम, 1994 कहे जा सकेंगे।
   (2) ये विनियम 1 मार्च 1994 से प्रवृत्त होंगे।
2. **परिभाषाएँ–**इन विनियमों में जब तक कि प्रसंग द्वारा अन्यथा अपेक्षित न हो–
   (क) 'अधिनियम' से मानवाधिकार संरक्षण अधिनियम, 1993 अभिप्रेत है।
   (ख) 'अध्यक्ष' से आयोग का अध्यक्ष अभिप्रेत है।
   (ग) 'आयोग' से राष्ट्रीय मानवाधिकार आयोग अभिप्रेत है।
   (घ) 'सदस्य' आयोग के सदस्य अभिप्रेत है, जिसमें अध्यक्ष भी शामिल है।
3. **आयोग का मुख्यालय–**आयोग का मुख्यालय दिल्ली में स्थित होगा।
4. **बैठकों का स्थान–**सामान्यतः आयोग अपनी बैठकों का आयोजन दिल्ली में स्थित अपने मुख्यालय में करेगा। फिर भी, यदि आयोग आवश्यक और अपरिहार्य समझे तो अपने निर्देशानुसार भारत में किसी अन्य स्थानों पर भी अपनी बैठकें आयोजित कर सकेगा।
5. **बैठकों की अवधि–**आयोग सामान्यतः अपनी नियमित बैठक हर माह के प्रथम और तृतीय सप्ताह में, सिवाय छुट्टियोंवाले दिनों को छोड़कर, आयोजित करेगा, किन्तु अध्यक्ष स्वतः अथवा एक अथवा अधिक सदस्यों की माँग पर किसी विशेष मामले पर विचार करने हेतु आयोग की विशेष बैठक आयोजित कर सकता है।

6. **सचिवालीय सहायता**–महासचिव आयोग के ऐसे अन्य अधिकारियों के साथ, जो अध्यक्ष द्वारा निर्देशित किया जाए, अथवा आवश्यक समझे, आयोग की बैठक में शामिल होगा।

7. **एजेंडा**–महासचिव अध्यक्ष की परामर्श से, आयोग की प्रत्येक बैठक के लिए एजेंडा तैयार करेगा और उस पर सचिवालय द्वारा नोट्स तैयार कराएगा। ऐसा नोट्स यथासम्भव, आत्म-निर्दिष्ट होगा। एजेंडा के विषयोंवाली विशिष्ट फाइल सन्दर्भ हेतु आयोग को उपलब्ध कराई जाएगी। एजेंडा के प्रपत्रों को, हर बैठक से कम-से-कम दो दिन पूर्व, सदस्यों में वितरित किया जाएगा, किन्तु जब मामले केवल सुनवाई हेतु नियत किए गए हों, तो बैठकवाले दिन की वाद सूची (Case list) तैयार की जाएगी तथा वितरित की जाएगी।

8. **परिवादों पर कार्यवाही हेतु प्रक्रिया**–(1) सभी परिवादों, चाहे जिस प्रारूप में वे आयोग को प्राप्त हुए हों, पंजीकृत किए जाएँगे और उनको संख्यांकित किया जाएगा तथा अध्यक्ष के विशेष अथवा सामान्य निर्देशानुसार इस निमित्त गठित एकल सदस्यीय बेंच के समक्ष उसकी प्राप्ति से सप्ताह के भीतर, प्रस्तुत किया जाएगा। यदि मामले में कार्यवाही करनेवाली एकल सदस्यीय बेंच चाहे एडमीशन स्तर पर अथवा अन्तिम निस्तारण के स्तर, उसमें विवाद्यकों (Basic) के महत्त्व को देखते हुए, इस विचार पर पहुँचती है कि मामले की सुनवाई कम-से-कम दो सदस्यीय बेंच द्वारा की जानी चाहिए, जो वह मामले को दो सदस्यीय बेंच को निर्देशित कर सकेगा। निर्देश प्राप्त होने पर मामले को दो अथवा अधिक सदस्योंवाली बेंच जो अध्यक्ष द्वारा गठित की जाए, को निर्दिष्ट की जाएगी। सामान्यतः निम्नलिखित प्रकृति के परिवादों को उपयोग द्वारा स्वीकृत नहीं किया जाता है–

(क) ऐसी घटनाओं के सम्बन्ध में जो परिवाद प्रस्तुत किए जाने के एक वर्ष पूर्व घटित हुई हो,

(ख) ऐसे मामले जो निर्णयाधीन हों,

(ग) जो अस्पष्ट गुमनाम अथवा काल्पनिक हो,

(घ) जो तुच्छ प्रकृति का हो अथवा,

(ङ) जो आयोग की परिधि से बाहर का हो,

(2) परिवादों पर कोई शुल्क प्रभार्य नहीं होगा।

(3) परिवाद में उल्लिखित मामले का पूरा विवरण उसमें देने का पूरा प्रयास किया जाना चाहिए और उसे हिन्दी अथवा अंग्रेजी में उल्लिखित किया जाना चाहिए ताकि आयोग शीघ्र कार्यवाही करने में सक्षम हो सके। फिर भी परिवादों को प्रस्तुत किए जाने में सुविधा हेतु आयोग संविधान की 8वीं

अनुसूची में उल्लिखित किसी भी भाषा में परिवाद स्वीकृत करेगा। आयोग के लिए यह खुला होगा कि जब वह आवश्यक समझे आरोपों के समर्थन में आगे सूचना तथा शपथ-पत्र माँग सके।

(4) आयोग, अपने विवेकाधिकार से तार (Telegraph) और फैक्स से भेजे गए परिवादों को स्वीकृत कर सकेगा।

(5) आयोग को सारांश रूप में परिवाद को खारिज करने की शक्ति होगी।

(6) कोई परिवाद स्वीकृत किए जाने पर आयोग/अध्यक्ष निर्देश देगा कि मामले को जाँच (Inquiry) हेतु सूचीबद्ध किए जाने अथवा अन्वेषण (Investigation) हेतु।

(7) हर परिवाद जिस पर आयोग अध्यक्ष द्वारा या तो जाँच या अन्वेषण हेतु निर्णय लिया जाता है, पर सचिवालय सम्बन्धित सरकार/प्राधिकारी को उचित समय देकर उससे रिपोर्ट/टिप्पणी माँगेगा।

(8) सम्बद्ध प्राधिकारी से टिप्पणी प्राप्त होने पर आयोग के विचारणार्थ मामले के गुण-दोष पर विस्तृत नोट तैयार किया जाएगा।

(9) आयोग के निर्देशों तथा सुझावों को सम्बन्धित सरकार/प्राधिकारी और याची को संसूचित किया जाएगा, जैसा कि अधिनियम की धारा 18 और 19 में उपबन्धित है।

(10) आयोग अपने विवेकाधिकार से याची अथवा उसकी तरफ से किसी अन्य व्यक्ति को और ऐसे अन्य व्यक्ति अथवा व्यक्तियों को जिन्हें आयोग यह समझता है कि मामले के समुचित निस्तारण से पूर्व सुनना आवश्यक है, व्यक्तिगत सुनवाई का अवसर प्रदान करेगा और जहाँ आवश्यक हो अभिलेख मँगा सकेगा तथा उसके सम्बन्ध में साक्षियों का परीक्षण कर सकेगा। आयोग ऐसे व्यक्तियों को जिसके व्यवहार के बारे में जाँच की जा रही है जहाँ उसके विचार में ऐसे व्यक्ति की प्रतिष्ठा प्रतिकूल रूप से प्रभावित हो सकती है, सुनवाई का युक्तियुक्त अवसर प्रदान करेगा जिसमें परिवाद के समर्थन में साक्षियों को प्रतिपरीक्षण तथा अपने समर्थन में साक्ष्य प्रस्तुत करना भी शामिल होगा।

(11) जहाँ आयोग की समिति द्वारा अथवा उसके निर्देशानुसार किसी अन्य व्यक्ति द्वारा अन्वेषण किया जाता है, उसके पूरा होने के एक सप्ताह के भीतर अथवा ऐसे अग्रेतर समय के भीतर जो आयोग द्वारा प्रदान किया जाए, रिपोर्ट प्रस्तुत की जाएगी। आयोग के विचार में यदि अन्वेषण समुचित ढंग से नहीं किया गया है अथवा सत्य को सुनिश्चित करने हेतु अथवा मामले के समुचित निवारण हेतु मामले का आगे अन्वेषण किया

जाना आवश्यक है, तो स्वविवेक से उस मामले में आगे अन्वेषण हेतु निर्देश दे सकता है। रिपोर्ट प्राप्त होने पर आयोग स्वप्रेरणा से अथवा आवेदन किए जाने पर जाँच हेतु और ऐसी जाँच में साक्ष्य प्राप्त करने हेतु निर्देशित कर सकता है।

(12) आयोग अथवा इसका कोई सदस्य, अध्यक्ष द्वारा निवेदन किए जाने पर घटनास्थल का निरीक्षण कर सकेगा और जहाँ ऐसा निरीक्षण एक या अधिक सदस्यों द्वारा किया जाता है, रिपोर्ट यथाशीघ्र आयोग को प्रेषित की जाएगी।

9. बैठक का ब्यौरा–

(क) आयोग की प्रत्येक बैठक का ब्यौरा स्वयं बैठक के दौरान तथा उसके तत्काल बाद, महासचिव द्वारा अथवा यथानिर्देशित किसी अन्य अधिकारी द्वारा दर्ज किया जाएगा। ऐसा ब्यौरा अध्यक्ष के समक्ष उसके अनुमोदन हेतु प्रस्तुत किया जाएगा और अनुमोदन प्राप्त हो जाने पर उसे आयोग के सभी सदस्यों के, यथाशीघ्र और किसी भी स्थिति में अगली बैठक प्रारम्भ होने से पूर्व वितरित किया जाएगा।

(ख) हर मामले में आयोग द्वारा लिया गया विनिश्चय एक राय (opinion) के रूप में अभिलिखित किया जाएगा। विसम्मत राय, यदि दिया जाता है, तो वह भी उसका भाग होगा और अभिलेख में रखा जाएगा। जहाँ कोई मतभेद हो कार्यवाही बहुमत की राय के आधार पर की जाएगी।

(ग) जब तक की विशिष्टतया प्राधिकृत न किया गया हो आयोग के सचिवालय द्वारा बैठक के ब्यौरे पर तब तक कोई कार्यवाही नहीं की जाएगी जब तक कि वह अध्यक्ष द्वारा अभिपुष्ट न कर दी जाएगी।

10. ब्यौरे का अभिलेख–आयोग की हर बैठक के ब्यौरे और राय (opinion) की मुख्य प्रति महासचिव द्वारा सम्यक रूप से प्राधिकृत रीति से रखी जाएगी और प्रत्येक विषय से सम्बन्धित ब्यौरे की एक प्रतिलिपि संगत (Relevant) फाइल में, समुचित कार्यवाही हेतु रखी जाएगी। राय (opinion) को सम्बद्ध अभिलेखों में रखा जाएगा तथा सुविधा हेतु उसकी प्रतिलिपियाँ समुचित विषय सूची के गार्ड फाइल में रखी जाएगी।

11. कार्यवाही रिपोर्ट–हर अगली बैठक में आयोग के समक्ष की गई कार्यवाही की रिपोर्ट, जिसमें प्रत्येक विषय जिस पर आयोग ने अपनी पूर्ववर्ती बैठक में निर्णय लिया था, सिवाय उन विषयों के जिन पर आगे की कार्यवाही की आवश्यकता न हो, पर कार्यवाही के वर्तमान चरण का उल्लेख होगा, प्रस्तुत की जाएगी।

12. **मुख्यालय से बाहर के कारोबार का विवरण**–आयोग अथवा उसके कुछ सदस्य अपने मुख्यालय के बाहर के स्थानों पर अध्यक्ष द्वारा पूर्ववर्ती अनुमोदन प्राप्त होने पर, कारोबार कर सकेंगे, बशर्ते कि इस अधिनियम के अधीन किसी जाँच के सम्बन्ध में पक्षधरों की सुनवाई, इस हेतु आयोग की दो सदस्यीय बेंच द्वारा की जाएगी।

13. **आदेशों तथा विनिश्चयों को अभिप्रमाणित किया जाना**–

(1) आयोग के आदेशों और विनिश्चयों को महासचिव अथवा अनुसचिव से अनिम्न पंक्ति के आयोग के किसी सदस्य जो अध्यक्ष द्वारा प्राधिकृत हों द्वारा अभिप्रमाणित किया जाएगा।

(2) आयोग द्वारा जाँच रिपोर्ट अथवा मामले के अन्तिम निस्तारण में पारित आदेश की प्रतिलिपि याची अथवा उसके प्रतिनिधि को निःशुल्क उपलब्ध कराई जाएगी।

(3) जब तक कि आयोग द्वारा किसी दस्तावेज को गोपनीय (Cofindential) घोषित नहीं किया जाता है, उसकी प्रतिलिपि मामले के पक्षकारों को खर्चे को पूरा करने हेतु युक्तियुक्त शुल्क पर उपलब्ध कराई जाएगी। ऐसी प्रतिलिपियों को प्रदान करने में समुचित शीघ्रता करने का पूरा प्रयास किया जाएगा तथा किसी भी मामले में यह अवधि आवेदन किए जाने के एक सप्ताह के बाद नहीं होनी चाहिए।

14. **वार्षिक रिपोर्ट**–आयोग वर्ष 1 अप्रैल से आरम्भ होने वाली अवधि से अगले वर्ष की 31 मार्च तक की वार्षिक रिपोर्ट केन्द्र सरकार और सम्बन्धित राज्य सरकार जैसा कि अधिनियम की धारा 21(1) के अन्तर्गत उपबन्धित किया गया है, के समक्ष प्रस्तुत करेगा। मूल रिपोर्ट आयोग के अध्यक्ष तथा सदस्यों द्वारा हस्ताक्षरित की जाएगी और समुचित रूप से परिरक्षित एवं सम्यक रूप से अभिप्रमाणित प्रतिलिपि समुचित सरकार को हर वर्ष के मई माह के अन्त तक प्रेषित किया जाएगा।

15. **विशेष रिपोर्ट**–आयोग विशिष्ट मामलों की ऐसी विशेष रिपोर्ट जो अधिनियम की धारा 21(1) की शर्तों के अनुरूप आवश्यक समझी जाएगी, प्रस्तुत कर सकेगा।

16. **परिवादों तथा जाँचों की रिपोर्ट**–हर रिपोर्ट जिस पर अधिनियम की धारा 19 लागू होती है, सम्बन्धित सरकार, प्राधिकारी अथवा व्यक्ति, यथास्थिति को आयोग के समक्ष कार्यवाही के पूर्ण होने के एक सप्ताह के भीतर प्रेषित की जाएगी और सम्बन्धित सरकार अथवा प्राधिकारी की टिप्पणी प्राप्त होने पर आयोग अधिनियम की धारा 18(6) अथवा 19(3) यथास्थिति में उपबन्धित रीति, से समुचित सूचना प्राप्त होने के एक सप्ताह के भीतर रिपोर्ट प्रकाशित करेगा।

17. **रिपोर्ट का मुद्रण–**आयोग का सचिवालय वार्षिक रिपोर्ट और विशेष रिपोर्ट के शीघ्र मुद्रण होने हेतु उत्तरदायी होगा और किसी भी मामले में यह अवधि रिपोर्ट को अन्तिम रूप प्रदान किए जाने के एक माह पश्चात् नहीं होगा।

18. **अन्वेषण टीम–**आयोग द्वारा नियुक्त पुलिस महानिदेशक से अनिम्न पंक्ति के अधिकारी के नेतृत्व में आयोग की अपनी अन्वेषण टीम होगी और ऐसी टीम में एक पुलिस उपमहानिरीक्षक, दो पुलिस अधीक्षक, छह पुलिस उपाधीक्षक और 24 पुलिस इंस्पेक्टर और अन्य ऐसे वर्गों के अधिकारी जैसा कि आयोग समय-समय पर विनिश्चित करे, शामिल होंगे। आयोग किसी दिए गए मामले में समुचित संख्या में बाहरी व्यक्तियों को अन्वेषक के रूप में अन्वेषण से सम्बद्ध कर सकेगा।

19. जब कोई मामला इन विनियमों द्वारा आच्छादित नहीं है, उत्पन्न होगा, तो आयोग समुचित निर्देश जारी करने हेतु सक्षम होगा और आयोग समय- समय पर इन विनियमों में वृद्धि, निरसन, परिवर्द्धन और संशोधन कर सकेगा।

परिशिष्ट-3

सूचना का अधिकार : मानवाधिकार में एक नया पर्याय

पृष्ठभूमि, आवश्यकता, सूचना का अधिकार मानव अधिकार को किस प्रकार नए सिरे से परिभाषित करता है–

अध्याय-1
प्रारम्भिक

1. संक्षिप्त नाम, विस्तार और प्रारम्भ–

(1) इस अधिनियम का संक्षिप्त नाम सूचना का अधिकार अधिनियम, 2005 है।

(2) इसका विस्तार जम्मू-कश्मीर राज्य के सिवाय सम्पूर्ण भारत पर है।

(3) धारा 4 की उपधारा (1), धारा 5 की उपधारा (1) और उपधारा (2), धारा 12, धारा 13, धारा 15, धारा, 16, धारा 24, धारा 25 और धारा 28 के उपबन्ध तुरन्त प्रभावी होंगे और इस अधिनियम के शेष उपबन्ध इस अधिनियम के 120वें दिन को प्रवृत्त होंगे।

2. परिभाषाएँ–इस अधिनियम में जब तक कि सन्दर्भ से अन्यथा अपेक्षित न हो–

(क) 'समुचित सरकार' से किसी ऐसे लोक प्राधिकरण के सम्बन्ध में, जो–

(1) केन्द्रीय सरकार या संघ राज्यक्षेत्र द्वारा स्थापित, गठित, उसके स्वामित्वाधीन, नियन्त्रणाधीन या उसके द्वारा प्रत्यक्ष रूप से या अप्रत्यक्ष रूप से उपलब्ध कराई गई निधियों द्वारा पूर्णतया वित्त-पोषित किया जाता है, केन्द्रीय सरकार अभिप्रेत है,

(2) राज्य सरकार द्वारा स्थापित, गठित, उसके स्वामित्वाधीन, नियन्त्रणाधीन या उसके द्वारा प्रत्यक्ष रूप से या अप्रत्यक्ष रूप से उपलब्ध कराई गई निधियों द्वारा पूर्णतया वित्त-पोषित किया जाता है, राज्य सरकार अभिप्रेत है,

(ख) 'केन्द्रीय सूचना आयोग' से धारा 12 की उपधारा (1) के अधीन गठित केन्द्रीय सूचना आयोग अभिप्रेत है,

(ग) 'केन्द्रीय लोक सूचना अधिकारी' से उप धारा (1) के अधीन नियुक्त केन्द्रीय लोक सूचना अधिकारी अभिप्रेत हैं और इसके अन्तर्गत धारा 5 की उपधारा (2) के अधीन इस प्रकार पदाभिहित कोई केन्द्रीय सहायक लोक सूचना अधिकारी भी है,

(घ) 'मुख्य सूचना आयुक्त' और ''सूचना आयुक्त'' से धारा 12 की उपधारा (3) के अधीन नियुक्त मुख्य सूचना आयुक्त और सूचना आयुक्त अभिप्रेत है,

(ङ) 'सक्षम प्राधिकारी' से अभिप्रेत है–

(1) किसी राज्य की विधान सभा या ऐसी सभावाले किसी राज्य क्षेत्र की दशा में अध्यक्ष और राज्य सभा या विधान परिषद की दशा में सभापति,

(2) उच्चतम न्यायालय की दशा में भारत का मुख्य न्यायमूर्ति,

(3) किसी उच्च न्यायालय की दशा में उच्च न्यायालय का मुख्य न्यायमूर्ति,

(4) संविधान द्वारा या उसके अधीन स्थापित या गठित अन्य प्राधिकरणो की दशा में, यथास्थिति, राष्ट्रपति या राज्यपाल,

(5) संविधान के अनुच्छेद 239 के अधीन नियुक्त प्रशासक,

(च) 'सूचना' से किसी रूप में कोई ऐसी सामग्री, जिसके अन्तर्गत किसी इलेक्ट्रॉनिक रूप में धारित अभिलेख, दस्तावेज, ज्ञापन, ई-मेल, मत, सलाह, प्रेस विज्ञप्ति, परिपत्र, आदेश, लागबुक, संविदा, रिपोर्ट, कागज-पत्र, नमूने, मॉडल, आँकड़ों सम्बन्धी सामग्री और किसी प्राईवेट निकाय से सम्बन्धित ऐसी सूचना सम्मिलित है, जिस तक तत्समय प्रवृत्त किसी अन्य विधि के अधीन किसी लोक प्राधिकारी की पहुँच हो सकती है, अभिप्रेत है,

(छ) 'विहित' से, यथास्थिति समुचित सरकार या सक्षम प्राधिकारी द्वारा अधिनियम के अधीन बनाए गए नियमों द्वारा विहित अभिप्रेत है,

(ज) 'लोक प्राधिकारी' से–

(क) संविधान द्वारा या उसके अधीन,

(ख) संसद द्वारा बनाई गई किसी अन्य विधि द्वारा,

(ग) राज्य विधान मंडल द्वारा बनाई गई किसी अन्य विधि द्वारा,

(घ) समुचित सरकार द्वारा जारी की गई अधिसूचना या किए गए आदेश द्वारा, स्थापित या गठित कोई प्राधिकारी या निकाय या स्वायत्त सरकारी संस्था अभिप्रेत है,

और इसके अन्तर्गत समुचित सरकार के स्वामित्वाधीन, नियन्त्रणाधीन या उसके द्वारा प्रत्यक्ष या अप्रत्यक्ष रूप से उपलब्ध कराई गई निधियों द्वारा–

(1) पूर्णतया वित्त-पोषित कोई गैर सरकारी संगठन,

(2) कोई अन्य निकाय भी है,

(झ) 'अभिलेख' में निम्नलिखित सम्मिलित है–

(क) कोई दस्तावेज, पांडुलिपि और फाइल,

(ख) किसी दस्तावेज की कोई माइक्रोफिल्म, माइक्रोफिच या प्रतिकृति प्रति,

(ग) ऐसे माइक्रोफिल्म में समाविष्ट प्रतिबिम्ब या प्रतिबिम्बों का पुनरुत्पादन (चाहे वर्धित रूप में हो या न हो), और

(घ) किसी कम्प्यूटर द्वारा या किसी अन्य युक्ति द्वारा उत्पादित कोई अन्य सामग्री,

(ञ) 'सूचना का अधिकार' से इस अधिनियम के अधीन पहुँच योग्य सूचना का, जो किसी लोक प्राधिकारी द्वारा या उसके नियन्त्रणाधीन धारित है, अधिकार अभिप्रेत है और जिसमें निम्नलिखित का अधिकार सम्मिलित है–

(1) कृति, दस्तावेजों, अभिलेखों का निरीक्षण,

(2) दस्तावेजों या अभिलेखों के टिप्पण, उद्धरण या प्रमाणित प्रतिलिपि लेना,

(3) सामग्री के प्रमाणित नमूने लेना,

(4) डिस्केट, फ्लापी, टेप, वीडियो कैसेट के रूप में या किसी अन्य इलेक्ट्रॉनिक रीति में या प्रिंटआउट के माध्यम से सूचना को, जहाँ ऐसी सूचना किसी कम्प्यूटर या किसी अन्य युक्ति में भंडारित की जाती है, अभिप्राप्त करना;

(ट) 'राज्य सूचना आयोग' से धारा 15 की उपधारा (1) के अधीन गठित राज्य सूचना आयोग अभिप्रेत है;

(ठ) 'राज्य मुख्य सूचना आयुक्त' और ''राज्य सूचना आयुक्त'' से धारा 15 की उपधारा के अधीन नियुक्त राज्य मुख्य सूचना आयुक्त और राज्य सूचना आयुक्त अभिप्रेत है;

(ड) 'राज्य लोक सूचना अधिकारी' से उपधारा (1) के अधीन पदाभिहित राज्य लोक सूचना अधिकारी अभिप्रेत है और इसके अन्तर्गत धारा 5 की उपधारा (2) के अधीन इस प्रकार पदाभिहित राज्य सहायक लोक सूचना अधिकारी भी है;

(ढ) 'तीसरा पक्षधर' से सूचना के लिए अनुरोध करनेवाले व्यक्तियों से भिन्न कोई नागरिक अभिप्रेत है और इसके अन्तर्गत कोई लोक पदाधिकारी भी है।

अध्याय-2

सूचना का अधिकार और लोक प्राधिकारियों की बाध्यताएँ

3. सूचना का अधिकार–इस अधिनियम के उपबन्धों के अधीन रहते हुए सभी नागरिकों को सूचना का अधिकार होगा।

4. लोक प्राधिकारियों की बाध्यताएँ–

(1) प्रत्येक लोक प्राधिकारी–

(क) सम्यक रूप से सूची पत्रित और अनुक्रमणिकाबद्ध अपने सभी अभिलेखों को किसी ऐसे रीति और रूप में रखेगा, जो इस अधिनियम के अधीन सूचना के अधिकार को सुकर बनाता है और सुनिश्चित करेगा कि ऐसे सभी अभिलेख जो कम्प्यूटरीकृत किए जाने के लिए समुचित है, युक्तियुक्त सूर्य के भीतर है और संसाधनों की उपलब्धता के अधीन रहते हुए हैं, कम्प्यूटरीकृत और विभिन्न प्रणालियों पर सम्पूर्ण देश में नेटवर्क के माध्यम से सम्बद्ध है जिससे कि ऐसे अभिलेख तक पहुँच को सुकर बनाया जा सके;

(ख) इस अधिनियम के अधिनियमन से 120 दिन के भीतर–

(1) अपने संगठन की विशिष्टियाँ, कृत्य और कर्तव्य,

(2) अपने अधिकारियों और कर्मचारियों की शक्तियाँ और कर्तव्य,

(3) विनिश्चय करने की प्रक्रिया में पालन की जानेवाली प्रक्रिया जिसमें पर्यवेक्षण और उत्तरदायित्व के माध्यम सम्मिलित हैं,

(4) अपने कृत्यों के निर्वहन के लिए स्वयं द्वारा स्थापित मापमान,

(5) अपने द्वारा या अपने नियन्त्रणाधीन धारित या अपने कर्मचारियों द्वारा अपने कृत्यों के निर्वहन के लिए प्रयोग किए गए नियम, विनियम, अनुदेश, निर्देशिका और अभिलेख,

(6) ऐसे दस्तावेजों के, जो उसके द्वारा धारित या उसके नियन्त्रणाधीन है, प्रवर्गों का विवरण,

(7) किसी व्यवस्था की विशिष्टियाँ जो उसकी नीति की संरचना या उसके कार्यान्वियन के सम्बन्ध में जनता के सदस्यों से परामर्श के लिए या उनके द्वारा अभ्यावेदन के लिए विद्यमान है,

(8) ऐसे बोर्डों, परिषदों, समितियों और अन्य निकायों के विवरण जिनमें दो या अधिक व्यक्ति हैं, जिनका उसके भाग रूप में या इस बारे में सलाह देने के प्रयोजन के लिए गठन किया गया है कि क्या उन बोर्डों, समितियों और अन्य निकायों की बैठकें जनता के लिए खुली होंगी या ऐसी बैठकों के कार्यवृत्त तक जनता की पहुँच होगी,

(9) अपने अधिकारों और कर्मचारियों की निर्देशिका,

(10) अपने प्रत्येक अधिकारी और कर्मचारी द्वारा प्राप्त मासिक पारिश्रमिक, जिसमें उसके विनियमों में यथाउपबन्धित प्रतिकार की प्रणाली सम्मिलित है,

(11) सभी योजनाओं, प्रस्तावित व्ययों और किए गए संवितरणों पर रिपोर्ट की विशिष्टियाँ उपदर्शित करते हुए अपने प्रत्येक अभिकरण को आवंटित बजट,

(12) सहायिकी कार्यक्रमों के निष्पादन की रीति जिसमे आवंटित राशि और ऐसे कार्यक्रमों के फायदाग्राहियों के ब्यौरे सम्मिलित हैं,

(13) अपने द्वारा अनुदत्त रियायतों, अनुज्ञा-पत्रों या प्राधिकारों की प्राप्तिकर्ताओं की विशिष्टियाँ,

(14) किसी इलेक्ट्रॉनिक रूप में सूचना के सम्बन्ध में ब्यौरे, जो उसको उपलब्ध हों या उसके द्वारा धारित हों,

(15) सूचना अभिप्राप्त करने के लिए नागरिकों को उपलब्ध सुविधाओं की विशिष्टियाँ, जिनके अन्तर्गत किसी पुस्तकालय या वाचन कक्ष के यदि लोक उपयोग के लिए अनुरक्षित है तो कार्यकरण घंटे सम्मिलित हैं,

(16) लोक सूचना अधिकारियों का नाम, पदनाम और अन्य विशिष्टियाँ,

(17) ऐसी अन्य सूचना, जो विहित की जाएँ, प्रकाशित करेगा और तत्पश्चात् इन प्रकाशनों को प्रत्येक वर्ष में अद्यतन करेगा;

(ग) महत्त्वपूर्ण नीतियों की विरचना करते समय या ऐसे विनिश्चयों की घोषणा करते समय, जो जनता को प्रभावित करते हों, सभी सुसंगत तथ्यों को प्रकाशित करेगा;

(घ) प्रभावित व्यक्तियों को अपने प्रशासनिक या न्यायिक-कल्प विनिश्चयों के लिए कारण उपलब्ध कराएगा।

(2) प्रत्येक लोक अधिकारी का निरन्तर यह प्रयास होगा कि यह स्वप्रेरणा से संसूचना के विभिन्न साधनों के माध्यम से, जिसके अन्तर्गत इंटरनेट भी है, नियमित अन्तरालों पर जनता को उतनी सूचना उपलब्ध कराने के लिए उपधारा (1) के खंड (ख) की अपेक्षाओं के अनुसार उपाय करें, जिससे कि जनता को सूचना प्राप्त करने के लिए इस अधिनियम का कम-से-कम अवलम्ब हो।

(3) उपधारा (1) के प्रयोजन के लिए प्रत्येक सूचना को विस्तृत रूप से और ऐसे प्रारूप और रीति से प्रसारित किया जाएगा, जो जनता के लिए सहज रूप से पहुँच योग्य हो सके।

(4) सभी सामग्री को, उस क्षेत्र में लागत प्रभावशीलता, स्थानीय भाषा और संसूचना की अत्यन्त प्रभावी पद्धति को ध्यान में रखते हुए, प्रसारित किया जाएगा तथा सूचना तक, यथास्थिति, केन्द्रीय

लोक सूचना अधिकारी या राज्य सूचना अधिकारी के पास इलेक्ट्रॉनिक प्रारूप में सम्भव सीमा तक निःशुल्क या माध्यम की ऐसी लागत या ऐसी मुद्रण लागत कीमत पर, जो विहित की जाए, सहज पहुँच होनी चाहिए।

स्पष्टीकरण–उपधारा (3) या उपधारा (4) के प्रयोजनों के लिए "प्रसारित" से सूचना-पट्टों, समाचार-पत्रों, लोक उद्घोषणाओं, मीडिया प्रसारणों, इंटरनेट या किसी अन्य युक्ति के माध्यम से जिसमें किसी लोक प्राधिकारी के कार्यालयों का निरीक्षण सम्मिलित है, जनता को सूचना की जानकारी देना या संसूचित करना अभिप्रेत है।

5. लोक सूचना अधिकारियों का पदनाम–

(1) प्रत्येक लोक प्राधिकारी, इस अधिनियम के अधिनियमन के सौ दिन के भीतर उतने अधिकारियों को, जितने इस अधिनियम के अधीन सूचना के लिए अनुरोध करनेवाले व्यक्तियों को सूचना प्रदान करने के लिए आवश्यक हो, सभी प्रशासनिक एककों या उसके अधीन कार्यालयों, यथास्थिति, केन्द्रीय लोक सूचना अधिकारियों या राज्य सूचना अधिकारियों के रूप में अभिहित करेगा।

(2) उपधारा (1) के उपबन्धों पर प्रतिकूल प्रभाव डाले बिना, प्रत्येक लोक प्राधिकारी, इस अधिनियम के अधिनियमन के सौ दिन के भीतर किसी अधिकारी को प्रत्येक उपमंडल स्तर या अन्य उप जिला स्तर पर इस अधिनियम के अधीन सूचना या अपीलों के लिए आवेदन प्राप्त करने और तुरन्त उसे केन्द्रीय लोक सूचना अधिकारी या राज्य लोक सूचना अधिकारी या धारा 19 की उपधारा (1) के अधीन विनिर्दिष्ट वरिष्ठ अधिकारी या यथास्थिति, केन्द्रीय सहायक लोक सूचना अधिकारी या राज्य सहायक सूचना अधिकारी के रूप में पदाभिहित करेगा :

परन्तु यह कि जहाँ सूचना या अपील के लिए कोई आवेदन यथास्थिति, किसी केन्द्रीय सहायक लोक सूचना अधिकारी या किसी सहायक लोक सूचना अधिकारी को दिया जाता है वहाँ धारा 7 की उपधारा (1) के अधीन विनिर्दिष्ट उत्तर के लिए अवधि की संगणना करने में पाँच दिन की अवधि जोड़ दी जाएगी।

(3) यथास्थिति प्रत्येक केन्द्रीय लोक सूचना अधिकारी या राज्य लोक सूचना अधिकारी, सूचना की माँग करनेवाले व्यक्तियों के अनुरोध पर कार्यवाही करेगा और ऐसी सूचना की माँग करनेवाले व्यक्तियों को युक्तियुक्त सहायता प्रदान करेगा।

(4) यथास्थिति केन्द्रीय लोक सूचना अधिकारी या राज्य सहायक सूचना अधिकारी, ऐसे किसी अन्य अधिकारी की सहायता की माँग कर सकेगा, जिसे वह अपने कृत्यों के समुचित निर्वहन के लिए आवश्यक समझे।

(5) कोई अधिकारी, जिसकी उपधारा (4) के अधीन सहायता चाही गई है, उसकी सहायता चाहनेवाले यथास्थिति, केन्द्रीय लोक सूचना अधिकारी या राज्य सहायक सूचना अधिकारी को सभी सहायता प्रदान करेगा और इस अधिनियम के उपबन्धों के किसी उल्लंघन के प्रयोजनों के लिए ऐसे अन्य अधिकारी को यथास्थिति, केन्द्रीय लोक सूचना अधिकारी या राज्य सहायक सूचना अधिकारी समझा जाएगा।

6. सूचना अभिप्राप्त करने के लिए अनुरोध–

(1) कोई व्यक्ति जो इस अधिनियम के अधीन कोई सूचना अभिप्राप्त करना चाहता है, लिखित में या इलेक्ट्रॉनिक युक्ति के माध्यम से अंग्रेजी या हिन्दी में या क्षेत्र की राजभाषा, जिसमें आवेदन किया जा रहा है, ऐसे फीस के साथ, जो विहित की जाए–

(क) सम्बन्धित लोक प्राधिकारण के यथास्थिति, केन्द्रीय लोक सूचना अधिकारी या राज्य लोक सूचना अधिकारी,

(ख) यथास्थिति, केन्द्रीय सहायक लोक सूचना अधिकारी या राज्य सहायक सूचना अधिकारी, को, उसके द्वारा माँगी गई सूचना की विशिष्टियाँ विनिर्दिष्ट करते हुए अनुरोध करेगा : परन्तु जहाँ ऐसा अनुरोध लिखित में नहीं किया जा सकता है, वहाँ यथास्थिति केन्द्रीय लोक सूचना अधिकारी या राज्य लोक सूचना अधिकारी, अनुरोध करनेवाले व्यक्ति को सभी युक्तियुक्त सहायता मौखिक रूप से देगा, जिससे कि उसे लेखबद्ध किया जा सके।

(2) सूचना के लिए अनुरोध करनेवाले आवेदक से सूचना का अनुरोध करनेवाले अनुरोध के लिए किसी कारण को या किसी अन्य व्यक्तिगत ब्यौरे को, सिवाय उसके जो उससे सम्पर्क करने के लिए आवश्यक हो, देने की अपेक्षा नहीं की जाएगी।

(3) जहाँ किसी ऐसे सूचना के लिए अनुरोध करते हुए कोई आवेदन किसी लोक प्राधिकारी को किया जाता है–

(1) जो किसी अन्य लोक प्राधिकारी द्वारा धारित की गई है, या

(2) जिसकी विषय-वस्तु किसी अन्य लोक प्राधिकारी के कृत्यों से अधिक निकट रूप से सम्बन्धित है,

वहाँ, वह लोक प्राधिकारी, जिसको ऐसा आवेदन किया जाता है, ऐसे आवेदन या उसके ऐसे भाग को, जो समुचित हो, उस अन्य लोक प्राधिकारी को अन्तरित करेगा और ऐसे अन्तरण के सम्बन्ध में आवेदक को तुरन्त सूचना देगा।

परन्तु यह कि इस उपधारा के अनुसारण में किसी आवेदन का अन्तरण यथासाध्य शीघ्रता से किया जाएगा, किन्तु किसी भी दशा में आवेदन की प्राप्ति की तारीख से पाँच दिनों के पश्चात् नहीं किया जाएगा।

7. अनुरोध का निपटारा–

(1) धारा 5 की उपधारा (2) के परन्तुक या धारा 6 की उपधारा (3) के परन्तुक के अधीन रहते हुए धारा 6 के अधीन अनुरोध के प्राप्त होने पर, यथास्थिति, केन्द्रीय लोक सूचना अधिकारी या राज्य लोक सूचना अधिकारी यथासम्भव शीघ्रता से और किसी भी दशा में अनुरोध के प्राप्ति के तीस दिन के भीतर, ऐसी फीस के संदाय पर, जो विहित की जाए या तो सूचना उपलब्ध कराएगा या धारा 8 और 9 में विनिर्दिष्ट कारणों में से किसी कारण से अनुरोध को अस्वीकार करेगा :

परन्तु जहाँ माँगी गई जानकारी का सम्बन्ध किसी व्यक्ति के जीवन या स्वतन्त्रता से है, वहाँ वह अनुरोध प्राप्त होने के 48 घंटे के भीतर उपलब्ध कराई जाएगी।

(2) यदि यथास्थिति केन्द्रीय लोक सूचना अधिकारी या राज्य लोक सूचना अधिकारी, उपधारा (1) के अधीन विनिर्दिष्ट अवधि के भीतर सूचना के लिए अनुरोध पर विनिश्चय करने में असफल रहता है, यथास्थिति, केन्द्रीय लोक सूचना अधिकारी या राज्य लोक सूचना अधिकारी के बारे में यह समझा जाएगा कि उसने अनुरोध को नामंजूर कर दिया।

(3) जहाँ सूचना उपलब्ध कराने की लागत के रूप में किसी और फीस के संदाय पर सूचना उपलब्ध कराने का विनिश्चय किया जाता है, वहाँ यथास्थिति, केन्द्रीय लोक सूचना अधिकारी या राज्य लोक सूचना अधिकारी अनुरोध करनेवाले व्यक्ति को–

(क) उपधारा (1) के अधीन विहित फीस के अनुसरण में रकम निकालने के लिए की गई संगणनाओं के साथ उनके द्वारा यथाअवधारित सूचना उपलब्ध कराने की लागत के रूप में और फीस के ब्यौरे देते हुए उससे उस फीस को जमा करने का अनुरोध करते हुए कोई संसूचना भेजेगा और उक्त संसूचना के प्रेषण और फीस के संदाय के बीच मध्यवर्ती अवधि को उस धारा में निर्दिष्ट तीस दिन की अवधि की संगणना करने के प्रयोजन के लिए अपवर्जित किया जाएगा;

(ख) प्रभारित फीस की राशि या उपलब्ध कराई गई पहुँच के प्रारूप के बारे में जिसके अन्तर्गत अपील प्राधिकारी की विशिष्टियाँ, समय-सीमा, प्रक्रिया और कोई अन्य प्रारूप भी हैं, विनिश्चय के पुनर्विलोकन के सम्बन्ध में उसके अधिकारी से सम्बन्धित सूचना देते हुए, कोई संसूचना भेजेगा।

(4) जहाँ, इस अधिनियम के अधीन अभिलेख या उसके किसी भाग पर पहुँच अपेक्षित है और ऐसा व्यक्ति, जिसको पहुँच उपलब्ध कराई जानी है, संवेदनात्मक रूप से निः शक्त है, वहाँ यथास्थिति, केन्द्रीय लोक सूचना अधिकारी या राज्य लोक सूचना अधिकारी सूचना तक पहुँच को समर्थ बनाने के लिए सहायता उपलब्ध कराएगा, जिसमें निरीक्षण के लिए ऐसी सहायता करना सम्मिलित है जो समुचित हो।

(5) जहाँ सूचना तक पहुँच मुद्रित या किसी इलेक्ट्रॉनिक प्रारूप में उपलब्ध कराई जानी है, वहाँ आवेदक, उपधारा-6 के अधीन रहते हुए ऐसी फीस का संदाय करेगा जो विहित की जाए :

परन्तु धारा-6 के उपधारा-(1) और धारा-7 के उपधारा (1) और उपधारा-(5) के अधीन विहित फीस युक्तियुक्त होगी और ऐसे व्यक्तियों से, जो गरीबी रेखा के नीचे हैं कोई फीस प्रभारित नहीं की जाएगी, जैसा समुचित सरकार द्वारा अवधारित किया जाए।

(6) उपधारा (5) किसी बात के होते हुए भी, जहाँ कोई लोक प्राधिकारी उपधारा (1) में विनिर्दिष्ट समय-सीमा का अनुपालन करने में असफल रहता है, वहाँ सूचना के लिए अनुरोध करनेवाले व्यक्ति को प्रभार के बिना उपलब्ध कराई जाएगी।

(7) उपधारा (1) के अधीन कोई विनिश्चय करने से पूर्व, यथास्थिति, केन्द्रीय लोक सूचना अधिकारी या राज्य लोक सूचना अधिकारी धारा 11 के अधीन किसी तीसरे पक्षधर द्वारा किए गए अभ्यावेदन को ध्यान में रखेगा।

(8) जहाँ किसी अनुरोध को उपधारा 2 के अधीन अस्वीकृत किया गया समझा गया है, वहाँ लोक सूचना अधिकारी अनुरोध करनेवाले व्यक्ति को–

(1) ऐसी अस्वीकृति के कारण,

(2) वह अवधि, जिसके भीतर ऐसी अस्वीकृति के विरुद्ध कोई अपील की जा सकेगी, और

(3) अपील प्राधिकारी की विशिष्टियाँ, संसूचित करेगा।

(9) किसी सूचना को साधारणतया उसी प्रारूप में उपलब्ध कराया जाएगा जिसमें उसे माँगा गया है, जब तक कि यह लोक प्राधिकारी के संशोधनों को

अनुपातिक रूप से विचलित न करता हो या प्रश्नगत अभिलेख की सुरक्षा या संरक्षण के प्रतिकूल न हो।

8. सूचना के प्रकट किए जाने से छूट–

(1) इस अधिनियम में अन्तर्विष्ट किसी बात के होते हुए भी, इसमें अन्यथा उपबन्धित के सिवाय निम्नलिखित सूचना को प्रकट करने से छूट दी जाएगी, अर्थात् :

(क) सूचना जिसके प्रकटन से, भारत की प्रभुता और अखंडता, राज्य की सुरक्षा, रणनीति, वैज्ञानिक या आर्थिक हित विदेश से सम्बन्ध पर प्रतिकूल प्रभाव पड़ता हो, या किसी अपराध को करने का उद्दीपन होता हो;

(ख) सूचना जिसके प्रकटन से, किसी न्यायालय या अधिकरण द्वारा अभिव्यक्त रूप से निषिद्ध किया गया है या जिसके प्रकटन से न्यायालय का अवमान होता है;

(ग) सूचना जिसके प्रकटन से संसद या किसी राज्य के विधान-मंडल के विशेषाधिकार भंग हो सकते हैं;

(घ) सूचना, जिसमें वाणिज्यिक, विश्वास, व्यापार गोपनीयता या बौद्धिक सम्पदा, सम्मिलित हैं, जिसके प्रकटन से किसी तीसरे पक्षधर से प्रतियोगी स्थिति को नुकसान होता है, यदि लोक सूचना अधिकारी का यह समाधान नहीं हो जाता है कि ऐसी सूचना का प्रकटन विस्तृत लोक हित में आवश्यक है,

(ङ) किसी व्यक्ति को उसकी वैश्वासिक नातेदारी में उपलब्ध सूचना यदि लोक सूचना अधिकारी का यह समाधान नहीं हो जाता है कि ऐसी सूचना का प्रकटन विस्तृत लोक हित में आवश्यक है।

(च) किसी विदेशी सरकार से विश्वास में प्राप्त सूचना,

(छ) सूचना, जिसके प्रकट करने से किसी व्यक्ति के जीवन या शारीरिक सुरक्षा के लिए या सूचना के संसाधन की पहचान करने में या विश्वास में दी गई सहायता या सुरक्षा प्रयोजनों के लिए खतरा होगा,

(ज) सूचना जिसके प्रकटन करने से अन्वेषण या अपराधियों के गिरफ्तार करने या अभियोजन की क्रिया में अड़चन पड़ेगी,

(झ) मन्त्रिमंडल के कागज-पत्र, जिसमें मन्त्रिपरिषद के सचिवों और अन्य अधिकारियों के विचार-विमर्श के अभिलेख सम्मिलित हैं :
परन्तु यह और कि वे विषय जो इस धारा में सूचीबद्ध छूटों के अन्तर्गत आते हैं प्रकट नहीं किए जाएँगे :

(ञ) सूचना जो व्यक्तिगत सूचना से सम्बन्धित हैं, जिसके प्रकट करने का किसी लोक क्रिया-कलाप या हित से सम्बन्ध नहीं है या जिससे व्यष्टि की एकान्तता पर अनावश्यक अतिक्रमण नहीं होता है, यदि यथास्थिति केन्द्रीय लोक सूचना अधिकारी या राज्य लोक सूचना अधिकारी या अपील प्राधिकारी का यह समाधान नहीं हो जाता है कि ऐसी सूचना का प्रकटन विस्तृत लोक हित में न्यायोचित है :

परन्तु ऐसी सूचना से, जिसको, यथास्थिति, संसद या किसी राज्य विधान मंडल को देने से इनकार नहीं किया जा सकता है, किसी व्यक्ति को इनकार नहीं किया जाएगा।

(2) कोई लोक प्राधिकारी शासकीय गुप्त बात अधिनियम, 1923 (1923 का अधिनियम संख्यांक 19) या उपधारा (1) के अनुसार अनुज्ञेय छूटों में किसी बात के होते हुए भी सूचना तक पहुँच को अनुज्ञात कर सकेगा, यदि सूचना के प्रकटन में लोक हित, संरक्षित लोक हितों के नुकसान से अधिक है।

(3) उपधारा (1) के खंड (क) या (झ) के उपबन्धों के अधीन रहते हुए, किसी घटना, वृतान्त या विषय से सम्बन्धित कोई सूचना जो उस तारीख से जिसको धारा (6) के अधीन कोई अनुरोध किया जाता है, बीस वर्ष पूर्व हुई है या होती है, उस धारा के अधीन अनुरोध करनेवाले व्यक्ति को उपलब्ध कराई जाएगी :

परन्तु यह कि जहाँ उस तारीख से जिसको बीस वर्ष की अवधि को संगणित किया जाना है उद्भूत कोई प्रश्न उत्पन्न होता है, वहाँ केन्द्रीय सरकार का निश्चय इस अधिनियम में उपबन्धित सामान्य अपील के अधीन रहते हुए अन्तिम होगा :

9. कतिपय मामलों में पहुँच को अस्वीकृत करने का अधिकार–धारा 8 के उपबन्धों पर प्रतिकूल प्रभाव डाले बिना, कोई यथास्थिति, केन्द्रीय लोक सूचना अधिकारी या राज्य लोक सूचना अधिकारी, सूचना के किसी अनुरोध को अस्वीकार कर सकेगा जहाँ पहुँच उपलब्ध कराने के ऐसे अनुरोध में राज्य से भिन्न किसी व्यक्ति के विद्यमान प्रतिलिप्याधिकार का उल्लंघन अन्तर्वलित है।

10. पृथक्करणीयता–

(1) जहाँ सूचना तक पहुँचने के अनुरोध को इस आधार पर अस्वीकार किया जाता है कि यह ऐसे सूचना के सम्बन्ध में है जो प्रकट किए जाने से छूट प्राप्त है, वहाँ इस अधिनियम में किसी बात के होते हुए भी, अभिलेख के उस भाग तक पहुँच अनुदत्त की जा सकेगी जिसमें कोई ऐसी सूचना अन्तर्विष्ट नहीं है, जो इस अधिनियम के अधीन प्रकट किए जाने से छूट

प्राप्त है और जो ऐसे भाग से, जिसमें छूट प्राप्त सूचना अन्तर्विष्ट है, उचित रूप से पृथक की जा सकती है।

(2) जहाँ उपधारा (1) के अधीन अभिलेख के किसी भाग तक पहुँच अनुदत्त की जाती है, वहाँ यथास्थिति केन्द्रीय लोक सूचना अधिकारी या राज्य सूचना अधिकारी, निम्नलिखित सूचना देते हुए, आवेदक को एक सूचना देगा–

(क) अनुरोध किए गए अभिलेख का केवल एक भाग ही, उस अभिलेख से उस सूचना को जो प्रकटन से छूट प्राप्त है, पृथक करने के पश्चात् उपलब्ध कराया जा रहा है,

(ख) विनिश्चय के कारण जिनके अन्तर्गत तथ्य के किसी महत्त्वपूर्ण प्रश्न पर उस सामग्री का निर्देश देते हुए देश पर वे विनिश्चय आधारित थे कोई निष्कर्ष भी है,

(ग) विनिश्चय करनेवाले व्यक्ति का नाम और पदनाम,

(घ) उसके द्वारा संगणित फीस के ब्यौरे और फीस की वह रकम जिसकी आवेदक से निक्षेप करने की अपेक्षा है, और

(ङ) सूचना के भाग के अप्रकटन की बावत विनिश्चय के पुनर्विलोकन के सम्बन्ध में उसके अधिकार, प्रभारित फीस की रकम या उपलब्ध कराई गई पहुँच का रूप जिसके अन्तर्गत यथास्थिति, धारा 19 की उपधारा(1) के अधीन विनिर्दिष्ट वरिष्ठ अधिकारी या केन्द्रीय लोक सूचना अधिकारी या राज्य लोक सूचना अधिकारी की विशिष्टियाँ, समय-सीमा, प्रक्रिया और कोई अन्य रूप भी है।

11. पर व्यक्ति की सूचना–

(1) जहाँ, किसी यथास्थिति, केन्द्रीय लोक सूचना अधिकारी या राज्य लोक सूचना अधिकारी का, इस अधिनियम के अधीन किए गए अनुरोध पर कोई ऐसी सूचना या अभिलेख या उसके किसी भाग को प्रकट करने का आशय है, जो किसी पर व्यक्ति से सम्बन्धित है या उसके द्वारा प्रदाय किया गया है उस पर व्यक्ति द्वारा उसे गोपनीय माना गया है, वहाँ यथास्थिति, केन्द्रीय लोक सूचना अधिकारी या राज्य लोक सूचना अधिकारी अनुरोध प्राप्त होने से पाँच दिन के भीतर ऐसे पर व्यक्ति को अनुरोध की और इस तथ्य की लिखित रूप में सूचना देगा कि यथास्थिति, केन्द्रीय लोक सूचना अधिकारी या राज्य लोक सूचना अधिकारी का उक्त सूचना या अभिलेख या उसके किसी भाग को प्रकट करने का आशय है, और इस बाबत कि सूचना प्रकट की जानी चाहिए या नहीं, लिखित में या मौखिक रूप से निवेदन करने के लिए पर व्यक्ति को आमन्त्रित करेगा तथा सूचना के प्रकटन की बावत कोई

विनिश्चय करते समय पर व्यक्ति के ऐसे निवेदन को ध्यान में रखा जाएगा। परन्तु विधि द्वारा संरक्षित व्यापार या वाणिज्यिक गुप्त बातों की दशा के सिवाय, यदि ऐसे प्रकटन में लोकहित, ऐसे पर व्यक्ति के हितों की किसी सम्भावित अपहानि या क्षति से अधिक महत्त्वपूर्ण है तो प्रकटन अनुज्ञात किया जा सकेगा।

(2) जहाँ उपधारा(1) के अधीन यथास्थिति, केन्द्रीय लोक सूचना अधिकारी या राज्य लोक सूचना अधिकारी द्वारा पर व्यक्ति पर किसी सूचना या अभिलेख या उसके किसी भाग की बावत कोई सूचना तामील की जाती है, वहाँ ऐसे पर व्यक्ति को, ऐसी सूचना कि प्राप्ति की तारीख से दस दिन के भीतर, प्रस्तावित प्रकटन के विरुद्ध अभ्यावेदन करने का अवसर दिया जाएगा।

(3) धारा 7 में किसी बात के होते हुए भी, यथास्थिति, केन्द्रीय लोक सूचना अधिकारी या राज्य लोक सूचना अधिकारी धारा 6 के अधीन अनुरोध प्राप्त होने के पश्चात् चालीस दिन के भीतर, यदि पर व्यक्ति को उपधारा (2) के अधीन अभ्यावेदन करने का अवसर दे दिया गया है, तो इस बारे में विनिश्चय करेगा कि उक्त सूचना या अभिलेख उसके भाग का प्रकटन किया जाए या नहीं और अपने विनिश्चय की सूचना लिखित में पर व्यक्ति को देगा।

(4) उपधारा (3) के अधीन दी गई सूचना में यह कथन भी सम्मिलित होगा कि वह पर व्यक्ति, जिसे सूचना दी गई है, धारा 19 के अधीन उक्त विनिश्चय के विरुद्ध अपील करने का हकदार है।

अध्याय 3
केन्द्रीय सूचना आयोग

12. केन्द्रीय सूचना आयोग का गठन–

(1) केन्द्रीय सरकार, राजपत्र में अधिसूचना द्वारा, केन्द्रीय सूचना आयोग के नाम से ज्ञात, इस अधिनियम के अधीन उसको प्रदत्त शक्तियों का प्रयोग और उसे समनुदेशित कृत्यों का पालन करने के लिए, एक निकाय का गठन करेगी।

(2) केन्द्रीय सूचना आयोग निम्नलिखित से मिलकर बनेगा–

(क) मुख्य सूचना आयुक्त, और

(ख) दस से अनधिक उतने केन्द्रीय सूचना उपायुक्त, जितने आवश्यक समझे जाएँ।

(3) मुख्य सूचना आयुक्त और सूचना उपायुक्त की नियुक्ति, राष्ट्रपति द्वारा निम्नलिखित से मिलकर बनी समिति की सिफारिश पर की जाएगी।

(1) प्रधानमन्त्री, जो समिति का अध्यक्ष होगा,

(2) लोक सभा में विपक्ष का नेता, और

(3) प्रधानमन्त्री द्वारा नामनिर्दिष्ट संघ मन्त्रिमंडल का एक मन्त्री।

स्पष्टीकरण–शंकाओं के निवारण के लिए यह घोषित किया जाता है कि जहाँ लोक सभा में विपक्ष के नेता को उस रूप में मान्यता नहीं दी गई है, वहाँ लोक सभा में सरकार के विपक्षी सबसे बड़े एकल समूह के नेता को विपक्ष का नेता समझा जाएगा।

(4) केन्द्रीय सूचना आयोग के कार्यों का साधारण अधीक्षण, निदेशन और प्रबन्धन, केन्द्रीय मुख्य सूचना आयुक्त में निहित होगा, जिसकी सहायता सूचना आयुक्तों द्वारा की जाएगी और वह ऐसी सभी शक्तियों का प्रयोग और ऐसे सभी कार्य और बातें कर सकेगा, जो इस अधिनियम के अधीन किसी अन्य प्राधिकारी के निर्देशों के अधीन रहे बिना केन्द्रीय सूचना आयोग द्वारा स्वतन्त्र रूप से की जा सकती है।

(5) मुख्य सूचना आयुक्त और सूचना आयुक्त विधि, विज्ञान और प्रौद्योगिकी, समाज सेवा, प्रबन्धन, पत्रकारिता, जनमाध्यम या प्रशासन तथा शासन का व्यापक ज्ञान और अनुभव रखनेवाले जनजीवन में प्रख्यात व्यक्ति होंगे।

(6) मुख्य सूचना आयुक्त या सूचना आयुक्त, यथास्थिति संसद का सदस्य या किसी राज्य या संघ राज्य क्षेत्र के विधान मंडल का सदस्य नहीं होगा या कोई अन्य लाभवाला पद धारित नहीं करेगा या किसी राजनैतिक दल से सम्बद्ध नहीं होगा अथवा कोई कारोबार नहीं करेगा या कोई वृत्ति नहीं करेगा।

(7) केन्द्रीय सूचना आयोग का मुख्यालय, दिल्ली में होगा और आयोग, केन्द्रीय सरकार के पूर्व अनुमोदन से, भारत में अन्य स्थानों पर अपना कार्यालय स्थापित कर सकेगा।

अध्याय-4

राज्य सूचना आयोग

15. राज्य सूचना आयोग का गठन–

(1) प्रत्येक राज्य सरकार राजपत्र में अधिसूचना द्वारा (राज्य का नाम) सूचना आयोग के नाम से ज्ञात एक निकाय का, इस अधिनियम के अधीन उसे

प्रदत्त शक्तियों का प्रयोग और उसे सौंपे गए कृत्यों का पालन करने के लिए गठन करेगी।

(2) राज्य सूचना आयोग निम्नलिखित से मिलकर बनेगा–

(क) राज्य मुख्य सूचना आयुक्त, और

(ख) दस से अनधिक उतने राज्य सूचना आयुक्त, जितने आवश्यक समझे जाएँ

(3) राज्य मुख्य सूचना आयुक्त और राज्य सूचना आयुक्तों की नियुक्ति राज्यपाल द्वारा निम्नलिखित से मिलकर बनी समिति की सिफारिश पर की जाएगी–

(1) मुख्यमन्त्री, जो समिति का अध्यक्ष होगा,

(2) विधान सभा में विपक्ष का नेता, और

(3) मुख्यमन्त्री द्वारा नाम निर्दिष्ट मन्त्रिमंडलीय मन्त्री।

स्पष्टीकरण–शंकाओं को दूर करने के प्रयोजनों के लिए यह घोषित किया जाता है कि जहाँ विधान सभा में विपक्षी दल के नेता को उस रूप में मान्यता नहीं दी गई है वहाँ विधान सभा में सरकार के विपक्षी एकल सबसे बड़े समूह के नेता को विपक्षी दल का नेता माना जाएगा।

(4) राज्य सूचना आयोग के कार्यों का साधारण अधीक्षण, निदेशन और प्रबन्धन राज्य मुख्य सूचना आयुक्त में निहित होगा, जिसकी राज्य सूचना आयुक्तों द्वारा सहायता की जाएगी और वह सभी ऐसी शक्तियों का प्रयोग और सभी ऐसे कार्य और बातें कर सकेगा जो राज्य सूचना आयोग द्वारा इस अधिनियम के अधीन किसी अन्य प्राधिकारी के निर्देशों के अधीन रहे बिना स्वतन्त्र रूप से प्रयोग की जाए या की जा सकती हो।

(5) राज्य मुख्य सूचना आयुक्त और राज्य सूचना आयुक्त विधि, विज्ञान और प्रौद्योगिकी, समाज सेवा, प्रबन्धन, पत्रकारिता, जनमाध्यम या प्रशासन और शासन में व्यापक ज्ञान और अनुभववाले समाज में प्रख्यात व्यक्ति होंगे।

(6) राज्य मुख्य सूचना आयुक्त या राज्य सूचना आयुक्त, यथास्थिति, संसद का सदस्य या किसी राज्य या संघ राज्य क्षेत्र के विधान मंडल का सदस्य नहीं होगा या कोई अन्य लाभवाला पद धारण नहीं करेगा या किसी राजनीतिक दल से सम्बद्ध नहीं होगा या कोई कारोबार नहीं करेगा या कोई वृत्ति नहीं करेगा।

(7) राज्य सूचना आयोग का मुख्यालय राज्य में ऐसे स्थान पर होगा, जो राज्य सरकार राजपत्र में अधिसूचना द्वारा विनिर्दिष्ट करें और राज्य सूचना आयोग, राज्य सरकार के पूर्व अनुमोदन से भारत में अन्य स्थानों पर अपने कार्यालय स्थापित कर सकेगा।

अध्याय-5
प्रकीर्ण

21. **सद्भावपूर्वक की गई कार्यवाही का संरक्षण**–कोई वाद, अभियोजन, या अन्य विधिक कार्यवाही किसी भी ऐसी बात के बारे में, जो इस अधिनियम या इसके बनाए गए किसी नियम के अधीन सद्भावपूर्वक की गई हो या की जाने के लिए आशयित हो, किसी व्यक्ति के विरुद्ध न होगी।

22. **अधिनियम का अध्यारोही प्रभाव होना**–इस अधिनियम के उपबन्धों का, शासकीय गुप्त बात अधिनियम, 1923 (1923 का 19) और तत्समय प्रवृत्त किसी अन्य विधि में या इस अधिनियम से अन्यथा किसी विधि के आधार पर प्रभाव रखनेवाली किसी लिखित में असंगत किसी बात के होते हुए भी, प्रभाव होगा।

23. **न्यायालयों की अधिकारिता का वर्जन**–कोई न्यायालय इस अधिनियम के अधीन किए गए किसी आदेश की बाबत कोई वाद, आवेदन या अन्य कार्यवाही ग्रहण नहीं करेगा और ऐसे किसी आदेश को इस अधिनियम के अधीन अपील से भिन्न किसी रूप में प्रश्नगत नहीं किया जाएगा।

24. **अधिनियम का कतिपय संगठनों को लागू न होना**–

(1) इस अधिनियम में अन्तर्विष्ट कोई बात, केन्द्रीय सरकार द्वारा स्थापित अधिसूचना और सुरक्षा संगठनों को, जो दूसरी अनुसूची में विनिर्दिष्ट है या ऐसे संगठनों द्वारा उस सरकार को प्रस्तुत की गई किसी सूचना को लागू नहीं होगी।

परन्तु भ्रष्टाचार और मानवाधिकारों के अतिक्रमण के अभिकथनों से सम्बन्धित सूचना इस उपधारा से अपवर्जित नहीं होगी।

परन्तु यह और कि मानवाधिकारों के अतिक्रमण के आरोपों के मामले में माँगी गई जानकारी केवल केन्द्रीय लोक सूचना आयुक्त के अनुमोदन से ही दी जाएगी और धारा 7 में किसी बात के होते हुए भी, ऐसी जानकारी अनुरोध के प्राप्ति के 45 दिन के भीतर प्रदत्त की जाएगी।

(2) केन्द्रीय सरकार, राजपत्र में किसी अधिसूचना द्वारा अनुसूची का, इस सरकार द्वारा स्थापित किसी अन्य आसूचना या सुरक्षा संगठन को उसमें सम्मिलित करके या उसमें पहले से विनिर्दिष्ट किसी संगठन का उससे लोप करके, संशोधन कर सकेगी और अधिसूचना के प्रकाशन पर ऐसे संगठन को अनुसूची में, यथास्थिति, सम्मिलित किया गया या उसके लोप किया गया समझा जाएगा।

(3) उपधारा (2) के अधीन जारी की गई प्रत्येक अधिसूचना संसद के प्रत्येक सदन के समक्ष रखी जाएगी।

(4) इस अधिनियम की कोई बात ऐसे आसूचना और सुरक्षा संगठनों को लागू नहीं होगी, जो समय-समय पर राज्य सरकार द्वारा राजपत्र में अधिसूचना विनिर्दिष्ट किए जाएँ।

परन्तु भ्रष्टाचार और मानवाधिकारों के अतिक्रमण, अभिकथनों से सम्बन्धित सूचना इस उपधारा के अधीन अपवर्जित नहीं की जाएगी।

परन्तु यह और कि मानवाधिकारों के अतिक्रमण के आरोपों के मामले में, माँगी गई जानकारी केवल राज्य सूचना आयुक्त के अनुमोदन से ही दी जाएगी और धारा 7 में किसी बात के होते हुए भी, ऐसी जानकारी अनुरोध की प्राप्ति के 45 दिनों के भीतर प्रदत्त की जाएगी।

(5) उपधारा (4) के अधीन जारी की गई प्रत्येक अधिसूचना राज्य विधान मंडल के समक्ष रखी जाएगी।

26. केन्द्रीय सरकार द्वारा कार्यक्रम तैयार किया जाना–

(1) समुचित सरकार, वित्तीय और अन्य संसाधनों की उपलब्धि की सीमा तक–

(क) जनता की, विशेष रूप से उपेक्षित समुदायों की, इस अधिनियम के अधीन अनुध्यात अधिकारी का प्रयोग करने के ज्ञान में वृद्धि करने के लिए शैक्षिक कार्यक्रम बना सकेगी और आयोजित कर सकेगी।

(ख) लोक प्राधिकारियों को, खंड (क) में निर्दिष्ट कार्यक्रमों और आयोजन में भाग लेने और उनके लिए ऐसे कार्यक्रम करने में बढ़ावा दे सकेगी।

(ग) लोक प्राधिकारियों द्वारा उनके क्रियाकलापों के बारे में सही जानकारी का समय से और प्रभावी रूप में प्रसारित किए जाने को बढ़ावा दे सकेगी।

(घ) लोक प्राधिकारियों के यथास्थिति, केन्द्रीय लोक सूचना अधिकारियों या राज्य लोक सूचना अधिकारियों को प्रशिक्षित कर सकेगी और लोक प्राधिकरण द्वारा अपने प्रयोग के लिए सुसंगत प्रशिक्षण सामग्रियाँ पेश कर सकेगी।

(2) समुचित सरकार, इस अधिनियम के प्रारम्भ से अठारह मास के भीतर, अपनी राजभाषा में सहज व्यापक रूप और रीति में ऐसी सूचनावाली एक मार्गदर्शिका संकलित करेगी, जिसकी किसी ऐसे व्यक्ति द्वारा युक्तियुक्त रूप में अपेक्षा की जाए, जो अधिनियम में विनिर्दिष्ट किसी अधिकार का प्रयोग करना चाहता है।

(3) समुचित सरकार यदि आवश्यक हो, उपधारा (2) में निर्दिष्ट मार्गदर्शी सिद्धान्तों को नियमित अन्तरालों पर अद्यतन और प्रकाशित करेगी, जिसमें

विशिष्टियाँ और उपधारा (2) की व्यापकता पर प्रतिकूल प्रभाव डाले बिना निम्नलिखित सम्मिलित होगा–

(क) इस अधिनियम के उद्देश्य,

(ख) धारा 5 की उपधारा (1) के अधीन नियुक्त प्रत्येक लोक प्राधिकारी की यथास्थिति, केन्द्रीय लोक सूचना अधिकारी या राज्य लोक सूचना अधिकारी के डाक और गली के पते, फोन और फैक्स नम्बर और यदि उपलब्ध हो तो उसका इलेक्ट्रॉनिक डाक पता।

(ग) वह रीति और प्रारूप, जिसमें किसी यथास्थिति, केन्द्रीय लोक सूचना अधिकारी या राज्य लोक सूचना अधिकारी को किसी सूचना तक पहुँच का अनुरोध किया जाएगा।

(घ) इस अधिनियम के अधीन लोक प्राधिकरण के किसी यथास्थिति, केन्द्रीय लोक सूचना अधिकारी या राज्य लोक सूचना अधिकारी से उपलब्ध सहायता और उसके कर्तव्य।

(ङ) यथास्थिति, केन्द्रीय सूचना आयोग या राज्य सूचना आयोग से उपलब्ध सहायता।

(च) इस अधिनियम द्वारा प्रदत्त या अधिरोपित किसी अधिकार या कर्तव्य की बाबत किसी कार्य या कार्य करने में असफल रहने के सम्बन्ध में विधि में उपलब्ध सभी उपचार, जिनके अन्तर्गत आयोग को अपील फाइल करने की रीति भी है।

(छ) धारा 4 के अनुसार अभिलेखों के प्रवर्गों के स्वैच्छिक प्रकटन के लिए उपबन्ध करनेवाले उपबन्ध।

(ज) किसी सूचना तक पहुँच के लिए अनुरोधों के सम्बन्ध में संदत्त की जानेवाली फीसों से सम्बन्धित सूचनाएँ।

(झ) इस अधिनियम के अनुसार किसी सूचना तक पहुँच प्राप्त करने के सम्बन्ध में बनाए गए या जारी किए गए कोई अतिरिक्त विनियम या परिपत्र।

(4) समुचित सरकार को, यदि आवश्यक हो, नियमित अन्तरालों पर मार्गदर्शी सिद्धान्तों को अद्यतन और प्रकाशित करना चाहिए।

❑❑❑